L'ANTILIBÉRALISME AU QUÉBEC

Publié sous la direction de

GILLES GAGNÉ

L'ANTILIBÉRALISME
AU QUÉBEC AU XXe SIÈCLE

Les séminaires Fernand-Dumont

ÉDITIONS NOTA BENE

Les Éditions Nota bene remercient le Conseil des Arts du Canada,
la Société de développement des entreprises culturelles (SODEC)
et le ministère du Patrimoine du Canada pour leur soutien financier.

TABLE DES MATIÈRES

5

DEUXIÈME SÉANCE
L'ANTILIBÉRALISME DE GAUCHE :
SYNDICALISME
ET DÉMOCRATIE DE PARTICIPATION

TROISIÈME SÉANCE
REPRISES ET COMMENTAIRES

LISTE DES CONFÉRENCIERS

PREMIÈRE SÉANCE :
L'ANTILIBÉRALISME DE DROITE

Le créditisme : Gilles Bibeau, commenté par Jean-Claude Dupuis

Le corporatisme : Sylvie Lacombe

DEUXIÈME SÉANCE :
L'ANTILIBÉRALISME DE GAUCHE

Le syndicalisme : Jean-Marc Piotte, commenté par James Thwaites

La démocratie de participation : Jean-Jacques Simard, commenté par Jacques Beauchemin

REPRISES ET COMMENTAIRES

Points de vue sur les débats de Daniel Mercure, Daniel Jacques et Stéphane Kelly

TROISIÈME SÉANCE :
THÉORIES ANTILIBÉRALES

Le marxisme : Maurice Lagueux, commenté par Francis Dupuis-Déry

Le totalitarisme : Michel Freitag, commenté par Gilles Bourque

Président des séances : Simon Langlois
Organisé par Gilles Gagné, Stéphane Kelly et Jean-Philippe Warren

ÉDITION DES TEXTES
SOUS LA DIRECTION DE GILLES GAGNÉ
La première édition des Séminaires Fernand-Dumont s'est tenue sous le patronage du Département de sociologie de l'Université Laval avec l'aide du Groupe d'étude sur le XXᵉ siècle québécois du même département.

LISTE
DES PARTICIPANTS ET PARTICIPANTES

Jacques Beauchemin, professeur au Département de sociologie de l'UQAM

Gilles Bibeau, professeur au Département d'anthropologie à l'Université de Montréal

Louise Bienvenue, étudiante au Département d'histoire et de science politique de l'Université de Sherbrooke

Frédéric Boily, étudiant au doctorat en science politique à l'Université Laval et chargé de cours à Chicoutimi

Gilles Bourque, professeur au Département de sociologie de l'UQAM

Daniel Dagenais, professeur au Département d'anthropologie et de sociologie de l'Université Concordia

Denys Delâge, professeur au Département de sociologie de l'Université Laval

Jean-Claude Dupuis, étudiant au doctorat en histoire à l'Université Laval

Francis Dupuis-Déry, chercheur postdoctoral en science politique

Richard Duranceau, étudiant au doctorat en sociologie à l'Université Laval

Michel Freitag, professeur au Département de sociologie de l'UQAM jusqu'au 31 décembre 2000, maintenant à la retraite.

Gilles Gagné, professeur au Département de sociologie de l'Université Laval

Guylaine Guay, étudiante au doctorat en sociologie à l'Université Laval

Daniel Jacques, professeur au Département de philosophie du Collège François-Xavier-Garneau

Stéphane Kelly, sociologue

Sylvie Lacombe, professeure au Département de sociologie de l'Université Laval (absente, son texte a été lu par un autre participant)

Maurice Lagueux, professeur au Département de philosophie de l'Université de Montréal

Simon Langlois, professeur au Département de sociologie de l'Université Laval

François L'Italien, étudiant à la maîtrise en sociologie à l'Université Laval

Daniel Mercure, professeur au Département de sociologie de l'Université Laval

Dominique Morin, étudiant à la maîtrise en sociologie à l'Université Laval

Rouissi Mourad, étudiant à la maîtrise en sociologie à l'Université Laval

Jean-Marc Piotte, professeur au Département de science politique de l'UQAM

Florence Piron, anthropologue, professeure associée au Département de sociologie de l'Université Laval

Jean-Jacques Simard, professeur au Département de sociologie de l'Université Laval

Pierre Skilling, étudiant au doctorat en sociologie à l'Université Laval

James Thwaites, professeur au Département des relations industrielles de l'Université Laval

Jean-François Tremblay, étudiant en sociologie à l'Université Laval

Jean-Phillipe Warren, étudiant au doctorat en sociologie à l'Université de Montréal

Mosca Yanissi, étudiante au doctorat en sociologie à l'Université Laval

PRÉSENTATION

Gilles Gagné

Il nous fait plaisir de présenter à la communauté des sciences humaines et sociales ainsi qu'au public en général un des résultats issus du premier *Séminaire Fernand-Dumont* tenu à l'Université Laval en novembre 2001. Le texte qu'on lira ici est la transcription intégrale des exposés et des échanges des vingt-huit personnes qui avaient accepté l'invitation à réexaminer la nébuleuse de tendances que nous avions, par convention, rassemblées sous la bannière de l'antilibéralisme. Le produit de cette exceptionnelle collaboration, où le fil de la parole relie les convergences spontanées de l'interprétation et les désaccords argumentés du jugement, est parfaitement conforme dans sa structure à ce que nous attendions. Mieux, ces échanges ont fourni, de belle et ample manière et à travers les ententes et les frictions de leur contenu, les nourritures de la pensée que nous osions espérer. Ni austère bilan savant des faits ni confrontation stérile de « paradigmes », l'ouvrage que voici permettra au lecteur de s'introduire, en quelque sorte par les ouvertures du débat, au cœur des enjeux de la réflexion qui soutiennent l'effort de la connaissance, alors qu'il suggérera au spécialiste de l'un ou l'autre domaine exploré, espérons-le, de nouvelles formulations pour ses propres questions.

Avant d'abandonner le lecteur sur les pistes entrelacées de ces échanges, il faut encore présenter, sommairement, les cadres où ils se sont déployés.

LES SÉMINAIRES FERNAND-DUMONT

Organisés sous l'égide du Département de sociologie de l'Université Laval, *Les Séminaires Fernand-Dumont* se proposent d'être des lieux de rencontres et de discussions bisannuels réunissant autour d'un thème commun un groupe de professeurs ou de chercheurs provenant de diverses disciplines. Dans la lignée des travaux engagés et scientifiques de Dumont, à qui ils rendent hommage, ils ont pour objectif général de stimuler les débats intellectuels sur les grands enjeux auxquels sont confrontées les sociétés occidentales et, partant, la société québécoise.

En décidant d'organiser cette série de rencontres, notre intention était de relancer (et d'actualiser) la tradition des colloques fermés patronnés jadis par notre département en collaboration avec la revue *Recherches sociographiques*. Baptisés en hommage à la mémoire de Dumont, les séminaires bisannuels tenteront de mettre en valeur une approche bien « dumontienne », c'est-à-dire une certaine tendance au recul, à la saisie seconde de la connaissance objective, et un certain goût pour la synthèse théorique des résultats de la recherche. Nous serons largement satisfaits si nous parvenons par eux à offrir un lieu de rencontre où pourront se rejoindre les disciplines maintenant isolées des sciences sociales et si nous pouvons contribuer au dialogue entre les producteurs « primaires » de la connaissance spécialisée et les utilisateurs « secondaires » de ses résultats avérés, dialogue auquel est suspendue la forme synthétique du savoir où s'éprouve subjectivement la pensée d'un monde. Dans une société fascinée par la « production » des connaissances et dominée en conséquence par la figure de l'« innovation » technoscientifique, le risque de dissolution de la recherche par les crédits que l'on accorde à ses « services commandés » invite à réaffirmer les ancrages qui relient les sciences humaines et sociales aux humanités des modernes, à la *theoria* des philosophes, à la raison pratique qui se tient au fond de toute enquête et même à l'engagement du citoyen pour son monde.

PRÉSENTATION

POURQUOI LA FORME D'UN SÉMINAIRE ?

Nous avons voulu donner à ce lieu une forme un peu différente de celle qui prédomine de nos jours dans les institutions de l'échange académique. Aux yeux de plusieurs, en effet, le milieu scientifique est de plus en plus orienté vers des colloques spécialisés où les conférenciers exposent, les uns après les autres et un peu trop sagement, le fruit de leurs recherches, sans que cela ne suscite de véritables débats. Bien que nécessaires, ces colloques, à faible valence heuristique, montrent des limites évidentes.

La forme du séminaire fermé permet plus de souplesse dans les débats et de liberté dans les interactions. Elle permet de nouer des dialogues, de confronter des thèses et, le cas échéant, d'expliciter des oppositions pratiques et théoriques. De plus, la formule du séminaire élargit la délibération critique à toute l'assemblée, plutôt que de la réserver à quelques conférenciers. Elle est en somme, dirait-on pour parler à l'ancienne, la forme pédagogique du rapport entre pédagogues. Concrètement, cela revient à demander à des conférenciers de venir proposer quelques pistes de discussions, des hypothèses à éprouver. Chaque conférencier est relayé par un commentateur dont la tâche est de prolonger le propos pour en faire voir les conséquences, en explorer les présuppositions, en apprécier la cohérence ou pour le ressaisir selon une perspective différente. Comme cet exposé initial et le commentaire occupent la part congrue du temps d'une séance, les participants au séminaire peuvent ensuite, au-delà des questions et des remarques, prendre le temps d'exposer un point de vue ou de défendre une interprétation.

Pour être fructueux et pour livrer un produit original, un tel atelier de travail doit réunir un nombre limité de participants bien choisis, mais assez nombreux pour couvrir l'éventail des orientations de recherche et des points de vue. Et c'est là, sans nul doute, que se trouve l'écueil où cette formule peut échouer quand elle doit composer une assemblée limitée mais équilibrée, tentant d'éviter avec un égal bonheur les biais arbitraires et les oublis malheureux. Car enfin, peu importe le soin que l'on prendra à définir le thème, à s'informer des écrits et des intérêts de recherche

17

qui le structurent, à consulter et à recueillir des avis, ce genre d'entreprise sera toujours au moins en partie déjoué par l'indisponibilité de certains spécialistes, par exemple, ou par l'obligation de retoucher jusqu'à la fin une composition dont les organisateurs ne maîtrisent guère les éléments.

Malgré cette difficulté inhérente au projet, nous croyons avoir atteint, dans le cas qui nous occupe, un bel équilibre entre les disciplines (philosophie, sociologie, anthropologie, administration, histoire, relations industrielles, science politique), entre les jeunes chercheurs, les professeurs établis et les doctorants qui proposent déjà de nouvelles lectures de la société actuelle, entre les divers aspects du thème et entre les institutions d'affiliation des participants. Il suffira donc dans l'avenir de faire au moins aussi bien.

L'ANTILIBÉRALISME AU QUÉBEC AU XXe SIÈCLE

Le premier séminaire a abordé la question de l'antilibéralisme au XXe siècle. À l'heure où s'impose, sur le fond d'une pratique multiforme, l'idéologie inconsistante du néolibéralisme, où le socialisme passe pour un mauvais souvenir des sociétés occidentales, où l'État-providence est redéfini sur la base de son efficacité économique au nom du règne du client, il nous a semblé opportun de s'interroger sur les critiques passées et présentes du système libéral pour en éprouver les postulats et comprendre la teneur des mouvements sociaux qui les ont portées. Cela nous a semblé une bonne manière de mettre à distance notre actualité que de revenir sur des formes antérieures de l'opposition au système libéral et que d'apprécier à nouveau frais le sens et la portée d'expériences historiques que nous ne pouvons emmurer dans le folklore qu'à méconnaître ce que nous sommes devenus. Nous avons pensé qu'il y avait là des études capables de faire le lien entre le passé et l'actualité, capables aussi de participer à ce renouveau des études sur la société québécoise qui veut inscrire plus solidement la connaissance de notre société dans le contexte général du monde auquel elle appartient.

Hobsbawm, résumant l'histoire du XXe siècle, parlait de l'oblitération de la question sociale par la question nationale sur le territoire de l'Europe et du confinement subséquent du socialisme dans ses marges (U.R.S.S., Chine, etc.). Alors que les solidarités de classes donnaient, à la fin du XIXe siècle, une configuration nouvelle aux conflits nationaux de l'Europe, la Première Guerre mondiale et sa continuation dans la Seconde vont détourner le débat. Traduisant pour notre compte le constat d'Hobsbawm, nous nous sommes demandé si le XXe siècle n'aurait pas consommé la liquidation des oppositions dogmatiques et pratiques au libéralisme. Si, en d'autres termes, le grand fait de l'histoire récente n'aurait pas été de désarmer aussi bien la critique de l'idéologie libérale que la recherche pratique de voies alternatives et de permettre, dans l'espace de ce moratoire, une mutation radicale du système « libéral » lui-même. L'histoire du XXe siècle, en somme, n'aurait finalement tenu compte des critiques *théoriques* du libéralisme économique que pour les réduire politiquement à autant d'impasses *pratiques* et pour en disposer à ce titre. Nous voilà donc, selon les uns, dans une sorte de zone creuse de la pensée unique, dans la lumière de la post-histoire et du système fatal selon les autres, dans une situation, bref, où l'on mobilise, avec la notion de « libéralisme », le souvenir des « libertés » des modernes pour les embrouiller aussitôt dans un « néo » qui, tout à la fois, invite à oublier les anciennes critiques et à partir tête baissée à la conquête des « hauteurs béantes » (Zinoviev) et des « frontières sans limites » (Bush). Le résultat de ces multiples quiproquos, nous le vivons tous les jours dans notre propre confusion quand un « anti-néolibéralisme » assez général mais confus, aussi mal assuré de son adversaire que de ses propres finalités, se déploie sur le fond du sentiment d'un bouleversement cumulatif des structures sociétales et des repères moraux.

La situation « sans alternative » qui serait ainsi devenue la nôtre nous a semblé inviter à refaire notre rapport à l'actualité en remontant loin derrière elle, vers les lieux où peut-être les choses se sont nouées. C'est dans cet esprit que nous avions posé aux invités des questions qui visaient à rapprocher de notre réalité les interrogations d'Hobsbawm. Quelle a été la traduction québécoise des critiques du libéralisme ? Le néolibéralisme discrédite-t-il toute autre idéologie ? Le socialisme marxiste s'est-il irrémédiablement compromis avec la pensée et les régimes totalitaires ? La gauche a-t-elle un avenir ? Sur quelle logique repose maintenant l'État-providence ? Toute troisième voie est-elle vouée à l'échec ? Le « socialisme d'ici » que Dumont appelait à imaginer appartient-il au folklore ? Etc.

Propres à fournir des voies d'entrée dans le réexamen de l'antilibéralisme, ces questions n'étaient pas elles-mêmes sans poser problème quant à la structuration du séminaire. Par exemple : que fallait-il entendre par « libéralisme » dans la notion d'antilibéralisme ? Quelle était la pertinence de l'opposition conventionnelle gauche-droite pour la division des séances et, partant, de l'anti-libéralisme ? Pourquoi avoir choisi ces mouvements particuliers comme représentants des deux mouvances ? Et ainsi de suite. Faciles à anticiper lors du travail de préparation, ces questions se révélaient néanmoins impossibles à contourner, les unes exigeant de leur consacrer un autre séminaire (le libéralisme), les autres dépendant de la disponibilité des conférenciers envisagés (la coopération) ; nous avons donc laissé ces problèmes aux débats des participants, acceptant par là le fait qu'une marge de contingence, inévitable, en valait bien une autre.

DÉROULEMENT

Le séminaire a été divisé en quatre grandes séances. Il s'est déroulé sur deux jours, trois si l'on considère que les participants devaient arriver la veille au soir, le mercredi 31 octobre 2001, à la Forêt Montmorency. Les deux premières séances ont porté respectivement sur l'antilibéralisme de droite (créditisme et corporatisme) et de gauche (syndicalisme et démocratie de participation), alors que la troisième, vouée à la considération globale de ces mouvements, se devait de réintroduire dans les débats l'horizon doctrinal du libéralisme. La quatrième séance (marxisme et fascisme) a été à la fois analyse de mouvements antilibéraux qui ont dominé l'histoire du XXᵉ siècle et ouverture sur la situation présente.

Il arrive souvent dans les colloques que les chercheurs viennent présenter leur communication sans assister aux autres activités de la rencontre. Comme nous voulions que les participants puissent travailler ensemble pendant deux jours complets, nous leur avons proposé de faire la réunion à la Forêt Montmorency, une auberge de l'Université Laval située (en retrait) au nord de Québec. Cet arrangement physique exigeait un engagement certain de nos invités, celui d'être tenus inaccessibles pendant trois jours, et il a empêché certains d'entre eux, mobilisés par des obligations de dernière minute, de joindre l'assemblée. Ce fut le cas de Clinton Archibald, ce qui explique l'absence de réplique à la communication de Sylvie Lacombe, elle-même empêchée et représentée au séminaire par le texte qu'elle avait préparé pour son exposé.

REMERCIEMENTS

Il faut, en terminant cette présentation, remercier chaleureusement les participants d'avoir prêté leur concours à cette expérience et surtout d'avoir révisé le verbatim de leurs interventions dans des conditions particulièrement défavorables. Nous disposions en effet d'un enregistrement intégral de la douzaine d'heures qu'ont duré les séances du séminaire mais, par une forbanterie du genre de celle dont la technique détient probablement tous les records, cet enregistrement était pratiquement inaudible à force d'être fidèle. Mentionnons pour la très petite histoire qu'il a fallu à Patrice Lépine, étudiant au doctorat au Département de sociologie, toute son empathie pour le sujet croisé à sa science des filtres pour extraire des bruits de fond, qui occupaient certaines fois la totalité de la surface audible, des segments de phrases et pour les attribuer, à l'oreille, aux bons locuteurs. Que tous soient remerciés pour leur patience, celle de Patrice Lépine ayant rendu possible celle des autres.

Il faut aussi remercier le Département de sociologie de l'Université Laval qui a chapeauté l'évènement et qui l'a supporté financièrement (aidé en cela par le groupe de recherche dirigé par Simon Langlois), ainsi que la Faculté des sciences sociales qui a voulu ajouter quelques facilités aux conditions matérielles de l'hospitalité institutionnelle. Les refus essuyés par les organisateurs auprès d'invités étrangers ayant poussé cette « conférence spéciale de recherche » en dehors des critères « internationaux » du Conseil de recherche en sciences humaines (CRSH), celle-ci a dû se rabattre sur les moyens de fortune qui sont aujourd'hui ceux des institutions universitaires proprement dites. La qualité des résultats montrera certes que la vie de l'esprit ne dépend pas encore totalement des contrôles financiers, mais on aurait tort de conclure qu'elle peut durablement se maintenir en taxant les bonnes volontés.

Les étudiants du Département de sociologie de l'Université Laval qui avaient accepté d'être sur place pour s'occuper des invités et pour pourvoir aux multiples aléas de ce genre de rencontre avaient exigé pour seul salaire le privilège d'assister au séminaire ; remercions-les en espérant qu'ils se sont trouvés justement traités.

Simon Langlois, agissant à titre de président de toutes les séances, a mené les échanges de main de maître. Le présent texte ayant été purgé de la mécanique de circulation de la parole (tout comme de l'évocation des pauses, des reprises, des éclats de rire ou des désordres), le président s'est trouvé éliminé par l'édition, mais non sans merci.

Le séminaire, dans la forme où on le trouvera ici et dans laquelle peut-être il perdurera, a été imaginé entre Stéphane Kelly, qui était alors professeur invité au Département de sociologie de l'Université Laval, Jean-Philippe Warren, qui était alors étudiant au doctorat en sociologie à l'Université de Montréal, et Gilles Gagné, qui était alors directeur du Département de sociologie de l'Université Laval et chargé par lui d'organiser la rencontre. Ils ont consulté à maintes reprises Simon Langlois, de la même université, et recueilli à la ronde tous les avis que l'on a bien voulu leur soumettre. Jean-Philippe Warren s'est aussi chargé de l'essentiel de la correspondance avec les invités, relayé, dans les semaines précédant la rencontre, par Sylvie Lacombe du Département de sociologie de l'Université Laval. Les textes entourant la rencontre sont dus à la collaboration de Warren et de Gagné, et c'est ce dernier qui a été responsable de l'édition du manuscrit final. Que tous soient chaleureusement remerciés.

PREMIÈRE SÉANCE
L'ANTILIBÉRALISME DE DROITE :
CRÉDITISME ET CORPORATISME

EXPOSÉ DE GILLES BIBEAU
SUR LE CRÉDITISME

Ce livre, *Sous le signe de l'abondance,* était dans la petite bibliothèque de mon père. Il a été écrit en 1946 par Louis Even, qui était à cette époque le véritable leader du crédit social au Québec. Plus de soixante mille exemplaires se sont vendus au Québec, entre 1946 et 1955, dans les milieux ouvriers et dans les milieux agricoles particulièrement. C'est ce livre qui est à l'origine de ma recherche de maîtrise, *Les bérets blancs,* publiée au milieu des années 1970 par les éditions Parti pris. Permettez-moi d'évoquer, en guise d'introduction, trois choses au sujet du crédit social.

La première concerne l'idée que les alternatives au libéralisme qui a triomphé au XIXᵉ siècle ont été de fait produites par des penseurs du XIXᵉ siècle et qu'au fond le XXᵉ siècle s'est fondamentalement attaché à mettre à l'épreuve ces différentes alternatives. En 1919, lorsque le major Douglas écrit son petit ouvrage sur le crédit social, il a devant lui, sur sa table de travail, *Le Capital* de Karl Marx, les livres de Joseph Proudhon, des socialistes utopiques français, de Louis Blanc notamment. Au fond, c'est en dialogue avec ces auteurs qu'il élabore ses théories. C'est assez fascinant de voir comment le major Douglas reformule les différentes notions des utopistes socialistes. De Proudhon, il retient le mutualisme et l'idée que les sociétés peuvent progresser vers plus de solidarité, vers une entraide collective de plus en plus forte. Pour Douglas, cette idée d'altruisme constitue la pierre angulaire de la société. Il va aussi retenir l'idée que les citoyens, comme ensemble, devaient devenir propriétaires, en quelque sorte, des entreprises, mais surtout des banques et des autres institutions sociales. De Proudhon, le major Douglas conserve la notion de suppression totale du prêt à intérêt, parce que l'argent, soutient-il, est en soi improductif. Le prêteur ne peut, sans injustice, réclamer plus qu'il n'a donné, un principe que le crédit social considère comme absolument central. Quant à l'argent qui circule, il doit provenir essentiellement du travail. Douglas reconnaît le principe de la propriété privée, qu'il élargit et radicalise dans une espèce d'ultra-défense du droit à la propriété privée. Quant aux ressources de toute la nature, elles appartiennent aussi à tous les citoyens qui en sont collectivement les propriétaires. Le dividende social est fondé sur la richesse collective, sur le fait que nous sommes tous copropriétaires des ressources naturelles. Autour de la révolution de 1848, la question des droits sociaux a fait l'objet de beaucoup de discussions. Après les droits politiques qui étaient déjà acquis, on débattait à ce moment-là des droits économiques, des droits sociaux et plus particulièrement du droit au travail. Dans le contexte des débats autour du droit à un travail permettant de satisfaire les besoins essentiels, les besoins de base, il y a eu dénonciation radicale des abus du droit de la propriété privée avec la concentration des richesses à laquelle on assistait à ce moment-là, dénonciation qui a été reprise par le major Douglas. Le rôle de l'État s'est amplifié dans ce contexte d'inégalité croissante. Si pour Proudhon les ouvriers en viennent à diriger les entreprises et même les banques et les institutions, chez Louis Blanc, c'est l'État qui doit posséder les biens de production, les entreprises et qui doit être chargé de la redistribution de la richesse collective entre tous les citoyens d'une manière équitable. Les questions de la valeur, de la plus-value des marchandises et la notion de capital sont aussi évidemment centrales dans le crédit social : sur ces points Douglas a beaucoup d'éléments qui appartiennent à la pensée de Karl Marx, qu'il met au service d'une pensée de droite, ultra-libérale. Le crédit social se présente comme une alternative de droite, mais je ne sais pas si ce terme rend vraiment compte de la complexité de la situation. C'est là la première chose que je voulais signaler au sujet de ce penseur du début du XXᵉ siècle qu'a été le major Douglas. C'est en 1917 que cet Écossais, un militaire, un ingénieur major, qui voit ce qui se passe, décrit dans trois petits ouvrages sa théorie économique, sans dire comment elle allait s'appliquer. Un peu comme Karl Marx qui dans *Le Capital* ne dit pas comment sa pensée peut être mise en œuvre.

Le deuxième point concerne la manière dont la pensée de Douglas s'est diffusée chez nous. On est alors encore dans l'Empire britannique, avec la Nouvelle-Zélande, l'Australie, le Canada, l'Afrique du Sud. Beaucoup de gens lisent Douglas ou en entendent parler et se demandent comment mettre ses théories en pratique. Il faudra attendre un certain temps pour que le crédit social parvienne au Québec. En 1935, Louis Even qui est un ancien religieux et qui a été missionnaire dans l'Ouest canadien, arrive à Montréal et fait partie d'un groupe qui publie des ouvrages, entre autres les ouvrages de Caldwell, un disciple du major Douglas. Even traduit un ouvrage portant sur l'argent, sur la « money ». Il est absolument fasciné et va créer les *Cahiers du crédit social* qui vont être utilisés dans les écoles de conscientisation à travers le Québec. Ces *Cahiers du crédit social* vont exister de 1936 à 1939. Even parcourt le Québec, autant les villes industrielles que les campagnes, et essaie de semer le mouvement du crédit social. Le journal *Vers demain* commence à paraître en 1939 deux fois par mois, ensuite toutes les semaines. Le journal voulait au point de départ être strictement économique, ce qu'il est resté jusqu'aux années 1950. Les créditistes québécois ont pensé qu'ils allaient prendre le pouvoir au niveau provincial à la manière des créditistes de l'Alberta. Aux élections provinciales de 1948, ils ont présenté quatre-vingt-douze candidats. L'union des électeurs, qui avait été formée pendant la guerre, en 1942, a reçu un appui important, avec pratiquement dix pour cent de la population québécoise qui a voté crédit social, mais aucun candidat n'a été élu à ce moment-là. C'est donc dire qu'il y avait un bon soutien populaire. Que disait-on aux gens pour créer un tel emballement et faire que dix pour cent de la population accepte de voter créditiste ? Gilberte Côté-Mercier avait été recrutée en 1937 alors qu'elle était étudiante en Lettres, à l'Université de Montréal ; elle avait été séduite par la doctrine économique du crédit social. Au début des années 1950 nous assistons à une dérive et à un anti-électoralisme dans le crédit social : on réalise qu'il est impossible de prendre le pouvoir par le système des partis politiques et qu'il faut absolument une autre ligne d'action pour y arriver. On décide d'éduquer les populations et, à travers cette éducation, de développer la solidarité, l'entraide et petit à petit, peut-être, d'arriver à prendre le pouvoir. On assiste alors à une dérive du côté de la religion. C'est surtout cette dérive que j'ai étudiée dans mon livre. Au début des années 1970, tout avait basculé, mais jamais, même jusqu'à aujourd'hui alors que le mouvement représente environ quatre cent familles à travers le Québec, les créditistes n'ont-ils rejeté cette grande idée que la réforme à faire est celle des finances et des banques.

C'est là le troisième point que je voulais soulever. Qu'est-ce qu'ils ont dit ? À quoi l'Élise, les médias, les journalistes, ont-ils fait écho ? Sous la forme la plus simple, c'est l'idée suivante : le pouvoir d'achat dont disposent les citoyens doit être en tout temps égal au prix à payer pour se procurer l'ensemble des produits mis en vente. La production seule doit déterminer la circulation de l'argent et il appartient à l'État de maintenir un équilibre entre les produits disponibles et le pouvoir d'achat des citoyens. En d'autres mots, le volume d'argent en circulation doit permettre en tout temps l'achat de tout ce qui est produit et il ne doit exister aucune limite à la production. La production devra éventuellement être financée entièrement par des crédits venant des individus. Les impératifs de la production ne doivent pas être dictés par les finan-ciers, mais par les consommateurs eux-mêmes, c'est-à-dire par les personnes, les institutions, les corps publics, etc. En outre, le revenu des individus – et c'est cela surtout qui a séduit beaucoup de gens – doit provenir de moins en moins des salaires et de plus en plus du dividende social versé à tous les citoyens. En plus d'être un travailleur ayant droit à un salaire, tout citoyen est un capitaliste propriétaire de la richesse collective en vertu de laquelle il a droit à un dividende. Le citoyen est capitaliste en ce sens qu'il est copro-priétaire du capital collectif, c'est-à-dire des ressources naturelles, des découvertes scientifiques, des biens de l'État, etc. Chaque fois que les producteurs mettent en valeur ce capital collectif, il en ressort des produits dont tous les citoyens sont propriétaires à titre de membres de la société : c'est ce droit qu'exprime le dividende social. La campagne de 1948 s'est faite autour de l'idée suivante : toute personne âgée de plus de 65 ans devait recevoir mensuellement un dividende, toute personne adulte avait droit à vingt dollars et à toute nouvelle naissance, cent dollars étaient donnés aux parents. Ce dividende, après avoir complété le salaire, pourrait progressivement le remplacer, car le progrès technologique, le machinisme devait tendre à éliminer de plus en plus d'emplois. Le crédit social distingue entre le salaire à l'emploi et le dividende social versé à tous les citoyens par l'État en tant que gestionnaire de la richesse collective. Le nouveau modèle devait casser les reins aux banques : on voulait voir ce qui se mettait en place en Alberta où des Écossais étaient venus comme conseillers ; on avait créé en Alberta des succursales du trésor ; on avait essayé d'abolir les banques, mais cela n'avait pas marché. On propose en quelque sorte aux Québécois un début de modèle qui expliquait comment cela allait se mettre en œuvre, car les gens avaient de la difficulté à comprendre comment on pourrait faire disparaître les banques.

Le crédit social avait dans sa ligne de tir deux catégories de personnes : d'abord les banquiers, les financiers, les spéculateurs qui formaient la première catégorie. Une parabole a fait alors le tour du Québec. L'histoire, intitulée « L'île du salut », raconte qu'un étranger arrive un jour dans une île à un moment où il n'y a plus d'argent. Recourir au troc paraît trop compliqué. L'étranger propose d'utiliser un papier symbole (car c'est ce que l'argent est, un système sémiologique, cela se réfère à quelque chose). Il imprime mille dollars qui sont sensés équivaloir à la richesse collective de l'île. Il impose ensuite des intérêts de huit pour cent, si bien qu'il faut donner mille quatre-vingt dollars après un an. Or, il n'y a que mille dollars qui circulent dans l'île. L'étranger dit que ce n'est pas grave, qu'ils ont de l'or qui servirait de garantie. Il faut retenir de cette parabole que cela ne doit pas être l'or qui sert de garantie, que la richesse réelle d'un pays est autre et que les intérêts ne sont pas permis. Le banquier s'appelait Abraham et la critique extrêmement forte visait les Juifs. Les banques ne devaient plus être les comptables, rôle qui revenait à l'État. Celui-ci doit assumer ses responsabilités souveraines en matière d'argent et de finances de trois manières complémentaires : a) Il établit un compte de crédit national qui exprime en tout temps la richesse du pays ; c'est un nouveau rôle donné à la Banque du Canada ; b) il établit une politique de contrôle des prix, basée sur l'équilibre entre le pouvoir d'achat global de la population et l'ensemble de la production disponible ; c) l'État complète son travail en versant des dividendes sociaux à tous les citoyens. La deuxième ligne de tir concerne les politiciens eux-mêmes et la façon dont l'État est géré. Pour le crédit social, les taxes et les impôts payés à l'État sont aussi injustes que les intérêts versés aux banquiers : on est contre l'étatisation, contre la nationalisation.

Je conclurai sur une note personnelle. J'ai beaucoup travaillé en Afrique, en Inde et j'ai vu quotidiennement les effets de l'ultra-libéralisme. Ici, la pauvreté peut nous échapper, dans d'autres régions du monde, elle ne nous échappe pas. Et je contraste la position d'Amartya Sen, que j'ai eu la chance de rencontrer plusieurs fois, qui est un homme de Calcutta, quelqu'un qui a travaillé sur les famines à travers le monde. Il vit maintenant en Angleterre. Ce dernier nous montre qu'il est possible de créer la pauvreté dans des États colossalement riches. Il l'a montré en étudiant la famine du Bengale. Les entrepôts débordaient de nourriture et pourtant les gens mouraient aux portes de ces entrepôts immensément riches. Comme une banque qui déborde d'argent, mais à laquelle la population n'a pas droit parce qu'elle a perdu les titres qui donnent droit au partage, à la satisfaction des besoins de base.

Je pense que nous sommes aujourd'hui probablement à peu près dans la même situation que la classe ouvrière et les agriculteurs au Québec, entre les années 1945 et 1955. On n'était plus, évidemment, dans les années 1930. Je suis cependant convaincu que si le crédit social était arrivé au Québec à ce moment-là, l'expérience aurait été très différente. Le crédit social est arrivé trop tard au Québec – la guerre était là – il ne parvint pas à s'imposer. À l'époque, dans les années 1930, on envoyait des

Québécois des grandes villes coloniser l'Abitibi et la développer. Après la guerre, il y eut une forte expansion dans l'industrie, beaucoup de richesses, mais seul un petit pourcentage de personnes avait accès à l'argent. Par contre aujourd'hui, je crois que des idées anticapitalistes rendent possible la renaissance d'un mouvement aussi radical, aussi décapant que ne l'était alors le crédit social.

REMARQUES DE JEAN-CLAUDE DUPUIS
SUR L'EXPOSÉ DE GILLES BIBEAU

D'abord, je voudrais féliciter Gilles Bibeau pour son bel exposé de la pensée et de l'histoire du crédit social. Je n'ai certainement rien à ajouter sur le sujet. Alors je voudrais partir de l'un de ses commentaires sur la question des idéologies de droite. On classe habituellement le crédit social à droite, mais c'est un classement qui peut soulever des questions. D'ailleurs, cela pourrait nous amener à réfléchir sur ces notions de droite et de gauche. C'est à partir de là que je veux faire un commentaire pour vous exposer quelles étaient les critiques, à l'époque, de la droite sur le crédit social. À droite, on ne considérait pas que le crédit social était véritablement un mouvement de droite. Deuxième point sur lequel je voudrais féliciter Gilles Bibeau, c'est qu'il nous a parlé très sérieusement du crédit social, même si cette doctrine a été énormément ridiculisée. Quand on pense au crédit social, on pense au Parti créditiste des années 1960 et 1970 et à tout le folklore qui l'entoure alors. N'empêche que le crédit social partait d'un fait réel, qui est que de 1929 à 1939, le monde capitaliste était paralysé et qu'à partir de 1939, à cause de la guerre, on avait de l'argent pour tout faire. Pourtant, c'était le même pays, la même structure industrielle, alors, qu'était-il arrivé ? Je pense que le crédit social a bien souligné le caractère artificiel des crises économiques et, sur ce point, il rejoint les économistes antilibéraux.

Les créditistes disaient qu'il fallait rendre financièrement possible ce qui était physiquement réalisable. Je pense que tout le monde est d'accord avec cet objectif. La question que j'aimerais poser est celle des rapports entre la doctrine du crédit social et la doctrine sociale de l'Église, qui avait été définie, quoique seulement dans ses grandes lignes, par le pape Pie XI en 1931. Lorsque je parle de doctrine sociale de l'Église, je pense à celle des années 1930 et 1940. Celle-ci a été profondément modifiée par le concile Vatican II. Ce n'est pas de la doctrine d'aujourd'hui dont il est question, mais de celle de l'époque. On constate qu'il y a des convergences et des divergences entre le crédit social et la doctrine de l'Église. Pour ce qui est des convergences, on trouve la propriété privée, la défense de la libre entreprise, l'antilibéralisme, l'antisocialisme et aussi la finalité spirituelle du régime socioéconomique. Créditistes et catholiques se rejoignent là-dessus. Mais il y des divergences en ce qui a trait aux moyens. Pour l'Église, la réforme du capitalisme doit se faire par le corporatisme social, alors que pour les créditistes, elle doit se faire par la réforme monétaire. On peut se demander également s'il y a convergence quant au but. Quel est l'objectif final des créditistes ? La réponse pourrait poser un problème du point de vue catholique. Les créditistes voulaient créer une société d'abondance, une société peut-être un peu utopique où tout le monde pourrait vivre sans travailler. Mais pour les catholiques, le travail est un moyen de sanctification, c'est même une conséquence inéluctable du péché originel. Sur ce plan-là, il y a entre la philosophie du crédit social et la philosophie catholique quelque chose d'inconciliable.

Quels sont les jugements que l'Église a portés à l'époque sur le crédit social ? Le père Georges-Henri Lévesque, précurseur de la Révolution tranquille, a été séduit par les idées du crédit social en 1936. Cela peut nous étonner aujourd'hui, mais il a fait l'éloge de ce système en disant que le crédit social n'était pas du socialisme, qu'il désirait construire une économie pour l'être humain, dans la même optique que le catholicisme social. Il disait même : « Si vous êtes contre le socialisme et le communisme, opposez-leur le crédit social. » Cependant, le père Lévesque fait remarquer que le major Douglas ne croit pas au péché originel, mais il ajoute que c'est un problème secondaire. Il est curieux de voir un dominicain considérer le péché originel comme une « question secondaire ». Je pense qu'il y a un lien beaucoup plus fort que l'on pense entre la méthode économique préconisée par le major Douglas et sa pensée philosophique. En 1939, une commission de théologie a étudié le crédit social, pour savoir si ce n'était pas une forme déguisée du socialisme. La commission était présidée par le jésuite Joseph Papin-Archambault. La réponse est négative ; selon eux, le crédit social ne comporte pas les quatre notes du socialisme telles que définies dans l'encyclique *Divini Redemptoris,* c'est-à-dire le matérialisme, la lutte des classes, la suppression de la propriété privée et l'étatisme économique. En fait, les théologiens rapprochent même le crédit social de la doctrine de Pie XI, notamment sur le plan de la légitimité des biens collectifs, sur la dénonciation du pouvoir excessif des maîtres du crédit et aussi sur le principe selon lequel l'État devrait être la seule autorité à frapper la monnaie. « Le Roi frappe monnaie », disait saint Thomas d'Aquin. Mais, malgré ces commentaires du père Lévesque et des théologiens comme le père Archambault, l'épiscopat du Québec va condamner le crédit social. Le cardinal Villeneuve, archevêque de Québec, Mgrs Duranleau et Desmarais, évêques de Sherbrooke et d'Amos, ainsi que le délégué apostolique à Ottawa, Mgr Antonio vont bien préciser que le crédit social n'est pas un mouvement d'action catholique et ils vont même émettre des doutes sur la valeur économique de la théorie. Paradoxalement, le cardinal Villeneuve dit qu'il ne se prononce pas sur la valeur économique de la théorie, et que l'Église n'a pas à statuer là-dessus, puis quelques paragraphes plus loin, il qualifie le crédit social de charlatanisme. Mais les critiques étaient très virulentes. Mgr Antonio a dit qu'il fallait montrer une « méfiance vigilante envers les nouveautés profanes », comme les appelle l'apôtre saint Paul. Quand on sait que dans le langage de saint Paul, les « nouveautés profanes », ce sont des hérésies, les termes sont très forts. Le crédit social était pratiquement qualifiée d'hérésie. Le cardinal Villeneuve, lui, ridiculise les docteurs de science économique issus des milieux populaires. Il parle d'un « système hasardeux », de « charlatanisme ». Il dit que les journaux créditistes excitent les passions révolutionnaires. Mais dans les faits, je pense que l'épiscopat avait condamné le mouvement du crédit social, non pas tellement pour sa théorie économique, mais parce qu'il se réclamait trop de l'Église. Il voulait se présenter comme étant un mouvement d'action catholique, ce qu'il n'était pas. Le cardinal Villeneuve a été notamment offusqué que, dans un congrès créditiste, on ait consacré le mouvement créditiste à la Sainte Vierge, en dehors de toute autorité des évêques. L'Église entendait donc se dissocier du crédit social.

Maintenant, j'aimerais vous parler de la position d'Adrien Arcand, qui était le chef du Parti fasciste canadien à ce moment-là. J'ai déjà lu un article d'Arcand où il condamne le crédit social, mais je ne l'ai malheureusement pas retrouvé avant notre séminaire. C'est dommage. D'une manière générale, le crédit social, c'était pour lui du marxisme déguisé. Selon lui, le major Douglas adhérait à la notion de plus-value, telle qu'elle était définie par *Le Capital* de Marx. D'ailleurs, il n'avait peut-être pas tout à fait tort, si je me fie à ce que Gilles Bibeau a dit auparavant sur les prédécesseurs intellectuels de Douglas. Il semble effectivement avoir été influencé par Marx. Pour Arcand, la politique monétaire du crédit social déboucherait en pratique sur du socialisme, sur un étatisme, un contrôle complet de toute activité sociale et économique. Rappelons que, pour les fascistes, la solution aux problèmes sociaux, c'est le corporatisme d'État, qui lui-même est aussi une forme de dirigisme. C'est assez curieux de condamner le dirigisme du crédit social et en même temps d'admirer les régimes fascistes, qui étaient certainement tout aussi dirigistes.

Maintenant, j'aimerais vous parler de l'opinion de deux économistes catholiques, Esdras Minville et François-Albert Angers. Leur opinion est défavorable et je pense que leur point de vue doit être étudié attentivement, car ces économistes ne sont ni libéraux, ni socialistes. Ils se réclament ouvertement de la doctrine sociale de l'Église et préconisent la solution du corporatisme social. Alors, on peut voir là un jugement de droite, entre guillemets, sur une doctrine de droite.

Minville dit que le crédit social est une théorie monétaire confuse, proche de l'utopie. Minville ne croit pas que la régénération de la société puisse sortir de la régénération du système monétaire. Il associe le crédit social au CCF, le Parti socialiste de l'époque. Selon lui, le CCF et le crédit social préparent le lit du fascisme et minent la responsabilité et la dignité personnelles. Minville voit effectivement un problème monétaire et un problème de crédit dans la société. Pour lui, le crédit doit être plus social, c'est-à-dire plus accessible. C'est essentiellement par le coopératisme des caisses populaires qu'il veut régler le problème du crédit.

Pour sa part, François-Albert Angers s'est penché plus à fond sur la valeur économique de la théorie monétaire du major Douglas. C'est intéressant, parce que très souvent les gens qui ont étudié le crédit social ne voulaient pas aborder cette question. Avouons-le, la plupart n'y comprennent rien. J'ai moi-même lu le livre du major Douglas et je n'ai pas compris grand-chose, car ce dernier s'exprime dans un langage de spécialiste. On ne sait pas si c'est de la fumisterie ou du génie, c'est difficile à saisir. Louis Even est beaucoup plus synthétique, beaucoup plus compréhensible. Peut-être peut-on y voir la supériorité de l'esprit français sur l'esprit anglo-saxon ! Toujours est-il qu'Angers a carrément dénoncé le fondement de la doctrine du major Douglas, ce qu'on appelle le fameux théorème A+B, c'est-à-dire cette idée qu'il y a un déséquilibre entre la production et la monnaie. Grosso modo, ce qu'Angers dit, c'est qu'il y a actuellement suffisamment de monnaie pour acheter tout ce qui est produit. Les créditistes ne tiennent pas compte du fait de la circulation de la monnaie. Le même dollar peut servir à acheter plusieurs choses. Contrairement à ce que disent les créditistes, pour acheter cent millions de dollars de production, on n'a pas besoin d'avoir en circulation cent millions de dollars en monnaie, car cette monnaie peut servir à acheter plusieurs fois la même chose. Alors, pour lui, si on a cinq pour cent de monnaie, par rapport à cent pour cent de production, cela donne les moyens de tout acheter. Donc Angers revient au point de départ, le problème de la pauvreté n'est pas issu d'un problème de liquidité, mais plutôt d'un problème de partage de la richesse et surtout, d'organisation de la production. Angers préconise le corporatisme social comme solution. Selon lui, sur le plan théorique, le théorème A+B du major Douglas ne vaut rien et sur le plan pratique, les solutions préconisées seraient également inefficaces. Premièrement, la monnaie créditiste qui serait mise en circulation par le biais du dividende national et de l'escompte resterait en circulation, contrairement à l'argent émis par les banques qui est éventuellement détruit par les banques. Donc la solution créditiste augmente le volume monétaire et crée de l'inflation. Pour résoudre le problème d'inflation, il faudrait émettre encore plus de dividendes et encore plus d'escomptes. Alors, il y aurait une espèce de spirale que le gouvernement créditiste ne pourrait plus contrôler autrement que par des mesures très drastiques de contrôle des coûts et des salaires. Cela conduirait finalement au socialisme d'État. Selon lui, le système bancaire actuel est plus souple et plus efficace pour gérer le volume monétaire dans la société.

Angers fait également des critiques d'ordre plus philosophique ou moral sur la question du dividende préconisé par les créditistes. Selon lui, c'est une incitation à la paresse. Il se demande si Louis Even et le major Douglas ne sont pas des disciples de Rousseau qui croit que l'homme est naturellement bon et qu'il peut faire fructifier toutes les ressources dont il dispose sans travailler. Conclusion : je me demandais au départ si le crédit social peut être assimilé à la doctrine sociale de l'Église. Les créditistes, surtout ceux du Québec, disaient oui. Moi, je répondrais plutôt non. Premièrement, à cause du caractère utopique de la doctrine créditiste qui vise à vivre sans travailler et qui repose effectivement sur cette idée rousseauiste que l'homme est naturellement bon. En lisant le major Douglas, je trouvais également certains échos d'un culte de la science et de la technique, d'un culte du progrès, que l'on peut rattacher à une certaine naïveté scientiste du XIXᵉ siècle. Ne peut-on rapprocher Douglas de Marx, de Proudhon et de tous ceux qui étaient obnubilés par ce culte du progrès ? De plus, le crédit social ne parle pas du tout du corporatisme. Pour Douglas, le mode de production capitaliste est bon, il a fait ses preuves. Alors, il suffit de donner un pouvoir d'achat pour régler les problèmes, mais l'Église disait qu'il fallait plutôt réviser le mode de production sur le modèle corporatiste.

Cependant, il y a des points intéressants dans la doctrine du crédit social qui devraient être étudiés sérieusement. Encore aujourd'hui, il y a des parallèles à faire avec certains grands économistes actuels, comme Gilles Bibeau l'a mentionné. Premièrement, on trouve dans le crédit social, comme dans la doctrine sociale de l'Église, l'idée de réformer le capitalisme sans abolir la propriété privée, pour sortir de l'alternative libéralisme et socialisme. On dénonce également la dictature financière, celle-ci étant certainement encore plus écrasante qu'elle ne l'a jamais été. L'idée que l'État devrait se réserver le droit d'émettre la monnaie est également intéressante. On la trouvait déjà chez saint Thomas d'Aquin et on la rencontre également chez un économiste, pourtant libéral, comme Maurice Allais, prix Nobel d'économie en 1988. Les créditistes rejettent également les fondements mêmes de la loi du marché, la fameuse main invisible d'Adam Smith. Cela, c'est un point intéressant à étudier, sur lequel Georges Vallois (l'économiste de l'Action française, qui, par la suite, va se réorienter vers le fascisme) s'est penché. Vallois a essayé de démontrer dans son livre *L'économie nouvelle* que cette fameuse loi du marché, qui est le fondement même du système capitaliste, n'existe pas en réalité. Finalement, il y a toute la question de la finalité spirituelle et morale du système économique que les créditistes mettent également en cause et la condamnation de l'usure. Sur ce point, les créditistes étaient encore plus catholiques que les catholiques, parce qu'au XXe siècle, la condamnation de l'usure avait été un peu abandonnée par l'Église catholique.

Alors que peut-on retenir du crédit social aujourd'hui ? On peut certainement retenir sa critique du capitalisme qui est juste sur bien des plans. On peut sûrement aussi retenir quelques bonnes idées de réformes. Cependant, les bonnes idées des créditistes ne sont pas vraiment liées au système monétaire du major Douglas ; elles se situent plutôt en parallèle, mais il y a quand même de bonnes idées qui ont été avancées par le crédit social. Cela prendrait des économistes pour porter un jugement définitif sur la théorie monétaire. Il est à noter que la plupart des penseurs du crédit social n'étaient pas des économistes de formation. En général, c'étaient plutôt des philosophes, des littéraires, des historiens. Les économistes n'ont pas été séduits par cette théorie. Ainsi, le crédit social, malgré ses bons côtés, doit être considéré comme une doctrine incomplète. Je ne crois pas qu'il constitue la panacée universelle qui pourrait régler tous les problèmes. Mais je pense tout de même qu'il faut s'y pencher sérieusement.

EXPOSÉ DE SYLVIE LACOMBE
SUR LE CORPORATISME[1]

Ma présentation ne retient qu'une période bien précise, celle des années 1930. Ce choix s'explique d'abord parce que c'est certainement l'époque où l'effervescence corporative est la plus grande et la plus généralisée parmi les élites canadiennes-françaises et au-delà parmi une bonne partie de la population. Pratiquement tous les groupements catholiques y participent : au premier chef les Semaines sociales et l'École sociale populaire, mais aussi une Ligue d'action corporative, plusieurs journaux et revues, comme *L'Action catholique, Le Devoir, L'Action nationale, L'Ordre nouveau*. En outre, la Confédération des travailleurs catholiques du Canada (CTCC) élabore un programme de réformes corporatives (1939) et des professeurs de l'Université de Montréal, de l'Université Laval, des journalistes et d'autres intellectuels s'en font les promoteurs – par exemple, E. Minville, M. Caron, F. Hertel, L.-M. Gouin, F.-A. Angers, A. Laurendeau, V. Barbeau, L. Richer. « Corporatisme » est véritablement le mot d'ordre de la décennie.

Il s'explique aussi du fait qu'au lendemain du crash boursier, le mouvement corporatiste se dit explicitement contre le libéralisme économique. Celui-ci est entendu comme la séparation des phénomènes économiques d'avec la société, et formant un

---

1. Sylvie Lacombe ayant été empêchée de joindre le séminaire, son texte a été lu par Jean-Philippe Warren.

système distinct auquel tout le reste du social devait être soumis. On récuse donc cette subordination du social à l'économique ; on souhaite surtout la renverser.

Enfin, il est à noter que seul l'aspect idéologique du corporatisme sera abordé, en délaissant totalement son aspect pratique c'est-à-dire que l'accent sera mis sur les idées et les valeurs qui le fondent en portant une attention particulière aux liens implicites qui peuvent mettre au jour leur architecture d'ensemble. L'approche en est une de sociologie compréhensive (et non explicative) qui conçoit l'idéologie comme un mode de connaissance plutôt que comme un mécanisme d'occultation. Dernière limite réductrice, on n'abordera que le corporatisme d'association en laissant de côté le « corporatisme d'État », c'est-à-dire cette variante qui implique une refonte en profondeur du régime politique, représentée principalement par les mouvances de P. Bouchard et A. Arcand, et demeurée largement minoritaire par comparaison avec l'autre forme.

Idéalement, le texte final comprendra trois temps, mais la présentation d'aujourd'hui ne survolera que le 1ᵉʳ et le 2ᵉ :

1) un bref historique du mouvement et de son contexte, suivi par une rapide discussion sur deux grandes interprétations du mouvement et qui touchent plus directement, il me semble la question, de l'antilibéralisme ;

2) un retour aux sources primaires pour effectuer une analyse inductive des grands textes corporatistes : peut-on dégager quelques éléments de la société idéale qui se profilerait derrière cette critique du libéralisme ? Qu'implique le corporatisme prôné quant aux conceptions de la société moderne, de la société québécoise ? Quels en sont les éléments concomitants ? L'approche suppose de n'avoir pas de définition préalable du corporatisme, ni même du politique, de ce que « devrait » contenir cette catégorie, mais de chercher au contraire à voir de quoi sont faites les relations des hommes entre eux par opposition aux relations des hommes aux choses chez ceux-là même qui vantent la solution cor-

poratiste. En s'en remettant aux « matériaux », il s'agit de voir s'il n'y aurait pas une hiérarchie de valeurs au fondement des positions des divers tenants du corporatisme (cela sans escamoter les variations inévitables).

3) Et finalement, au troisième temps, il s'agira de mieux définir dans un double mouvement la critique antilibérale contenue dans le corporatisme, d'une part, et la teneur du « particularisme canadien-français », d'autre part. On le fera en contrastant la réponse corporative avec celle qu'elle est explicitement sensée contrecarrer, c'est-à-dire le socialisme coopératif de la Commonwealth Cooperative Federation (CCF). On verra, en effet, que la réponse corporative se veut en même temps la solution idéale aux problèmes causés par l'excès de libéralisme économique ayant conduit à la Crise et la solution alternative à cette fausse panacée que serait le socialisme coopératif de la CCF. Or, ce dernier mouvement est également très critique à l'égard de la doctrine du laisser-faire sans toutefois s'inscrire dans le radicalisme : les « CCFers » sont beaucoup plus des réformateurs que des révolutionnaires. L'antilibéralisme des uns serait ainsi mieux mis en lumière par l'antilibéralisme des autres.

Procédons d'abord à une brève mise en contexte du mouvement corporatiste et au survol de son idéologie. On sait que la pensée sociale des catholiques canadiens-français a été profondément marquée par les encycliques papales. Pour résoudre les problèmes sociaux liés à l'industrialisation, la doctrine sociale de l'Église fait d'abord la promotion du syndicalisme catholique puis du corporatisme au sein duquel seraient associés des syndicats séparés plutôt que mixtes. On reconnaît l'existence d'intérêts divergents entre patrons et ouvriers, d'où la nécessité de syndicats séparés, mais on déclare cette divergence « secondaire » par rapport aux intérêts semblables plus « fondamentaux » qui réunissent patrons et ouvriers d'une même usine, d'une même branche d'industrie, d'où l'inclusion des syndicats au sein de la corporation.

C'est *Quadragesimo Anno* (quarante ans après l'encyclique *Rerum Novarum*) en 1931 qui donne la grande impulsion au mouvement corporatiste.

L'objectif est évidemment de maintenir l'ordre social en accordant la primauté à la concertation plutôt qu'à la confrontation, avec comme modèle de référence l'interaction familiale. Or, dans le contexte québécois (canadien-français), la prise de conscience de l'existence du grand capital anonyme et surtout *étranger* à la communauté canadienne-française rend plus difficile le recours à ce modèle. Selon G. Routhier, c'est à partir de là qu'une critique du capitalisme plus ferme qu'auparavant se serait amorcée, dénonçant durement la grande propriété. Le point tournant de cet infléchissement serait le 9 mars 1933, journée au cours de laquelle des membres du clergé (ils sont treize en tout) se réunissent pour énoncer en clair les principes chrétiens dérivés de *Quadragesimo Anno* qui devront orienter les réformes : c'est le Programme de restauration sociale. Ce programme a constitué la bougie d'allumage de la poussée antimonopoliste et nationaliste des années 1930. Le manifeste paraît sous deux versions : la première est issue de la « journée des treize » qu'on vient d'évoquer et servira de base à une deuxième mouture, confiée à une équipe de laïcs recrutés parmi les promoteurs des mouvements sociaux et des coopératives ; elle précise la voie à suivre pour mener à terme les réformes économiques et sociales. Ce plan comporte une longue série de propositions destinées à moderniser l'agriculture, à réformer l'appareil d'État, à accroître son contrôle sur les sociétés à capital-actions et les ressources naturelles. Sa capacité de mobilisation culmine entre 1934 et 1940, et 1938 est certainement l'année de la plus grande effervescence corporative, mais son influence perdure jusqu'à la fin de la guerre.

Le Programme s'attaque surtout au libéralisme économique (on considère que le capitalisme s'y est inféodé). On condamne les excès du capitalisme, tous attribuables à l'introduction des idées libérales en matière économique : elles sont responsables de la dictature économique qui sévit, c'est-à-dire de la prééminence des valeurs matérielles sur toutes les autres, de la suprématie de l'argent au détriment des besoins des hommes. Il faut en conséquence discipliner à nouveau l'économique, lui redonner un visage humain. Ainsi, le père Georges-Henri Lévesque en 1934 demande : « il y a deux facteurs, les besoins humains et les biens matériels et il importe de mettre chacun à sa place. Sommes-nous les serviteurs des richesses ou les richesses doivent-elles nous servir ? » On veut en somme maîtriser le domaine économique pour qu'il serve le bien commun de la société.

Cela dit, bien que la lutte contre le libéralisme ait son importance, l'ennemi numéro 1 reste le communisme. Toujours selon les positions de l'Église, celui-ci est d'ailleurs le prolongement de celui-là : le capitalisme libéral a en effet instauré le conflit des intérêts divergents et son héritier, le communisme, le radicalise seulement en une lutte des classes à finir. La mouvance communiste étant relativement peu organisée au Québec, c'est essentiellement au socialisme coopératif prôné par la CCF qu'on s'en prend. Mais ici aussi des nuances s'imposent : il ne s'agit pas d'un rejet en bloc et si la lecture que fait le père Lévesque du Manifeste de Régina comporte des exagérations, voire des erreurs importantes d'interprétation (on y reviendra), elle signale néanmoins que plusieurs des principes adoptés sont déjà au fondement de la doctrine sociale catholique. Manière de dire sans l'admettre que l'incompatibilité des vues n'est peut-être pas si grande.

Un troisième élément idéologique qui semble constitutif du mouvement corporatif est une préoccupation d'ordre national, présente surtout dans les écrits des intellectuels laïcs (mais pas seulement là). C'est l'idée que le corporatisme doit résoudre une fois pour toutes l'infériorité économique des Canadiens français. À l'idée plus générale d'humaniser le domaine économique, de le subordonner aux exigences de la vie en société, s'ajoute ici l'idée d'une émancipation nationale, celle du peuple canadien-français qui serait, grâce au corporatisme, libéré du joug économique dans lequel le maintient la haute finance anglo-américaine. La faiblesse, voire l'absence de capitaux est constamment identifiée en tant que cause de l'infériorité économique des Canadiens français et en tant que frein à leur émancipation. L'ouvrage de Victor Barbeau,

45

Mesure de notre taille, a produit l'effet d'une douche froide ; l'infériorité économique des Canadiens français était plus que connue, c'était déjà à l'époque un thème convenu, mais de la mettre ainsi en figures et en chiffres a frappé, semble-t-il, plus douloureusement les consciences. De telle sorte que la formule corporative, qui inclut aussi toutes formes d'organisations coopératives, apparaît comme une solution parfaitement adaptée à la situation canadienne-française. Elle est porteuse d'émancipation, qui plus est, selon des moyens en parfait accord avec le génie propre de la nation : entendre ici l'aspect « communautaire », « cohésif » de la solution collective.

Autres caractéristiques relevées chez plusieurs auteurs :

a) l'appel aux interventions de l'État dans l'économie. Les promoteurs du mouvement de reconquête sont de plus en plus nombreux à appuyer l'idée d'un renforcement des prérogatives étatiques, voire même la création d'entreprises publiques comme dans le cas de l'électricité. Même les leaders des coopératives, sans doute les plus tièdes devant l'intervention de l'État, ne montrent plus autant de réserves. On demande à l'État de stimuler l'initiative des individus et des groupes en tablant sur les organismes précorporatifs existants : syndicats, chambres de commerce, coopératives, union des cultivateurs, etc.

b) Pour ce qui est de l'application concrète du Programme, il semble que la tendance principale préconise de procéder par étapes en préparant d'abord le terrain par « l'étude, l'éducation et la propagande » pour ensuite organiser un secteur d'activité dans une région donnée puis dans une autre, et ainsi de suite.

c) Enfin, les accents fortement élitaires qui accordent une place prépondérante aux intellectuels de tout acabit dans la restauration de la société ainsi que dans la « nouvelle » société, une fois que la restauration serait achevée. Le mouvement en est un d'intégration des divers « segments » de la société et, dans ce processus, le rôle des intellectuels est crucial.

En relation avec l'antilibéralisme, retenons deux interprétations principales :

a) la première interprétation, la mieux connue en même temps que la plus contestée est celle de l'apolitisme (« a »-privatif) du corporatisme dès 1930. A.-J. Bélanger (1974) qui le premier la formule associe le corporatisme à une négation complète de l'action politique. Pour cet auteur, la popularité ou la notoriété de la formule corporative tiendrait au fait qu'elle court-circuite le recours à l'État. On lui a reproché, avec raison je crois, de procéder d'une définition trop étroite du politique, où seules sont prises en compte la centralisation administrative et la fonction législative, qui ne rend pas justice au projet corporatiste.

Tout en rejetant globalement la thèse de l'apolitisme, certains auteurs peuvent néanmoins y être rattachés par un fil ou par un autre. Par exemple, mais avec infiniment plus de nuances, Archibald (1984) contraste le corporatisme « social » soutenu par l'Église catholique avec le corporatisme « politique » favorisé lors du premier mandat péquiste. De 1930 à 1960, le corporatisme, sur les deux plans théorique et pratique, plaçait l'Église catholique entre la société civile et l'État, amenuisant du même coup sa portée politique. L'État prenant le relais de l'Église avec la Révolution tranquille, le corporatisme aurait pris là ses véritables galons politiques. Chez cet auteur, cependant un point demeure plus important que cette question politique-apolitique, c'est l'idée d'une continuité dans la manière de concevoir la cohésion nationale, continuité rendue possible grâce au véhicule de la pensée corporatiste. Semblablement, Gagnon et Hamelin interprètent le mouvement corporatiste comme une tentative d'organiser la société en marge de l'État, ce qui aurait eu comme avantage pour ceux de l'époque qui le prônaient, de soustraire la culture canadienne-française à cette autre source de contamination anglo-protestante que sont les institutions politiques d'origine et d'inspiration anglaises.

b) La seconde grande interprétation insiste plutôt sur la faiblesse de la critique libérale au fondement du mouvement corporatiste, sur son manque de radicalisme. Fernande Roy par exemple y a vu un « crypto libéralisme » en raison de la défense qui y est faite de la propriété privée. Y. Rousseau souligne aussi que les tenants du corporatisme interpellent l'initiative de l'individu, sa capacité d'entreprendre et de s'associer. Il insiste surtout sur l'ambiguïté de leurs positions : s'ils font la promotion de la liberté d'entreprendre, ils dénoncent les abus de la liberté ; s'ils valorisent le régime de la propriété privée, ils rejettent la grande entreprise ; s'ils dénoncent le dirigisme d'État, ils sollicitent néanmoins son appui pour créer des conditions favorables au développement de l'entreprise autochtone, qu'elle soit à propriété collective ou carrément capitaliste. Pour cet auteur, qui associe l'essor des coopératives au mouvement corporatif, toute cette mouvance témoigne de nouvelles stratégies de reconquête économique engageant cette fois l'action des classes moyennes.

Plus difficile à classer à l'intérieur de l'un ou l'autre courant, l'interprétation de Trépanier (1994) fait du corporatisme une tentative de décentralisation qui n'empêche pas des visées proprement politiques et comportant le souhait, chez certains de ses promoteurs, de voir les corporations représentées tant au Parlement (provincial) qu'au sein de conseils économiques. Chez cet auteur, l'essence du corporatisme repose sur deux principes fondamentaux, concertation organisée et subsidiarité, lesquels sont à teneur éminemment politique, qui plus est dans sa version « noble », celle d'une plus grande participation des citoyens aux processus de décision et de gestion dans le domaine économique de leur vie commune.

Il paraît assez évident que toutes ces interprétations soulignent un ou des aspects importants du corporatisme. Le retour aux sources primaires devrait permettre de réévaluer leur portée respective, de mettre au jour leur éventuelle complémentarité.

Je passerai maintenant à l'examen des grands textes corporatistes dont l'analyse fine est encore à venir. Les grandes lignes se résument ainsi : les tenants du corporatisme contestent l'idée que le domaine économique puisse faire système et générer une quelconque forme d'ordre lorsque laissé à lui-même. La crise économique illustre à merveille selon eux à quel point la « main invisible » est au contraire génératrice de désordre et de chaos social. Elle a conduit au renversement complet de la hiérarchie des valeurs au sein de laquelle les valeurs matérielles ne sont légitimes que lorsqu'elles sont subordonnées aux valeurs spirituelles. Avec le libéralisme au contraire, l'argent domine tout, et l'ordre social s'en trouve anéanti, remplacé par le règne du plus fort. La conséquence la plus néfaste qui en découle est certainement la dégradation de la notion de travail. Car alors, c'est la dignité humaine elle-même qui s'en trouve réduite au statut de marchandise. C'est pour redresser ce tort incommensurable qu'on propose la solution corporative : il faut remettre la profession au cœur de l'organisation sociale, seule façon de redonner au travailleur le sens réel de son activité, le fruit de ses efforts et le sentiment de participer au bien commun.

On prend grand soin de démarquer le mouvement de la forme moyenâgeuse de la corporation en même temps que du corporatisme qu'on dit « politique », par quoi on désigne les expériences fascistes dans l'Italie mussolinienne et plus généralement toute imposition surplombante de l'organisation corporative. Le mouvement doit se faire « du bas vers le haut » ; l'impulsion doit venir des diverses associations précorporatives, dans le prolongement du mouvement syndical et en coordination avec le mouvement coopératif, par exemple. Chaque branche d'industrie doit progressivement s'organiser en une vaste corporation, et chacune d'entre elles se coordonner aux autres en un conseil intercorporatif. Celui-ci serait formé de délégués (élus) experts dans leur domaine respectif. L'État ne doit pas faire beaucoup plus qu'accompagner le mouvement à chacune des étapes (encadrer juridiquement les conventions collectives, reconnaître et formaliser les processus et les structures consultatifs, etc.) ; en bref, il investit légalement la corporation une fois celle-ci créée en sanctionnant son droit de réglementer et d'administrer la profession dans l'intérêt de ses membres, mais en fonction du bien commun.

Le moteur essentiel est l'éducation dans le sens très général de combattre l'individualisme ambiant en faisant prendre conscience à tout un chacun de sa dépendance à l'égard des autres, de la société (la société a des droits et des besoins qui doivent être pris en compte). En bons catholiques, on pense y arriver en insufflant encore et encore les vertus chrétiennes de justice sociale et de charité. Mais aussi en formant des élites corporatives sur le terrain (former des experts en agronomie, en gestion, en économie, etc.).

Il ne s'agit pas à proprement parler d'un mouvement anti-moderne, car on souhaite moderniser l'organisation économique de la vie sociale, la rendre plus rationnelle et plus efficace. À travers l'organisation corporative, on veut orienter l'économie vers la consommation (plutôt que vers la production) et éviter ainsi de faire abstraction du facteur humain tout en travaillant à l'éman-cipation économique des Canadiens français. Devenir moderne, en somme, et indépendant économiquement sans perdre ce qui distingue cette société de ses voisines.

Là-dessus, quelques conclusions provisoires.

Le caractère modéré de la critique du libéralisme contenu dans le corporatisme semble tenir au diagnostic posé sur la situation ayant conduit à la crise : ce sont les excès du libéralisme (indivi-dualisme atomisant et main invisible) qui en sont la véritable cause ; ils portent en eux le danger de voir dans l'excès inverse (collectivisme autoritaire et économie dirigée) la solution idéale pour rétablir la justice et l'ordre. Pas étonnant dès lors que la solution préconisée soit toute modérée ; la modération étant alors la clé même pour sortir de l'impasse. La corporation implique l'initia-tive individuelle et l'implication libre et responsable de chacun, tout en donnant à tous une conscience plus aiguë du bien commun, des devoirs qu'il suppose.

À noter que la même conclusion s'appliquerait au socialisme coopératif de la League for Social Reconstruction (LSR) et de la CCF : pour eux aussi il s'agit de naviguer entre deux excès contraires. La crise est provoquée par la doctrine du laisser-faire qui s'est emballée, au sein de laquelle une fausse conception de l'individu prévaut, celle qui veut qu'il se suffise à lui-même et puisse subordonner sans problème les besoins de la société. Le chaos ainsi engendré fait miroiter les fausses solutions que sont les totalitarismes au sein desquels la société a tous les droits et l'individu que des devoirs. Entre les deux, le socialisme coopératif suppose la conscience de l'interdépendance des uns et des autres, tout en valorisant la liberté individuelle dans un esprit de plus grande fraternité humaine.

Un autre aspect qui ressort assez clairement et qui renvoie peut-être aussi au caractère modéré de la critique est le souci constamment répété d'être « réaliste ». On a beau trouver bien aériennes les discussions sur le corporatisme et les références aux encycliques papales, les tenants eux-mêmes répètent à l'envi qu'ils sont à la recherche de solutions concrètes adaptées à la réalité canadienne-française ; que la réforme des mentalités doit intégrer réellement les principes énoncés ; qu'il faut incarner, incorporer le plus possible la doctrine de l'Église. Ce sentiment tient à la nécessité de l'action, à l'obligation d'intervenir que semblent ressentir les tenants du corporatisme.

À noter qu'ici aussi, le même aspect caractérise les positions de la LSR et de la CCF. Là où on explicite les valeurs chrétiennes qui informent le programme de restauration sociale, on se réclame d'un « réalisme religieux », ce par quoi on entend une transcendance horizontale plutôt que verticale (très proche du personnalisme de Maritain, qu'on cite d'ailleurs). Mais ici, c'est sur la science, essentiellement les avancées technologiques, que s'appuie ce réalisme religieux pour offrir une solution non utopique qu'on croit réalisable dès aujourd'hui.

DÉBATS DE LA PREMIÈRE SÉANCE

Louise Bienvenue

Gilles Bibeau, vous nous avez bien présenté le cœur économique de la théorie du crédit social, je me demandais qu'est-ce qui en était de la pensée politique. Est-ce qu'il y avait, par exemple, une critique de la démocratie représentative ? Est-ce que l'on faisait une critique des partis politiques et de leur dérive morale comme c'est souvent le cas dans les discours que l'on entend dans les années 1930 ? Pour avoir étudié, pour ma part, les mouvements catholiques spécialisés, il y avait toute une réflexion sur l'importance d'une citoyenneté active versus une citoyenneté simplement centrée sur le processus électoral sporadique avec ce qu'il supposait de manœuvres douteuses. Je me demandais si on retrouvait ce genre d'idée chez les tenants du crédit social ?

Gilles Bibeau

Sur le plan politique, après la défaite de 1948 de *L'union des électeurs,* ils décident de sortir du jeu électoral. Mais jusque-là, jusqu'aux années 1950, il va y avoir cette idée qu'il faut former un parti politique. On va prendre le pouvoir, on va imposer notre programme, commeAberhart l'a fait en Alberta en 1935. Il faut faire la même chose au Québec, par une ligne de parti. Puis ensuite le débat va revenir au moment de la fondation du Ralliement des créditistes dans les années 1950 (1958). Et n'oublions pas qu'on va avoir Camille Samson qui, ici à Québec, va continuer la tendance partisane. C'est donc la ligne électoraliste qui sort du mouvement comme tel, mouvement qui devient de plus en plus politique, mais de moins en moins électoraliste. Pour eux, les voix personnelles sont quelque chose d'absolument fondamental. L'État, disent-ils alors, ne doit même pas s'occuper des écoles ; l'enseignement, ce sont les parents qui en sont responsables. Dans le mouvement, on a sorti massivement les enfants des écoles, geste qui se propageait au sein des familles. Aujourd'hui, il reste 400 familles, mais à l'époque c'était beaucoup plus important que cela. Bref, on pense que les droits sont d'abord les droits individuels des citoyens et on ne veut plus y passer par le collectif.

En ce qui a trait à la politique fédérale, il y a Abitibi-Est qui a eu son député pendant longtemps, Réal Caouette qui était garagiste. Donc, la politique électorale a continué, mais elle a été tenue malgré tout un petit peu à la marge par ceux qui restaient dans le mouvement. Oui, il y a une critique des partis politiques, mais elle est plus ou moins virulente selon les périodes. Le CCF a alors des positions semblables. Les gros débats se faisaient là-dessus. Pourquoi voter ? *L'union des électeurs* fut pour les créditistes le parti de la sortie des partis.

Intervenant non nommé

Sur le plan économique pour que l'État puisse réaliser l'équilibre qui est envisagé dans la théorie, il faut de bons économistes !

Gilles Bibeau

Ce qu'ils imaginent, c'est un État « comptable ». Les succursales du trésor, qui vont se mettre en place, vont donner des dividendes, elles vont déterminer le juste prix à payer pour la marchandise, etc. Ce sont des experts comptables engagés par l'État, et c'est son rôle principal. Tout le reste, c'est du privé, c'est du libéralisme à tous points de vue. Prenons l'exemple de la télévision. Lorsqu'elle arrive, c'est un gros problème pour les créditistes parce c'est une petite boîte, ce sont des nouvelles, ce sont des gens qui parlent. Ils essaient de nous haranguer, disent-ils. Ils vont donc faire une grosse critique des mass médias et du dirigisme des mass médias. Cela va aller tellement loin qu'ils vont même demander de ne pas avoir de télévision. Je m'empresse de vous raconter une petite histoire, elle est tellement bonne. J'interviewais quelqu'un qui était allé avec ses garçons, dans le bois, pour immoler la télévision. Madame Gilberte Côté-Mercier leur disait : « N'écoutez pas la télévision, c'est de la pourriture. C'est absolument incroyable ce qui peut sortir de cette télévision ». Et là, cette personne me disait : « Je suis parti avec mes gars dans le bois, ils ont amené la télévision, on a pris la carabine et on a tiré là-dedans. Si vous aviez senti l'odeur qui est sorti de là ! » On fabrique soi-même sa propre lecture des événements.

DANIEL MERCURE

Vous avez souligné que, dans la pensée du major Douglas, l'argent doit provenir du travail et que du travail, ce qui me conduit tout naturellement à vous demander de préciser les principaux éléments de la théorie de la valeur chez le fondateur du *Social Credit*. Il appert que sa doctrine se situe dans la filière des économistes écossais de la première génération, par exemple Smith et surtout Ricardo. Toutefois, je ne sais pas si sa doctrine monétaire introduit des distinctions importantes en regard des auteurs que je viens de citer. En outre, je crois comprendre que Douglas commet la même erreur que les premiers économistes, à savoir qu'il refuse de considérer que la rationalisation de la circulation du capital puisse être une source de valeur ajoutée. Mais en même temps, ce qui m'étonne, c'est cette idée d'équilibre entre production et consommation, idée qui évoque d'une certaine manière l'un des aspects de la logique un peu utopique des physiocrates. Bref, j'aimerais bien comprendre la théorie de la valeur chez le major Douglas, notamment repérer la part d'inédit par rapport aux théories antérieures.

GILLES BIBEAU

Bien, je dirais que c'est une théorie marxiste de la valeur. Fondamentalement, c'est une quantité, l'input calculé en nombre d'heures, qui doit déterminer la valeur réelle des marchandises, des produits. Tout écart qu'impliquerait la circulation de ces produits, la mise en valeur jusqu'à la vente, etc., doit être calculé. Mais puisque vous n'avez pas droit à l'intérêt, vous n'avez pas droit non plus au profit comme tel. Alors, cette marge de profit qui crée le capital dans la théorie marxiste, l'accumulation du capital, ils ne l'ont pas. Donc, tout tourne autour du juste prix de la marchandise fixé par les comptables de l'État, prix auquel ils vont ajouter ou soustraire des marges pour les imprévus. En somme, le major Douglas nous donne des concepts « simples » parce qu'il se heurte au problème de la mécanisation. Si de plus en plus de technologie entre dans la production, comment est-ce que l'on va calculer cette affaire-là ? Et chez lui, il y a cette espèce de vision un petit peu magique, qui était celle de l'époque, selon laquelle l'industrialisation se ferait tellement par les machines qu'il n'y aurait pratiquement plus personne qui travaillerait dans les usines. Alors là ça devient extrêmement difficile de calculer le juste prix ; mais je n'ai pas l'impression que c'étaient là des détails où la doctrine s'exposait. Elle laissait aux économistes et aux comptables de l'État la tâche de faire les travaux qu'il fallait.

DANIEL MERCURE

En vous écoutant, je me demandais finalement si, dans la logique du major Douglas, il n'y a pas une logique du type grand tableau économique, une sorte de mise en relief des principaux circuits économiques en vue d'atteindre l'équilibre production-consommation. Un équilibre à rechercher qui remplacerait la seule logique du marché, laquelle est déficiente. Est-ce bien cela ?

GILLES BIBEAU

Absolument, absolument.

DANIEL MERCURE

En somme, le cœur de la critique du libéralisme se trouverait dans l'intéressante conjonction entre une théorie de la valeur ricardienne assortie d'une remise en question de la régulation spontanée par le marché, une telle remise en question renvoyant à la quête d'équilibre entre production-consommation.

GILLES BIBEAU

Oui, mais l'étalon de référence, pour lui, c'est véritablement l'ensemble des produits fabriqués par un État, additionné de toutes les potentialités des richesses collectives et des capacités d'une société. Et non pas un étalon extérieur qui viendrait fonder en quelque sorte la circulation de l'argent. Il était contre l'idée de la régulation monétaire. Tout le début de ce livre est assez intéressant, sur le plan de la sémiologie. On y demande : qu'est-ce que c'est qu'un signe ? Si la monnaie est un signe, elle est signe de quoi ? C'est une très belle analyse de type sémiologique. Nous avons un système de référence, mais nous ne savons plus quel est le référent, à quoi renvoie la monnaie et puis pourquoi à un moment donné elle se détache de ce à quoi elle renvoie et devient une valeur par un acte indépendant de la chose signifiée : c'est là qu'est le problème, dit-il, alors qu'il montre d'une manière très claire toutes les raisons qui mènent à ce « détachement ».

STÉPHANE KELLY

J'adresse ma question à Gilles Bibeau. Mais d'abord, je veux formuler un commentaire. Dans les trois présentations, une chose a retenu mon attention. Les conférenciers ont surtout mis l'accent sur la pensée économique qu'on trouve au sein du crédit social et du corporatisme. Je serais curieux de vous entendre sur ce qui relève du conservatisme social dans l'argumentation du crédit social. J'ai lu récemment votre ouvrage sur les bérets blancs. C'est un livre qui a bien vieilli et qui fait beaucoup réfléchir. Avez-vous changé votre interprétation du crédit social ? Votre point de vue aujourd'hui est un peu moins ironique qu'à l'époque où vous l'avez écrit. La pensée du crédit social, aux yeux de l'école de *Partis pris,* c'était ridicule. Enfin, je vous pose une troisième question, relative au rôle de la femme et de la mère dans la société canadienne-française, selon les bérets blancs. Mme Gilberte Côté-Mercier développait une vision matriarcale très articulée. Qu'est-ce que cela peut bien représenter, à votre avis, dans l'histoire culturelle et politique du Québec ?

GILLES BIBEAU

Je passe tout de suite à la deuxième question. Oui, parce que c'était la thèse centrale que je défendais. Vous voyez sur la page couverture de mon livre : la Vierge Marie et Gilberte s'y trouvent associées. C'est Gérald Godin qui avait eu l'idée de faire cette couverture. C'était en 1971, à l'Université Laval, j'étais en maîtrise, j'arrivais d'Afrique très enthousiaste, je redécouvrais la société québécoise après dix ans passés à l'étranger. La thèse que je défendais, c'est que ce mouvement avait un caractère thérapeutique pour une certaine famille qui n'avait pas été capable de faire face au choc de la Révolution tranquille. Mes entrevues m'avaient amené à penser cela, et j'ai développé toute l'idée d'un mouvement thérapeutique (je travaillais sur les thérapies en Afrique aussi à ce moment-là). En 1981 j'ai retravaillé avec des familles, j'étais à Québec à ce moment-là et j'étais revenu d'Afrique en 1980. Il y a eu un colloque et on m'a dit « Gilles, voulez vous participer ? » Je suis aller voir les enfants de ces familles, dans la région de Québec jusqu'à Chicoutimi, je suis allé interviewer une trentaine de personnes, des petits groupes. Et j'ai réalisé que beaucoup de ces jeunes faisaient des réunions avec leurs parents et qu'il y avait beaucoup de choses « lourdes » (des enfants qui s'étaient suicidés, des difficultés énormes dans les familles de bérets blancs, etc.). Et là, j'ai développé la thèse selon laquelle il y avait là un fonds de pathologie. Tout ce mouvement était thérapeutique, mais il se maintenait sur le plan social et il créait alors de la pathologie chez les jeunes. Et dans ce contexte-là le mouvement fonctionnait comme une grande famille. Cette grande famille a fini par transformer le mouvement politique et à le placer sous l'égide de la figure maternelle de Gilberte. Elle devient disciple de Louis Even en 1937 puis, petit à petit, mais très nettement dans les années 1960, Louis Even est mis de côté (de même, d'ailleurs, que le mari de Gilberte) au profit de la mère toute-puissante qui s'impose alors, une mère aimante mais une mère protectrice. Il y a là tout le mouvement. Elle dit : vous êtes mes petits enfants, je vous protège, et vous autres les mères vous devez, dans vos familles, faire exactement comme moi. Alors, c'était extrêmement important et je me disais, en comparant avec les mouvements de droite au Brésil, que cela avait pris cette forme à cause des structures familiales. Dans les pays méditerranéens, il y avait aussi des mouvements équivalents (ils étaient d'ailleurs tous en contact), mais qui n'ont pas eu l'importance sociale que cela a eue au Québec. C'est extrêmement intéressant de voir cette évolution-là.

Maintenant, en un mot, sur le conservatisme social. Oui, cela sera à travailler, absolument. Là je pourrais parler longuement de cette affaire parce que c'est au cœur de la chose. J'essaie de faire l'analyse en regardant derrière le corporatisme et les mouvements venus de France particulièrement, je pense à Jacques Maritain, je pense au personnalisme dit communautaire qui a pénétré au Québec très fort à ce moment-là. Les années 1930 ont été travaillées, et au premier chef les intellectuels catholiques du Québec, par toute une pensée qui est très très française, qui nous imprègne ici d'une certaine vision de la civilisation chrétienne. Even commence son premier paragraphe, dans *Le crédit social et l'abondance* en 1946, en disant ceci : le crédit social est une orientation de la civilisation ; il touche au social et au politique autant sinon plus qu'à l'économie, c'est une question de civilisation finalement. La référence à la « civilisation » dans ce contexte est hautement conservatrice. Comment est-ce que l'on peut être conservateur quand on met en avant les libertés individuelles, un système de liberté totale des personnes et pourtant que l'on maintient le conservatisme social, voilà un très beau paradoxe.

JEAN-MARC PIOTTE

Un commentaire et deux petites questions. Le commentaire porte sur la question de la valeur. Marx affirme que la valeur d'un produit est déterminée par le temps nécessaire à sa production. Cette idée est formulée la première fois par Locke, puis reprise par les économistes classiques, dont Smith et Ricardo. Marx part de ce dernier et affirme que sa conception de la valeur est incapable de rendre compte de l'origine du profit. Marx affirme pouvoir l'expliquer, en distinguant la valeur de la force de travail (salaire déterminé par le temps nécessaire à la production et à la reproduction de l'ouvrier) de la valeur produite par cette force de travail. La plus-value (le profit) provient donc de la différence entre ce que coûte la force de travail et ce qu'elle produit comme nouvelles valeurs. La plus-value est donc du travail non payé. Marx n'arrive cependant pas à expliquer pourquoi les pays et les industries les plus développés technologiquement sont aussi ceux qui engrangent le plus de profits, sauf par son indémontrable et méta-historique péréquation du taux de profit. Alors, si je comprends bien, le major Douglas intervient où Marx n'est guère convaincant, tout en étant incapable de rendre compte de la valeur, question qu'avait éclairée Marx en suivant les économistes classiques.

La première question s'adresse à Sylvie Lacombe ou à quelqu'un d'autre mieux informé que moi. Mme Lacombe semble dissocier radicalement corporatisme social et corporatisme politique. Or, j'ai l'impression que les défenseurs du corporatisme social au Québec étaient plutôt sympathiques au corporatisme politique de Salazar. Ai-je tort ?

La deuxième question s'adresse à Gilles Bibeau qui affirme que la liberté de la personne est une valeur fondamentale du crédit social. Mais comment cette valeur pouvait-elle se concilier avec l'orientation conservatrice qui était la sienne ?

GILLES BIBEAU

Je ne pense pas que le corporatisme de Salazar puisse être qualifié de corporatisme d'État ou de corporatisme politique.

Quand on parlait du corporatisme d'État, on pensait surtout à l'Allemagne d'Hitler ou à l'Italie de Mussolini. Salazar était vraiment la référence par excellence des catholiques sociaux et c'était cela qu'on appelait du corporatisme social. Cependant, il y a peut-être un problème relativement au corporatisme de chez nous, c'est qu'on voulait l'associer à un régime politique libéral, parlementaire, de type britannique. À mon avis, cela cadre mal et je pense qu'une des difficultés du corporatisme social, tel qu'il a été développé dans l'Action nationale par exemple, se trouvait là. Ces corporations, une fois constituées, est-ce qu'elles ne deviendront pas des organismes tellement puissants qu'elles vont réussir à subordonner l'État alors que l'État démocratique est nécessairement l'enjeu des différentes factions ? Dans le libéralisme, il est l'enjeu des factions financières, industrielles ; dans le corporatisme, il va devenir un enjeu politique, alors vous risquez d'avoir tel parti associé à telle corporation. Alors moi, il m'a toujours semblé que le corporatisme social se concilie mieux avec un État autoritaire comme celui de Salazar plutôt qu'avec un État interventionniste comme l'était l'Allemagne d'Hitler. D'ailleurs, il paraît que c'était aussi la position d'Albert Angers, je m'excuse de le citer mais j'ai beaucoup d'estime pour lui : il disait que la politique économique d'Hitler, malgré ce que les gens pensaient, était du keynésianisme beaucoup plus que du corporatisme.

FRÉDÉRIC BOILY

Mon intervention concerne le mouvement du corporatisme social. À l'époque des années 1930, le directeur de l'École sociale populaire, le père Joseph Papin-Archambault, parlait surtout d'un corporatisme d'association. Toutefois, il y a plusieurs tendances chez Archambault : en général, il loue le régime portugais encore qu'il lui arrive, à certains moments, de critiquer le corporatisme qui se pratique au Portugal. C'est le corporatisme tel qu'on le trouve en Italie ou en Allemagne qui est condamné, encore que là aussi on note certaines hésitations. Ainsi, dans *L'Ordre nouveau,* le journal de l'École sociale populaire, on trouve un article de François

Hertel – on est en 1937 – qui fait le bilan du régime de Mussolini. Or, on voit qu'il est hésitant, qu'il ne sait pas trop comment juger le fascisme mussolinien, notamment par rapport à la question de l'État. En fait, dans les années 1930, ces régimes émergent et les intellectuels essaient de les évaluer. Avec le recul, on s'étonne de leurs hésitations, mais comme le fascisme disait lutter contre le communisme, on peut comprendre qu'on ait eu une certaine sympathie pour eux. Mais il faut bien voir que diverses tendances s'affrontent au sein du « clérico-nationalisme », le cas du fascisme italien étant exemplaire à cet égard. Pour le régime de Salazar, si je me risquais à y aller d'un pourcentage, au moins 90 % des articles sont élogieux. Par contre, toujours dans *L'Ordre nouveau* il arrive à l'occasion, comme je l'ai dit plus haut, que l'on trouve des critiques du corporatisme tel qu'il se pratique chez Salazar. Donc, il faut être prudent avant de donner des réponses trop affirmatives. Peut-être faut-il faire des distinctions entre des gens comme Archambault, qui eux sont beaucoup plus anti-modernes, et d'autres plus ouverts sur la modernité.

Ce qui m'amène à faire une remarque à propos du texte de Sylvie Lacombe. Quand elle affirme, si j'ai bien compris, que le mouvement corporatiste n'est pas à proprement parler anti-moderne, je dirais que certains, comme Archambault sont anti-modernes, mais que d'autres ne le sont certainement pas. Je ne crois pas, par exemple, qu'Esdras Minville pourrait être classé parmi les anti-modernes. D'où l'idée qu'il y a divers courants qui s'affrontent.

GILLES BIBEAU

Sur la liberté. Dans mon texte, j'ai donné des exemples de leur attitude et j'ai tenté d'expliquer pourquoi il en était ainsi. Les enquêtes, questionnaires, fiches que l'État possède sur chaque citoyen servent à la constitution de dossiers sur leur intimité et leur niveau de vie, de même pour les cartes d'identité : ils sont absolument contre ça. Les recensements sont eux-mêmes une forme d'espionnage de la vie des citoyens. Le crédit social est contre toutes les étatisations, toutes les nationalisations d'entreprises, les socialisations de la production, contre toutes les intrusions de l'État dans les affaires des individus et des familles. Le créditisme est contre l'assurance-hospitalisation, contre la dictature des syndicats, contre l'obligation pour l'ouvrier de se syndiquer, contre l'école obligatoire, contre les mass médias, contre toutes les mesures gouvernementales s'apparentant au socialisme d'État. Pour eux, avec le PQ, c'est le communisme qui s'empare de Québec. Avec un dividende versé au citoyen, celui-ci sera en mesure de se procurer par lui-même tous les services dont il aura besoin. C'est aussi au nom de la liberté personnelle que les campagnes sont menées contre la bureaucratie. Par exemple, si toute l'eau publique est fluorée, l'individu n'a plus le choix de boire une eau non fluorée, ça va très loin. Campagne aussi contre le vêtement immodeste. « Jupe courte, morale courte », disait Gilberte, parce que l'on fait ainsi passer le corps avant l'esprit ; et l'esprit est le siège de la liberté de l'homme. On craint constamment que le collectif domine le personnel et là je cite Louis Even qui dit « nous sommes pour un régime personnaliste et communautaire et ainsi il sera humain ». Dans les années 1930 et dans les années d'après-guerre, il fallait qu'ils se démarquent très clairement du communisme, et je pense qu'ils ont réussi à le faire. Il ne suffisait pas de dire « nous n'abolirons pas la propriété privée » ; il fallait qu'ils se démarquent du corporatisme aussi, qui était dominant, mais sans rejeter la doctrine sociale de l'Église. Alors ce n'était pas facile et c'est pour cela que les chefs du crédit social au Québec étaient aussi dans la ligne de mire des économistes chrétiens appuyant le corporatisme. Et l'Église ne voulait surtout pas qu'il y ait de la confusion entre elle-même et le créditisme. Et c'est assez étonnant que ma collègue Sylvie Lacombe ait réussi à parler du corporatisme sans mentionner une seule fois le crédit social. Je veux bien croire que dans ces années 1930-1940 il est faible, mais le mouvement a déjà commencé à ce moment-là à se développer au Québec et l'Église à se démarquer de lui.

JEAN-MARC PIOTTE

J'aimerais soulever une objection. Le crédit social défend la liberté de la personne par rapport à l'État, aux médias, etc. Dans ce sens, sa conception est conforme à la liberté négative de la pensée libérale. Mais il soutient aussi une conception positive de la liberté : être libre, c'est de ne pas porter des jupes courtes, croire en la Vierge Marie, etc. Les jupes courtes constituent ainsi une pensée courte de la liberté. Cette conception positive de la liberté rattache le crédit social à la pensée conservatrice et l'oppose à la liberté moderne qui affirme que tout individu a le droit de penser et d'exprimer ce qu'il veut, a le droit de faire tout ce qu'il veut, sauf ce qui est interdit par la loi.

GILLES BIBEAU

Oui, tu as tout à fait raison, et c'est là un de mes problèmes. Dans quelle mesure une société avec ses caractéristiques sociologiques particulières (la place de la religion, etc.) métabolise un phénomène externe, comment elle l'intègre en le transformant, comment la greffe prend et dans quelle direction pousse-t-elle alors ; voilà des phénomènes généraux qui explique l'allure d'un mouvement. Je pense qu'une société qui aurait été plus laïque, plus séculière, aurait pris cela et l'aurait réorienté tout à fait autrement. Là, je parle d'une dérive, mais la dérive n'était pas d'emblée inscrite dans la doctrine originale. Jusqu'en 1939, au moment où le journal est créé, et même après, dans le journal, on répète assez clairement qu'il ne faut pas s'occuper de religion. À partir des années 1950, cela bascule et il y a là des choses assez incroyables. Tantôt j'évoquais une hypothèse sur la position de la femme. Ce n'est pas du féminisme qui est en jeu, c'est la maternité qui est en jeu, c'est la figure de la femme mère, la très puissante femme mère. Donc, on est ici dans quelque chose qui est produit par une société particulière, c'est ça qui est fort intéressant.

JEAN-PHILIPPE WARREN

Afin de poursuivre la réflexion de Jean-Marc Piotte sur la division entre le corporatisme social et le corporatisme politique, je serais tenté de résumer très brièvement les concepts fondamentaux de la doctrine du corporatisme social, du moins telle qu'elle a été élaborée au Québec à partir des encycliques pontificales à partir surtout des années 1930.

Il faut dire d'abord que la société corporatiste étant conçue en termes d'ordre global, c'est-à-dire en termes de statuts hiérarchiques où chacun aurait sa place, sa tâche et sa fonction dans l'équilibre d'ensemble de l'économie, la doctrine du corporatisme prône la bonne entente des différents groupes sociaux entre eux. La deuxième chose qu'il faut dire, et qui découle de la première, c'est que cette doctrine est à la recherche d'un bien commun, d'une espèce de vivre-ensemble ; elle est tendue par une visée d'organisation collective qui puisse concrétiser la recherche du partage, de la charité ou de l'entraide. Ensuite, le troisième concept qui me paraît essentiel, c'est celui de la planification, une planification qui ferait obstacle à la fausse loi du marché et de la main invisible et qui permettrait de ne pas laisser l'économie aux mains de spéculateurs. Finalement, le dernier concept, c'est celui de la subsidiarité, principe selon lequel il ne faut pas empiéter sur les champs de juridiction des secteurs d'activité qui peuvent très bien accomplir leurs tâches sans l'intervention des secteurs hiérarchiquement supérieurs dans ce qui est défini comme une pyramide sociale. Or, il est intéressant de noter que chacun de ces points-là, que chacun de ces concepts-là s'oppose à une doctrine sociale ou à une philosophie politique en concurrence avec le corporatisme canadien-français.

Si vous prenez le cas de l'entraide, il est clair que les corporatistes la définissent en stricte opposition avec la théorie de la lutte des classes du marxisme (selon laquelle c'est finalement de la division sociale, et non pas de l'équilibre organique, que va pouvoir surgir une société plus juste). Le bien commun, défini pendant l'entre-deux guerres en termes nationalistes par la collectivité canadienne-française, s'opposait à l'intérêt privé des anglophones, dont les entreprises continuaient de faire main basse sur les richesses naturelles nationales (et là-dessus il est intéressant de savoir que Minville proposait l'instauration d'un régime dans lequel auraient été créées des corporations anglophones, autonomes et pour ainsi dire étrangères au reste des corporations canadiennes-françaises, à Montréal entre autres). En organisant le marché, en organisant la production et en permettant un meilleur partage des richesses, la planification s'opposait au libéralisme économique. Finalement, la subsidiarité permettait de mettre un frein aux visées interventionnistes de certains groupes plus ou moins socialistes. On a donc là, dans le corporatisme, une « belle » doctrine, qui se tient sur des concepts assez clairs, qui permet de croire, sur un mode utopique, à l'édification d'une société meilleure, et qui élabore une réponse d'ensemble aux défis de la collectivité canadienne-française.

Cette dernière remarque me permet de faire le pont avec un commentaire de Jean-Claude Dupuis au sujet du crédit social. Ce dernier vient de dire que c'est quand même curieux qu'une personne comme le père Georges-Henri Lévesque, en 1935-1936, ait pu appuyer ouvertement et explicitement les théories du crédit social sans partager ses vues sur la faute adamique, alors que le péché originel peut apparaître comme un postulat central de l'anthropologie catholique, et donc de son projet de réformation sociale. Pour ma part, j'opine à croire qu'il existe une notion qui se substitue en quelque sorte à la notion du péché originel et qui permet de faire naturellement le pont entre l'anthropologie du crédit social et l'anthropologie de la doctrine sociale de l'Église. Cette notion, c'est celle de l'idolâtrie, c'est-à-dire le fait de sacrifier au Veau d'or. Le Veau d'or ? C'est-à-dire, bien entendu, non pas une hérésie religieuse ou cultuelle, mais une hérésie économique, celle de la monnaie. Le culte de l'argent, le vice de l'usure, la quête de la richesse matérielle, la débauche et la luxure que l'or entraîne dans son sillage, voilà autant de thèmes qu'il serait facile de recenser d'une lecture superficielle de la littérature catholique de l'époque. L'argent a la figure du diable dans la mythologie catholique.

Il faut donc discipliner et domestiquer l'argent. Il faut faire du système monétaire un ordre dépendant des valeurs. De là l'idée d'organiser la finance, de s'emparer des banques et de contrôler l'impression des billets. Il s'agit ni plus ni moins dans le crédit social comme dans la pensée sociale de l'Église d'abolir l'argent en organisant la production seulement en fonction de la consommation, comme le voulait à l'époque le père Lévesque. À la limite, dans un tel système économique, il n'y aurait plus eu d'argent, mais seulement des billets de banque sur lesquels auraient été imprimées des choses qui auraient indiqué la valeur réelle de l'argent !

Mais il y a, il faut le souligner au crayon gras, un autre aspect du crédit social qui pouvait séduire un Canadien français comme le père Lévesque dans les années 1930 et qui est lié à la situation particulière du Québec. C'est la question de la liquidité. Encore une fois, on touche ici à la question épineuse et cruciale de la monnaie, une question qui faisait partie du discours du Québec depuis au moins quarante ans. L'idée de ramasser des « sous », l'idée d'accumuler de l'argent en puisant dans les bas de laine des campagnes, cette idée est primordiale dans la décision d'Alphonse Desjardins de fonder des caisses populaires. Cette idée se retrouve aussi bien dans les textes d'Errol Bouchette que dans ceux d'Édouard Montpetit, puis, plus tard, dans les travaux de l'École des hautes études commerciales. Le retard économique du Canada français, explique-t-on alors, a pour cause structurelle première la fragilité de ses banques. Le Québec francophone possède les richesses naturelles, répète-t-on alors, ce qu'il lui manque, c'est le capital pour les mettre en valeur. La solution au problème économique semble donc rejoindre la théorie du crédit social. C'est dans la planche à billets que se trouve le salut économique du peuple canadien-français. Il ne faut pas oublier, pour finir, que la crise économique de 1929 a frappé le Québec très durement. Les Minville et les Groulx ne s'imaginent pas que le marasme dans lequel la province se retrouve à partir de 1929 soit seulement provoqué par des troubles à l'intérieur de l'économie nationale ; ils accusent aussi une domination économique anglo-saxonne qui accentue les problèmes de pauvreté et de chômage, entre autres par une guerre livrée aux trusts et aux monopoles.

Si, donc, le crédit social et le corporatisme ont eu une telle vogue au Québec dans ces années-là, l'explication se trouve dans une anthropologie catholique qui remplace le Veau d'or par la monnaie, mais aussi à partir de conditions sociohistoriques très réelles, très concrètes, qui faisaient croire aux Canadiens français qu'ils subissaient une colonisation et que, s'ils voulaient se sortir du bourbier dans lequel ils étaient plongés, il fallait réagir. On pensait à cette époque-là la civilisation occidentale tout entière en crise. Il fallait donc pouvoir reconstruire un ordre économique à l'abri et en retrait du capitalisme libéral.

DANIEL JACQUES

Mon intervention sera courte. Il s'agit de clarifier les enjeux du débat concernant la réponse de Jean-Claude Dupuis. En commençant votre intervention, vous avez signalé que, dans notre mémoire historique, le crédit social apparaît comme un mouvement de droite. Et pourtant, j'ai cru comprendre qu'il possédait aussi certains caractères le rattachant à la gauche : l'insistance sur la production, l'économie, le culte de la technique et de la science. Cela me paraît très important. Soulignons un autre élément capital : l'idée que la nature de l'être humain est fondamentalement bonne. On sait que la majorité des réactionnaires, pensons à De Bonald, jugeaient la chose tout autrement, de sorte que cette opinion semble départager le conservatisme et le progressisme. Il y a là un élément important, déterminant même, permettant de situer le mouvement du crédit social plus à gauche qu'on a bien voulu le croire. Il faudrait même le rapprocher de certaines formes de socialisme, notamment le socialisme communautaire qui s'est développé en Angleterre dans la première moitié du XIXᵉ siècle. Est-ce l'un de vos objectifs que de montrer qu'on se serait trompé à ce sujet et que, finalement, cette mouvance politique ou sociale se situe davantage, par ses traits essentiels, sur la gauche ? Ou bien s'agit-il pour vous de signaler que l'opposition droite-gauche ne peut rendre compte de la complexité réelle d'un objet historique comme celui-là ? Il me semble reconnaître ici deux hypothèses distinctes.

Mon autre commentaire s'adresse cette fois à Gilles Bibeau qui utilise une expression qui me semble significative. Il y aurait eu une « dérive religieuse » à partir des années 1950 grâce à laquelle des objectifs différents de ceux présents à l'origine se seraient ajoutés au programme du mouvement créditiste. D'abord, l'expression elle-même est intéressante. Je ne sais pas quelle signification précise lui est donnée. Est-ce qu'il s'agit vraiment de quelque chose qui s'ajoute à un contenu doctrinal qui était déjà présent ou bien encore est-ce qu'il ne s'agit pas plutôt d'une potentialité qui s'affirme à ce moment-là ? Enfin, ne pourrait-on pas penser que la caractérisation ultérieure du crédit social, comme mouvement de droite, provient de cette dérive, puisque finalement le grand contentieux se situa ensuite autour de la religion ou, plus exactement, de la religion comme héritage collectif ? N'est-ce pas, en somme, à partir de cette dérive que ce mouvement a acquis son aspect de droite ?

JEAN-CLAUDE DUPUIS

Je pense qu'il faut sortir du dualisme idéologique. Le XXe siècle se partage en deux familles de pensée, le libéralisme d'un côté et le socialisme de l'autre, avec des variantes dans chacune. Moi je préfère voir les choses en termes d'une tripartition idéologique et je pense que des doctrines comme le crédit social, la doctrine sociale de l'Église, le fascisme même, dans une certaine mesure, appartiennent à une troisième école qui n'est ni du libéralisme édulcoré ni du socialisme édulcoré. Le problème, c'est que chaque école considère que les deux autres n'en sont qu'une. Le catholique va vous dire : le libéralisme et le socialisme, c'est la même chose. Léon XIII disait du libéralisme qu'il avait le protestantisme pour père et le communisme pour fils. Alors on présente tous les adversaires de l'Église en bloc. De la même manière vous avez un bon libéral qui va dire que la doctrine sociale de l'Église et le communisme, c'est la même chose, qu'ils s'attaquent tous deux à la liberté individuelle, qu'ils veulent mettre une autorité au-dessus de la liberté, soit celle de l'Église, soit celle de l'État peu importe, c'est pareil. Donc il renvoie les adversaires dans le même camp. Le communiste, lui, il va dire que le libéral ou le catholique, c'est la même chose, qu'ils défendent la propriété privée, il y en un qui est plus progressiste, l'autre est plus réactionnaire. Mais ça c'est de l'idéologie, c'est de la propagande que de nier aux autres doctrines leur existence.

En réalité, si l'on fait une analyse objective de la pensée au XXᵉ siècle, on ne la comprendra que si l'on se rend compte qu'il y a trois écoles de pensée. Et là-dessus, il y a une thèse de doctorat qui n'est malheureusement pas connue parce qu'elle n'a pas été éditée, la thèse de Kevin Henley, sur le nationalisme économique au Canada entre 1850-1880. Dans son premier chapitre, Henley remet en question cette idée qu'il n'y a au XIXᵉ siècle que deux écoles de pensée. L'École de Manchester d'un côté, l'école de Marx de l'autre. Henley soutient qu'il y a une troisième école qu'il appelle nationalisme économique. Mais à mon avis c'est un terme qui laisse à désirer. En fait, cette troisième école a été tellement peu étudiée, elle est tellement peu connue qu'on n'a même pas un terme conventionnel pour la désigner. Lui, il appelle cela le nationalisme économique. Il fait surtout remarquer que jusqu'aux années 1880, le grand adversaire de l'École de Manchester, ce n'est pas le socialisme mais bien le nationalisme économique. Et il ajoute que dans les faits, le décollage industriel du Canada, des États-Unis, de l'Allemagne, surtout l'Allemagne de Bismark, s'appuyait non pas sur les thèses de l'École de Manchester mais sur les thèses du nationalisme économique. Autrement dit, pour développer un pays il faut qu'on s'appuie sur le protectionnisme, le nationalisme, l'intervention de l'État, mais lorsqu'il est développé, on passe à l'autre étape qui est le libre-échange. Est-ce que ce n'est pas ce que les États-Unis sont en train de faire à l'heure actuelle ? Après s'être développés eux-mêmes, pendant un siècle et demi, grâce au protectionnisme, ils veulent imposer le libre-échange à tout le monde parce qu'ils ont une avance. C'est ce que l'Angleterre a également fait au XIXᵉ siècle.

Alors Kevin Henley divise la pensée économique en trois écoles. Mais derrière ces trois écoles-là, il y a aussi toute une pensée philosophique, morale, religieuse. Et moi, je n'aime pas la position de ceux qui tendent à considérer le corporatisme social comme étant finalement une espèce de libéralisme sous une autre forme ; cette interprétation est trop axée sur la propriété privée, parce que c'est de la propriété privée, donc c'est du libéralisme, je pense que c'est un peu trop simple. De la même manière, ce serait trop simple de dire parce qu'il y a intervention de l'État, que c'est nécessairement du communisme. Alors pour sortir du dilemme que vous posez, comment classer le crédit social, je le classe ni dans le libéralisme ni dans le socialisme, mais dans cette troisième école, qui reste à définir un peu plus clairement.

INTERVENANT NON IDENTIFIÉ

Cette troisième école-là, cela serait les autres. Dans le sens où l'on ne pourrait définir « les autres » qu'en les opposant aux deux premiers pôles...

JEAN-CLAUDE DUPUIS

Non, parce qu'à ce moment-là, cela ne serait plus une école. Je dis qu'il y a bien une troisième école qu'il faudrait définir et qualifier. Et dans cette troisième école, il y a différentes tendances : la doctrine sociale de l'Église en est une, le crédit social en est une autre, le fascisme peut-être aussi. Mais il ne faut pas croire non plus qu'il n'y a pas des points de comparaison, entre chacune des écoles, qu'il n'y a pas de points de contact entre les trois.

GILLES BIBEAU

Deux choses : je viens d'écrire un petit texte qui s'intitule « Une troisième voie en santé publique ». Je continue à penser que cette polarité est un bon instrument d'analyse, cela nous permet de cartographier d'une certaine façon le réel, mais que la fluidité des faits est telle que ce que nous rapportons à un pôle ou à l'autre correspond rarement à l'idée que nous construisons de ce pôle. Mais cela continue à nous aider à cartographier les choses. Maintenant, est-ce que la dérive vers la religion aurait fait écran et nous aurait fait voir un mouvement de nature progressiste (sur le plan économique) pour un mouvement de droite ? Certainement, absolument. Si nous lisons l'ouvrage le plus important du major Douglas, c'est économique, il n'y a pas de religion là-dedans. Cependant, il est presbytérien écossais et il postule qu'il y aura de la solidarité ; il ne sent même pas le besoin de rappeler que le christianisme mettait cela en avant.

JEAN-JACQUES SIMARD

Je voudrais revenir sur le temps des corporatismes. Tout cela s'imagine assez bien, l'organisation sociale rationnelle par les associations, etc., tant qu'on ne touche pas aux gros machins, à la grande industrie. Or, il s'adonne que la grande industrie ici est anglaise, anglo-américaine. Alors il y a un gorille d'une tonne dont on n'entend jamais parler par les corporatistes : où est-ce qu'ils mettent les « Anglais » ? Et cela m'amène à une question plus large, je m'arrête là-dessus. Quel était l'ensemble sociétal, la formation sociale, la société globale de référence qu'ils avaient en vue ? Est-ce que c'était le Québec ? Étant donné le découpage de nos juridictions politiques, l'État englobant le régime corporatiste aurait voulu dire la province. Mais la société québécoise était largement façonnée par les « Anglais ». Ou pensaient-ils plutôt à la diaspora du Canada français ? De ce que j'ai pu voir, ce n'était pas trop clair. Il y en a qui n'ont jamais eu la chance de faire ce qu'ils voulaient faire. Pour moi, cela soulève la question de la grande transformation du Québec dans ce siècle. Mes amis connaissent mes marottes hypothétiques : émergence d'une société globale à mesure d'une « politisation » croissante du projet collectif canadien-français, donc sa fixation sur l'espace québécois. C'était cela, décidément, qu'on était incapable de faire dans ces idéologies des années 1930 : prendre l'ensemble de la société québécoise comme projet.

FRÉDÉRIC BOILY

Je pourrais peut-être répondre à la question de Jean-Jacques Simard concernant la société globale. Il est vrai que les contours de celle-ci restent indéfinis. Par exemple, chez Archambault, on ne sait jamais si c'est la nation canadienne-française ou bien si c'est le Québec qui est la société globale de référence. Il y a une espèce de flou à ce propos. Peut-être la raison en est-elle qu'en bon catholique respectueux de la hiérarchie, il n'ose se prononcer sur la question de la frontière de la société de peur prendre position dans le débat politique. Toutefois, pour d'autres intellectuels, c'est plus clair. Par exemple, chez un nationaliste comme Groulx, le Canada français est l'ensemble politique de référence. On peut présumer que, Archambault étant proche de Groulx, la société de référence était aussi pour lui le Canada français. Mais, je le répète, Archambault ne s'exprime pas clairement sur cela. Enfin, je mentionne que Groulx ne parle pas du corporatisme. Il dit simplement que c'est une bonne idée, mais sans développer davantage sa pensée à cet égard et sans consacrer vraiment de texte à cette idée.

JEAN-JACQUES SIMARD

Il y a l'Église qui est perçue par tout le monde comme l'institution même du Canada français. Elle n'est pas politique, elle a des fonctions semblables. Mais tant que cette affaire-là n'est pas réglée, comment veux-tu entretenir des plans d'organisation de la société, si derrière tout cela, même dans la notion de liberté, « la liberté bien comprise » comme aurait dit Minville, il y avait le respect des autorités et surtout de celles qui sont connectées à la transcendance, l'Église ?

JEAN-PHILIPPE WARREN

Comme on ne peut pas avoir des corporations autrement qu'inscrites, légitimées et instituées par l'État, et comme il est hors de question que le corporatisme s'instaure dans le Canada tout entier, eh bien !, les partisans du corporatisme, lentement mais sûrement, vont être obligés de se tourner vers l'État du Québec, c'est-à-dire vers le seul endroit où l'on peut espérer qu'un jour l'État (même si Maurice Duplessis s'y est refusé toute sa vie, à la grande déception des tenants de l'idéologie corporatiste) appuie le projet d'instituer l'organisation corporative.

GILLES BOURQUE

J'ai deux questions à poser à Gilles Bibeau. La première est classique et peut-être un peu vieillotte : comment peut-on lire la montée du crédit social en fonction des rapports de classes et, surtout, dans cette perspective, l'opposition entre crédit social et corporatisme ? Il me paraît clair que ces deux types de critique du libéralisme n'émanent pas des mêmes milieux sociaux.

La deuxième question porte sur le dividende social : est-ce que chez Douglas ou chez Even on peut trouver une quelconque référence aux lois des pauvres en Angleterre ou à l'Acte de Speenhamland qui accordait un supplément au salaire au XIXᵉ siècle ? Dans le même sens, mais plus d'un siècle plus tard, serait-il possible d'établir un rapport entre cette idée du dividende social et le projet de salaire de citoyenneté ?

GILLES BIBEAU

Pour ce qui est du rôle de l'État et de l'influence anglaise, je crois que la situation est très claire. En 1934-1935 Even travaille dans un groupe, une maison d'édition en fait (Garden Press) qui reçoit tout de l'Angleterre. Ce sont des Anglais de Montréal et ils ont une vision historique. Ils sont réunis dans un groupe de gauche très antinationaliste et opposé à ce qui se met en place autour du corporatisme. Ils proposent autre chose : une critique de la haute finance anglaise et un État interventionniste prenant vraiment au sérieux la justice sociale. Un État redistributeur. C'est là que Louis Even fait ses classes ; il traduit en français les travaux de ces Anglais. Son petit cahier, en quelque sorte, c'est ce qu'on produit aussi pour les Anglais à cette époque-là. Et lui se donne une mission, une mission complémentaire au travail de ses amis Anglais : faire pénétrer cette pensée dans l'ensemble de la francophonie canadienne. Les membres de ce groupe connaissent bien toutes les politiques sociales de l'Angleterre et c'est celles-là au fond qu'ils veulent appliquer ici, dans l'ensemble du pays. On n'a pas encore d'allocations familiales et eux parlent déjà d'une allocation de la femme au foyer, etc. Quand on parle d'un revenu minimum garanti pour tous les citoyens, c'est comme du dividende social.

Maintenant, les classes sociales. Évidemment. C'est quoi les classes sociales dans les années 1930 ? Louis Even, lui, a fait d'emblée son choix : il va travailler dans les milieux agricoles et dans l'industrie lourde, la grosse industrie. Les petites et les moyennes entreprises, cela fait partie pour lui du secteur agricole. Donc, il va essayer véritablement de rejoindre l'industrie anglophone, il parle anglais, et il va aller faire des conférences en très grand nombre. Mais c'est un milieu libéral et cela lui fait peur ; il sait d'ailleurs que ces milieux sont encoquinés, soit à la finance, soit à l'Église. Donc ces gens-là lui font peur. La même chose lors de ses entrevues avec les autorités ecclésiastiques : il va toujours avoir peur de ces gens. Breton, il est étranger, doublement étranger lorsqu'il arrive ici de l'Ouest canadien. Voilà pour une première entrée dans la question des classes.

GILLES BOURQUE

Il ne faut pas oublier que ce sont Réal Caouette et les créditistes qui les premiers au Canada, durant les années 1960, proposent le revenu minimum garanti. Ils s'inspirent sans doute de Milton Friedman, mais comment ne pas voir la parenté entre le revenu garanti et le dividende social ?

GILLES BIBEAU

Absolument. Il était député d'Abitibi-Est et il s'était opposé à Even et à Gilberte sur la question de l'électoralisme au Québec. C'est lui qui va arriver avec ces projets-là.

INTERVENANT NON IDENTIFIÉ

Moi je crois que ce n'est pas un hasard que ce soit l'Ouest du Canada qui ait accouché pour le Canada d'une formulation neuve de la « question sociale ». L'Ouest a été colonisé par des gens qui n'ont établi dans ces provinces aux frontières de la démocratie et du droit que leur propre individualité. Ce n'étaient ni des loyalistes, ni des nationalistes (sauf peut-être les Britanniques), y compris ceux qui ont continué de fonder des foyers canadiens-français là-bas. Ce sont des individus concrets qui établissent leur individualité à la frontière et qui sont en dehors de la problématique canadienne. De telle façon que quand la société va connaître une grave crise, ils vont accoucher de la question sociale, et cela en partie parce qu'ils sont en dehors de l'imaginaire politique canadien et de la dualité « nationale » ; ils ouvrent la porte à la dualité « sociale ». Cette gauche populaire s'enracine dans un individualisme, appelons-le entre guillemets « américain ». De ces terres où les idées du radicalisme réformateur ont germé, je vois mal l'équivalent ici.

GILLES BIBEAU

En Alberta, les créditistes ont formé un gouvernement très majoritaire qui aura deux mandats de suite. Cela sera un échec, comme vous le savez, mais en même temps, ils mettront en avant des politiques qui vont être reprises par les autres. Et le grand problème du crédit social au Québec, c'était la question nationale. La question nationale, elle, est portée par le corporatisme.

INTERVENANT NON IDENTIFIÉ

Et puis le crédit social, c'est peut-être ce genre de force sociale invisible qui, dans une circonstance donnée, devient une force politique objective.

GILLES BIBEAU

Tu as bien saisi. Invisible, si l'on veut, oui. Mais les créditistes ont formé des travailleurs, ils ont formé des agriculteurs à la complexité de l'économie, ils nous ont appris des choses, ce qu'essayaient aussi de faire les écoles de conscientisation comme il y en avait autour du corporatisme.

GILLES BOURQUE

Je voudrais ajouter quelque chose sur le caractère invisible et sur le rapport entre le créditisme et le corporatisme. Ne pourrait-on pas y voir une opposition entre la ville et la campagne dans la volonté de réformer le capitalisme, ou à tout le moins entre les régions encore plus rurales et les centres urbains ? Il y a tout un monde entre Gilberte Côté-Mercier et Esdras Minville. Le corporatisme social de Minville est directement lié à la doctrine sociale de l'Église et à la hiérarchie de l'Église catholique, tandis que le créditisme de Gilberte Côté-Mercier exprime un fondamentalisme d'inspiration populiste qui se développe en marge des grandes institutions comme l'Église et l'Université dont le pouvoir sur la société s'exerce à partir des grands centres urbains. Pour cette dernière et les créditistes, ce sont la famille, la pauvreté et la dissolution du tissu social traditionnel qui posent d'abord problème. Pour Minville et les corporatistes, c'est plutôt la perte de contrôle sur les institutions d'encadrement de la société qui constitue la menace – par exemple les rapports entre le patronat et les syndicats et entre l'ensemble de ce qu'on appelle maintenant la société civile. Plus largement encore, les corporatistes s'inquiètent de la menace que fait peser le développement du capitalisme sur la nation canadienne-française dans son ensemble, à commencer par ses élites, tandis que pour les créditistes ce problème se pose à peine puisqu'ils œuvrent en région et s'intéressent bien plus à la socialité qu'à la nationalité. Pour ces derniers, le problème est bien davantage la dissolution du tissu social primaire que celui de la transformation des grandes institutions nationales.

JEAN-MARC PIOTTE

L'ancrage social du crédit social, au Québec, est la famille. À un moment donné du développement du crédit social, Gilberte Mercier prend la place de son mari, Even, et devient la véritable « chef » du mouvement. Il y a un livre de Philippe Garrigue, publié à la fin des années 1950, où il démontre, en comparant la famille canadienne-française à celle de la France, qu'ici la mère domine la famille. Le phénomène du crédit social s'enracine dans une des rares institutions sociales contrôlées par les Canadiens français et cette institution, la famille, est dominée par les mères canadiennes-françaises.

JACQUES BEAUCHEMIN

L'échange entre Jean-Marc Piotte, Gilles Bibeau, Daniel Jacques m'inspire un commentaire concernant cette apparente contradiction ou le problème que soulève la coprésence dans le discours du crédit social d'une espèce d'idéal de liberté individuelle et celui d'un très grand conservatisme social par ailleurs. On a parlé de surimposition, de dérive. J'aimerais, pour ma part, vous soumettre l'hypothèse selon laquelle on pourrait aborder cette question de manière plus large. Je me demande si on n'est pas devant une espèce de manifestation microcosmique, si je peux dire, au sein du crédit social. Le problème qui traverse toute société libérale réside dans le fait que ces sociétés mettent au monde les forces de l'émancipation. Elles les libèrent de deux manières, au moins. D'abord, elles instituent le droit de propriété, la possibilité d'entreprendre, de posséder et d'exploiter. Mais, elles mettent également au monde un idéal d'émancipation qui va s'exprimer tant sur le plan politique que sur le plan culturel à travers sa valorisation de l'individu et de ses projets. Autrement dit, on libère, on ouvre à l'individu le champ de sa propre liberté, le droit de se définir en dehors des grands appareils de pouvoir.

Par certains aspects, le discours du crédit social défend fermement cet idéal d'émancipation en cherchant à protéger l'individu des intrusions de l'État : pas de recensement ni de carte de citoyen.

Mais ce vaste projet d'émancipation dans la société libérale pose en même temps un problème immédiat et considérable qui est celui de l'intégrité du lien social et de la communauté dans un tel dispositif. Parce que l'émancipation des intérêts menace la communauté en tant qu'elle forme une unité, la question qui se pose consiste à savoir de quelle manière baliser les effets corrosifs de cette émancipation de manière à ce que subsiste une éthique sociale qui va protéger l'intégrité du lien social. On va le faire de deux manières. D'abord, en cherchant à sauvegarder la communauté dans un idéal de collaboration sociale, à travers le corporatisme. De manière plus générale, il s'agit, au fond, de cette idée selon laquelle on ne peut faire communauté qu'en rétablissant, par-dessus les effets corrosifs de l'émancipation, un idéal communautaire de vivre ensemble dans la communication, dans la participation et dans la conservation d'un certain nombre de traditions.

Je viens d'évoquer la nécessité d'une éthique sociale en vue du maintien de ce lien communautaire dont j'ai dit que les forces de l'émancipation le menaçaient. Voilà qui nous ramène à la question du conservatisme social tel que nous le retrouvons dans le discours du crédit social. Dans la perspective que je viens de dégager, ce conservatisme ne constitue peut-être pas une dérive au sens où on peut le penser. Que voit-on en effet ? Dans le cas qui nous intéresse, on reconnaît un discours disciplinaire, très puissant, venir se greffer ou se surimposer à cet idéal d'émancipation et de liberté qui est entretenu dans le volet proprement libéral du crédit social. Un discours qui semble se surimposer de manière un peu artificielle, mais qui répond en réalité à une nécessité fonctionnelle. Il s'agit de baliser les forces de l'émancipation qui sont libérées par la société libérale. En légitimant les projets d'émancipation individuelle à travers la poursuite d'intérêts privés, à travers aussi la liberté de parole, celle d'entreprendre ou encore celle de se déplacer librement, le discours politique libéral, dont le crédit social constitue un exemple, se trouve en même temps dans l'obligation de ramener ces projets émancipateurs à une certaine raison, à une éthique sociale dont la maxime pourrait être « que l'exercice de ta liberté ne compromette pas l'unité du monde commun ». C'est la raison pour laquelle le discours « éthico-politique » du crédit social s'érige contre l'idée d'une carte d'identité obligatoire, ce qui renvoie à l'idée d'un espace d'émancipation à protéger, en même temps qu'il est très rigoriste sur le plan de la morale sexuelle, par exemple. Autrement dit, le citoyen est libre, mais il ne doit pas perdre de vue les obligations morales auxquelles il doit accepter de s'astreindre dans le but de préserver le bien commun. Le discours du crédit social peut paraître relativement contradictoire. Mais en réalité j'y vois, moi, le profond dilemme dans lequel se retrouve toute société libérale qui consiste dans le fait de libérer mais de devoir en même temps baliser les forces de l'émancipation. La nécessité, donc, de valoriser à la fois la liberté et la discipline. On retrouve ici la thématique typiquement libérale du discours politique duplessiste, dont l'analyse nous a occupés durant quelques années Gilles Bourque, Jules Duchastel et moi, dans lequel sont simultanément valorisés, droits, devoirs, progrès et stabilité. Un discours qui nous apprend aussi que la liberté n'est pas licence et qui manipule donc un ensemble de thèmes apparemment contradictoires mais qui correspondent très précisément à la dynamique politique de toute société libérale. Autrement dit, il me semble trouver dans cette apparente contradiction, l'essence même de la société libérale. Comme vous le voyez, il s'agit d'un commentaire à portée générale qui n'est pas vraiment une question, mais c'est ce que m'inspire cet échange.

DANIEL JACQUES

J'aimerais ajouter un commentaire, car la piste me paraît inté-ressante. Je me demande si tout cela ne pourrait pas nous aider à éclairer l'aspect dit « ridicule » du mouvement créditiste. Si l'on tente de mieux comprendre, sur cette base, les intentions ou les nécessités auxquelles les membres de ce mouvement ont cherché à répondre, il faut alors se demander ce qui pourrait expliquer que ces efforts se soient manifestés d'une manière qui nous paraît aujour-d'hui si risible. Je rapprocherais toute cette naïveté des créditistes de ce qu'on a appelé ensuite le *quétaine,* c'est-à-dire l'appropriation de la modernité sur la base d'anciens réflexes traditionnels, que ceux-ci soient esthétiques ou moraux. Peut-être, finalement, que ce qui constitue le « ridicule » apparent de cette mouvance sociale réside dans la tentative faite alors d'affronter une situation foncièrement nouvelle avec des moyens entièrement désuets.

GILLES GAGNÉ

Je pense qu'il y a dans le crédit social des Canadiens français une sorte d'effet de traduction. La critique du capital financier que fait C.H. Douglas après la Première Guerre était loin d'être absurde : fondée sur une intuition partagée aussi par Veblen et Gesell, elle a reçu plus tard l'aval de lord Keynes ; et une bonne part de l'analyse que fera Polanyi de la « grande transformation » repose sur l'analyse du dérèglement du système financier. Rien là de particulier. Par contre, la solution proposée par les créditistes en 1925 avait ceci de curieux qu'elle concentrait tout le dirigisme d'État sur le levier monétaire et qu'elle en restait à l'ancien libéralisme pour le reste, avec en toile de fond l'idéal d'autonomie de la petite propriété familiale. (En un sens, le créditisme est typiquement écossais : *l'Enlightment* plus John Law plus l'agriculteur entrepreneur.) Au Canada français, cet idéal d'autonomie se trouvait coloré par une forme particulière d'entrepreneurship rural, ce que Bouchard a appelé le mode de production familialiste, idéal d'autonomie « catholique » qui posait la famille comme « atome » de la société et qui laissait à l'Église le monopole de son encadrement moral. Le créditisme canadien-français n'est donc pas tant paradoxal que basé sur de fortes présuppositions : son anticollectivisme (« les communisses ») autant que son radicalisme à l'endroit des « requins » de la finance libérale relèvent du même esprit défensif : famille et Église étant posées aux deux extrémités de la société, on demandera à l'État de garantir contre le « capital » et contre le « collectivisme » la neutralité de l'espace social intermédiaire où se déploie, sur le mode marchand simple, la petite propriété familiale.
À mesure que les années 1950 et 1960 vont remettre en question, dans les faits, ces présupposés de la doctrine et que le Québec

étatique/thérapeutique va s'approprier l'héritage du Canada français familialiste pour s'en guérir, c'est le milieu social et culturel qui avait porté le créditisme qui est lui-même poussé alors vers la marge : la famille attaquée par l'émancipation générale de la « personne » et l'Église destituée par l'État, le radicalisme réformateur qui les présupposait comme des données « naturelles » va se convertir en une sorte de conservatisme « tragique » qui fera une dernière expérience de ses propres présupposés en les voyant disparaître dans les poubelles de l'histoire à la suite de la « Mère vierge » et d'un père adoptif nommé saint Joseph. Placé dans cette impasse tragique, le mouvement poussera sa critique du système financier spéculatif jusqu'au niveau d'une sorte de mystique du mal absolu, critique qui fut pourtant, à l'origine, son grain de vérité et qui fut d'abord « populaire » et censée.

JACQUES BEAUCHEMIN

Absolument.

MICHEL FREITAG

Je voulais faire une remarque à propos de la troisième voie que Jean-Claude Dupuis a évoquée, celle du « nationalisme économique », qui ne se rattache ni au libéralisme, ni au socialisme.

Mais d'abord, en relation avec la tendance du crédit social à l'intégrisme moral, je voudrais revenir sur un problème qui est déjà évoqué par Alexis de Tocqueville dans *La démocratie en Amérique*. C'est finalement le refus ou le rejet du caractère politique, et donc conflictuel, du « lien social » moderne, du mode de constitution de l'unité de la société dans la modernité, qui conduit à transférer cette exigence d'intégration et cette unité du côté de la morale, et en particulier de la morale religieuse, comme cela a été le cas aux États-Unis. On assiste à l'intériorisation d'un même moralisme concret par tous les membres de la société à travers l'éducation, relayée ensuite par la pression constante du milieu, du voisinage, de l'*opinion publique*. Et il s'agit bien là d'un moralisme moderne, intériorisé, « protestant », et non pas d'un retour à une structure d'obligations vécues dans leur contrainte – ou leur « contraignance » – immédiatement objective, comme dans les sociétés archaïques. D'où le dynamisme inhérent à cette moralisation, et le risque potentiel de tyrannie intégriste à potentiel totalitaire qu'elle porte en elle, et qui la distingue clairement du caractère seulement intégrant, mais stable par principe, qui caractérise la régulation culturelle dans les sociétés traditionnelles. En raison de la tension qu'il crée à la source intime de l'individualité dont l'autonomie se trouve mobilisée, un tel moralisme intériorisé peut avoir des effets de frein vis-à-vis des mouvements (ou des aventures) politiques de la société, mais il peut aussi nourrir d'énergie des mouvements culturels de masse dont la propagation est illimitée. Aux États-Unis, c'est cette tendance a-politique qui a donné lieu, en période de tensions et de crise, à ces vagues périodiques de réaffirmation d'un intégrisme moral et religieux qui se sont affirmées sous la forme des mouvements de *revivals*. Ce phénomène a un caractère structurel, global, il n'est pas essentiellement porté par des catégories sociales bien définies, qui s'opposeraient de manière permanente et systématique à d'autres catégories sociales tout aussi délimitables, même si certaines catégories sociales peuvent effectivement lui servir de noyau stable durant les périodes de latence. Mais dans leurs périodes d'effervescence, les vagues de « revivalisme » ne se manifestent pas spécifiquement sous la forme d'un renforcement des oppositions et des contradictions. C'est quelque chose qui tend à se diffuser comme par irradiation à travers tout le corps social, sous une forme inflammatoire : des sortes d'épidémies de consensus moral. La *political correctness* en est une variété « de gauche », l'intégrisme proprement religieux une autre « de droite ». Tocqueville craignait alors que cet intégrisme moral non réflexif, substantialiste, conformiste, où les valeurs se trouvent idéologiquement réifiées et naturalisées, ne conduise à une forme de contrôle social totalitaire, qui serait alors la négation de la liberté. Il l'associait à la société démocratique définie non par le politique, mais justement culturellement par l'égalité des conditions. Alors, c'est la base même de la liberté, sa base pratique, sa base concrète qui, lorsqu'elle est assimilée à un univers moral substantiel, devient directement totalitaire, parce qu'elle peut à travers le consensus immédiat se présenter et vouloir s'imposer comme évidente et universelle. C'est dire que dans le « pays de la liberté », ce repli autoritaire résulte directement, structurellement, du refus de la réalisation politique de la liberté, de la négation des contradictions et par conséquent de leur résolution institutionnelle, législative, un refus qui va de pair avec une naturalisation de la loi, assimilée au décalogue.

Cela pour dire que la remarque que Jacques Beauchemin a faite à propos du crédit social peut avoir une portée beaucoup plus générale, et que le moralisme créditiste s'inscrit dans une caractéristique de la société nord-américaine qu'on peut juger fondamentale, et qui est le refus et le refoulement du politique dans la forme même du développement de la société « moderne », de son intégration et de son orientation. Personnellement, j'ai déjà rattaché cela au mouvement de la transition à la « postmodernité ».

Je reviens maintenant à cette question de la troisième voie, que Jean-Claude Dupuis a désignée comme celle du nationalisme économique. Je suis tout à fait d'accord sur l'importance d'une reconnaissance de cette troisième voie, mais je ne parlerais peut-être pas de « nationalisme » économique pour désigner ce qui la caractérise le plus profondément par rapport aux deux autres, le libéralisme et le socialisme. Elle se rattache à une conception très générale de l'économie qui est celle de l'*oikonomia* (*oikos*) comprise au sens aristotélicien et médiéval (ou chrétien, car on la retrouve non seulement chez Thomas d'Aquin, mais encore très explicitement chez Calvin) dans son opposition à la chrématistique. Il s'agit d'une économie des besoins et non du profit et de son accumulation illimitée, qui se réfère à une communauté concrète (le « domaine », la « cité », le « royaume », puis la communauté nationale dans la modernité), qui reste donc soumise à ses finalités et à ses normes, et où les activités de production et d'échange visent à un épanouissement collectif.

Or, on oublie que cette conception concrète et traditionnelle de l'économie, radicalement battue en brèche par le libéralisme anglais ou manchestérien, n'a pas disparu avec le Moyen Âge ; elle s'est elle-même développée et modernisée parallèlement à la dogmatique libérale à laquelle elle s'est opposée longtemps, tout au long du XIXe siècle et de la première moitié du XXe, et elle a même connu un nouvel épanouissement après la Deuxième Guerre mondiale, lorsque la planification économique fut mise à l'ordre du jour dans de nombreux pays capitalistes dans le contexte de la reconstruction. En tant que discipline scientifique liée à la sociologie, à la géographie humaine et à l'histoire, elle a pris le nom d'« économie nationale » (*Nationalwirtschaft* en langue allemande, où on parle aussi de *Volkswirtschaft* et de *Sozialwirtschaft*) par opposition à l'« économie politique » anglaise fondée sur le postulat individualiste. Elle a bien sûr pu être liée au nationalisme (comme d'ailleurs l'économie politique était de son côté liée à l'impérialisme britannique puis américain), mais elle n'est pas intrinsèquement nationaliste, elle est concrète, sociale et historique, en d'autres termes plus sociologique. Elle vise à l'intégration des activités économiques à titre de moyens dans la vie collective comprise comme structure dynamique d'interdépendances réelles impliquant une solidarité effective, cette vie collective qui dans la modernité se trouve effectivement unifiée dans le cadre de l'État national et qui s'exprime de manière politique. Sa désignation en langue allemande exprime alors précisément la nature de cette discipline et de la réalité qui lui correspond : *Wirtschaft* (qu'on traduit par « économie », mais alors au sens d'*oikos*) est dérivé de *Wirt*, qui veut dire l'« hôte » qui reçoit et qui prend soin, l'aubergiste (par opposition à l'hôte qu'on reçoit, le *Gast*). Et d'ailleurs le mot de *Wirtschaft* est encore, avec *Gasthof,* un mot commun pour dire l'auberge, dans sa différence essentielle avec un MacDo.

Dans ce sens, c'est donc toujours encore la *Wirtschaft*, l'*oikonomia* qui sert de référence aux mouvements contemporains de contestation de la globalisation et de ses effets non seulement économiques, mais socioculturels, comme le symbolise si bien le thème de la « mal bouffe » qui a tant aidé au succès politique et médiatique de José Bové. Alors on ne peut pas confondre le camembert ou le roquefort, ni tout ce qui réfère à la tradition et à l'autonomie locale à l'encontre de la logique financière abstraite de la globalisation, avec le « nationalisme ».

J'ai dit que cette perspective de l'économie nationale, comprise comme objet de référence en même temps que comme discipline moderne d'étude à visée systématique, régie par ses principes méthodologiques propres, avait concurrencé longtemps celle de l'économie politique formaliste. C'est en Allemagne que leur opposition a été le plus marquée. Ce n'est pas dans la perspective manchestérienne que Weber s'est défini toute sa vie comme « économiste », et non comme sociologue. Et si Marx place toute sa théorie sous l'égide d'une « critique de l'économie politique », c'est qu'il n'est pas lui non plus complètement étranger à une vision qui non seulement inscrit l'économie dans la structure d'ensemble des rapports sociaux (de production !), mais qui lui assigne comme finalité la satisfaction des besoins sociaux concrets (à chacun selon ses besoins !). En Allemagne, les représentants les plus marquants de la ligne d'analyse caractéristique de l'« économie nationale » furent les membres de l'école historique allemande, comme Hildebrand, Knies, Schmoller, Sombart (par qui on rejoint Weber et Simmel). Mais la même tendance fut aussi bien représentée en France (notamment par Frédéric List, Charles Gide, François Simiand, puis surtout, après la guerre, par François Perroux, Alfred Sauvy, et toute l'intelligentsia technocratique qui a participé pratiquement, idéologiquement, techniquement et théoriquement à la vaste entreprise d'encadrement sociopolitique de l'économie que fut le Plan ; et il y eut aussi le mouvement « économie et humanisme » autour du père Lebret, qui ne s'est pas contenté de déclarations de principes concernant une économie plus humaine centrée sur les besoins sociaux, mais qui a élaboré des instruments de recherche et d'analyse sophistiqués qu'on a malheureusement oubliés dans l'enseignement universitaire comme dans la préparation des projets de développement. On pourrait encore faire référence à l'école de la régulation d'Aglietta, de Lipietz, de Boyer. Plus largement, c'est toute l'« économie du développement » qu'on peut citer ici, avant qu'elle soit captée par le libéralisme hégémonique et impérialiste par l'intermédiaire des théories américaines du « cultural gap », du « take off » (Rostow), puis par le militantisme néolibéral de l'école de Chicago. Mais même en Amérique, la perspective de l'économie nationale synthétique a été représentée, par exemple dans les tableaux intersectoriels de comptabilité nationale de Leontief. D'autres noms pourraient cependant être encore cités, comme ceux de Veblen et de Galbraith.

Cette conception de l'économie nationale deviendra nationaliste dans certaines circonstances où certains pays ont le sentiment que la dynamique de leur développement leur échappe socialement et politiquement sous l'effet de l'imposition des lois du marché impersonnelles, dans lesquelles ils ne voient pas une loi de la nature, mais un effet de la domination impérialiste. Cependant plutôt que de mettre l'accent sur cet aspect nationaliste, on peut aussi comprendre cette troisième voie de l'économie nationale comme celle qui correspond à la construction effective de l'économie moderne dans sa dimension concrète, sociale, culturelle et politique, en parallèle avec le développement de l'État moderne, depuis la Renaissance, non sous la forme cosmopolite d'un État et d'un système juridique universels, mais sous celle de l'État-nation territorial. Confrontée à cette réalité sociale-historique, l'économie politique manchestérienne ne fut d'abord longtemps qu'une utopie, dont la portée n'était pas « objective », mais déjà idéologique et politique. C'est seulement maintenant qu'elle se réalise effectivement dans le programme de la « globalisation », sous la forme négative de la suppression contrainte de la capacité de régulation des États (le programme de l'AMI), et sous la forme positive de la domination mondiale des corporations transnationales et de la subordination directe de toutes les activités économiques à la logique de la spéculation financière. Mais c'est aussi en se réalisant de manière globale que le libéralisme, espérons-le, entrera à son tour vraiment en crise. Jusqu'ici, il n'avait servi que de plate-forme de légitimation idéologique dans la conquête du pouvoir par la classe bourgeoise capitaliste à l'intérieur des États nationaux, parallèlement avec la justification des politiques d'hégémonie impérialiste de certains d'entre eux. Maintenant, c'est par le relais d'institutions supranationales comme le FMI, la Banque Mondiale et l'OMC, etc., qu'il tend à s'imposer effectivement comme l'ultime loi commune de l'humanité. Cela entraînera soit la fin du libéralisme, soit la fin de l'humanité telle qu'on la connaît, et ce dilemme au fond absurde ouvre la porte à l'exigence d'une construction effective de la troisième voie.

JEAN-CLAUDE DUPUIS

Je trouve votre idée extrêmement intéressante et j'aime bien l'expression que vous employez « économie nationale » plutôt que « nationalisme économique ». En effet, l'expression nationalisme économique peut porter à confusion parce que vous voulez peut-être protéger un marché qui fonctionne selon des lois libérales ou protéger un marché qui fonctionne selon des lois socialistes. Staline pratiquait du nationalisme économique si l'on peut dire. Alors il faut sortir de cela. Parler de troisième voie par exemple, là je suis moins d'accord, parce qu'il me semble que cette voie-là, ce serait plutôt la première chronologiquement. C'est ce qu'était l'économie avant qu'apparaissent ces deux idéologies, dans la deuxième moitié du XIXᵉ, le libéralisme et le marxisme. Il faudrait trouver une étiquette, je ne sais pas si on pourrait appeler cela l'économie traditionnelle, l'économie sociale, peu importe. Mais aussi il ne faut jamais oublier qu'il ne s'agit pas uniquement d'une pensée économique mais également de toute une pensée sociale, alors peut-être serait-on mieux de parler de sociologie plutôt que d'économie.

MICHEL FREITAG

Il y a un rapport très direct entre ce dont vous parlez et ce qu'on enseignait dans les écoles et les universités sous le nom de *National* – ou *Sozialwirtschaft,* l'étude de l'économie comme réalité sociale concrète toujours incarnée dans des sociétés réelles, avec son histoire, ses institutions, ses conditions et ses contraintes géographiques et géopolitiques. D'où le lien privilégié de cette discipline synthétique, à son origine, avec la géographie telle qu'elle avait aussi été développée dans l'aire culturelle germanique à l'initiation de Humboldt et de Ritter, et qui eut un grand essor tout au long du XIXe siècle. Cette approche théorique et disciplinaire a évidemment eu une influence sur l'orientation des politiques économiques, tout en reflétant elle-même la situation propre aux sociétés où le développement de l'économie moderne a été largement opéré « par en haut », comme on dit, comme ce fut particulièrement le cas dans l'Allemagne de Bismark ou dans l'Italie du Renascimento puis du fascisme. Mais il n'en faudrait pas conclure qu'elle conduisait d'elle-même au nazisme ou au fascisme, car il faudrait en dire autant d'Économie et Humanisme et n'y voir qu'un résidu de l'Action française et de Vichy. D'ailleurs, il est très difficile de dire ce qu'aurait été une économie nazie si le régime était parvenu à s'imposer durablement et à se stabiliser. Entre 1933 et 1945, l'économie nazie effective fut, dès le plan quadriennal 1934-1938, essentiellement une économie de guerre, et une économie de guerre nazie, une économie de guerre capitaliste-libérale et une économie de guerre communiste, cela se ressemble par bien des aspects, surtout si l'on tient compte de la différence des niveaux de productivité et de développement techno-scientifique atteints par des pays comme l'Allemagne, les États-Unis et la Russie.

JEAN-JACQUES SIMARD

Je voudrais éviter que l'on oublie la portée politique du crédit social. La frange « béret blanc », c'est autre chose que ce qu'a représenté le créditisme pour tous les gens qui votaient pour Réal Caouette, au Saguenay–Lac-Saint-Jean, en Abitibi, en Beauce, et ailleurs. Réal Caouette n'était pas un illuminé. Il a eu longtemps « la balance » du pouvoir aux Communes, et les libéraux de Pierre-Elliot Trudeau ont été obligés d'en tenir compte. Ce que le crédit social représentait pour beaucoup de ces électeurs ordinaires, c'est quelque chose qu'on a vu ailleurs dans les années 1950, qui s'est appelé le « poujadisme » en France ou le « populisme » du côté américain. Des tas de gens modestes, des ouvriers, des cultivateurs, des petits entrepreneurs bousculés par le changement ont voulu faire un bras d'honneur aux puissants, aux instruits, aux élites ascendantes. Caouette lui-même était propriétaire d'une « franchise » automobile, et dans les épiceries, tu arrivais devant une affiche « Mort aux taxes ! » dans la vitrine. Il y avait beaucoup de petits épiciers qui votaient créditiste. C'était, Maurice Pinard l'a bien dit, un cas typique de « mouvement de protestation » ou, si l'on veut, quelque chose comme l'expression d'une couche de petits parvenus qui sont en train de perdre du terrain et qui le savent. On « sort le Bon Dieu des écoles ! », les gouvernements nous écœurent avec nos propres taxes, c'est le monde à l'envers ! Il y a un certain « monde » qui est en train de disparaître et ce monde, il pousse un dernier cri d'agonie. Georges Lavau, le politologue français, a parlé de la « fonction tribunitienne » qu'un parti pouvait jouer, dans ces circonstances-là. Le message du Parti créditiste, en tout cas à l'échelon provincial, a été largement récupéré par Daniel Johnson père, qui a su attirer vers lui bien des gens qui étaient bousculés par l'esprit orgueilleux de la Révolution tranquille, avec ses experts, sa « structurite », ses réformes mur à mur, et puis ses taxes, comme de raison. En 1966, il avait fait campagne contre les technocrates, mais aussitôt élu, il a dit : continuez, les petits gars, mais faites pas trop de bruit, pour l'amour ! Johnson a absorbé beaucoup de la protestation des petites élites qui sentaient bien, pour emprunter un mot à Gérald Fortin, que leur « règne » achevait. Après Johnson, les créditistes sont devenus de plus en plus folkloriques.

JEAN-MARC PIOTTE

Face à la dichotomie droite-gauche, on oppose un troisième terme qui est le nationalisme économique ou l'économie nationale. Le nationalisme économique s'oppose, comme le dit Freitag, à l'internationalisme ou au libre-échange. Au XIXe siècle, en Allemagne, il y avait un auteur, dont j'ai oublié le nom, qui était à la fois socialiste et nationaliste. Il affirmait que l'Angleterre pouvait bien être favorable au libre-échange, car elle dominait le marché international, tandis que l'Allemagne devait instaurer des barrières tarifaires afin de développer son industrie, investir dans la recherche, élaborer des politiques sociales, etc. Le terme qui s'oppose à la droite et à la gauche est traditionnellement celui de centre et non le nationalisme sous une forme ou l'autre. La droite, la gauche et le centre sont des grandes catégories comme celle de libéralisme. On n'a pas défini le libéralisme dont on discute. Si on le faisait, on se retrouverait sans doute avec plusieurs définitions. Pourquoi alors être plus exigeant pour les définitions de droite, gauche et centre ? Ce sont des catégories types, un peu à l'image des idéaux types de Weber. Moi, je les définis ainsi. La personne de droite regarde la vie en regardant dans le rétroviseur. Hier était mieux qu'aujourd'hui. Il y a les bonnes choses d'autrefois qu'on est en train de perdre : essayons de les retrouver. La personne du centre dit que le présent n'est pas si mal que cela, qu'il vaut mieux que le passé nostalgique ou que l'avenir imprévisible. La personne de gauche croit que demain sera meilleur qu'aujourd'hui. La personne de gauche espère. Ce sont évidemment des grandes catégories. Quelqu'un de gauche va toujours trouver à côté de lui quelqu'un plus à gauche et quelqu'un plus à droite. Ces grandes catégories, qui existent depuis longtemps, me semblent plus significatives que le troisième terme que tu viens de proposer, parce que tu ne veux te situer ni à droite, ni à gauche, ni au centre.

FRÉDÉRIC BOILY

À propos des idéologies de la troisième voie, j'aimerais ajouter qu'on peut utiliser cette terminologie tout en gardant l'idée d'un axe gauche-droite. Mais je crois qu'il faut réserver le terme d'idéologie de la troisième voie à quelques mouvements très spécifiques comme le fascisme, le nazisme et peut-être le stalinisme. Surtout, il faut que ces idéologies soient définies comme des assauts (armés) contre les Lumières et la démocratie libérale. En définissant ainsi les idéologies de la troisième voie, on circonscrit cette catégorie de manière plus précise et on évite de se retrouver avec une catégorie fourre-tout où le créditisme côtoie le fascisme et le nazisme. Voilà pourquoi, à mon avis, il faut restreindre le terme d'idéologie de la troisième voie.

GILLES GAGNÉ

Les mouvements sociaux et les doctrines dont il a été question auparavant se sont déployés dans un moment où l'économie capitaliste se cassait la gueule, et cela sur un fond général de crise des idéologies de la modernité. Sur le plan économique, ces mouvements appellent au retour à « l'économie réelle » et ils procèdent à la critique de la « chrématistique », comme le dit Michel Freitag. Dans un pays comme le Canada, si politiquement tempéré que l'on voudra, il est difficile de faire pendant très longtemps croire aux gens « qu'il n'y a rien à faire » quand l'économie va mal et il est compliqué d'expliquer aux citoyens, sans les prendre pour des idiots, que l'inaction est la meilleure politique lorsque les travailleurs, les usines et les ressources sont « inemployés » à la face de besoins criants. Tous les mouvements d'opposition des années 1930 reviendront au radicalisme que la dépression d'après-guerre avait favorisé pour dénoncer l'absurdité de cette situation de misère artificielle et pour montrer comment les automatismes présumés d'une économie de marché peuvent être tenus en échec par le désordre de ses régulations financières. Les projets qui se multiplient alors visent tous, plus ou moins directement et selon toutes sortes d'emphases, à lever le voile monétaire qui cache l'activité productive, à réorganiser la distribution des revenus dans la société et à repenser la place du salariat dans l'économie : de la « socialisation du crédit » des créditistes à l'organisation corporative des branches d'industrie en passant par les diverses propositions « néosocialistes », tout cela donne l'impression d'une sorte combinatoire débridée qui ne laisse pas de doute sur l'ampleur du désarroi. La gauche et la droite, chacune à sa manière, partagent la même confusion, et je ne vois pas pourquoi l'appel de conceptions concrètes de l'économie à réorganiser ne s'exercerait pas des deux côtés.

Cela dit, il est remarquable que tous les aspects de notre « néolibéralisme » contemporain aient trouvé dans le désordre idéologique de cette époque leur prime formulation et que ces aspects se soient d'abord présentés comme autant de néolibéralismes différents, adversaires les uns des autres. Il y a eu, par exemple, le mouvement en faveur du retour au vrai libéralisme, un libéralisme à visage humain, pour ainsi dire, basé sur la concurrence franche et loyale de la petite propriété. Centré un temps sur Walter Lippmann et sur son ouvrage *La cité libre,* ce mouvement demande à l'État d'abolir les trusts et les monopoles de l'entreprise géante pour que soient rétablies les conditions de la véritable concurrence et, partant, celle de la liberté individuelle. Le *Catéchisme des électeurs* du premier Duplessis et le courant du docteur Hamel empruntait à cette mouvance d'un certain populisme américain. Il y a eu le néolibéralisme de Keynes qui proposait de mobiliser l'État pour substituer la consommation à la production comme finalité du système capitaliste et pour maximiser de cette manière l'usage du facteur « travail ». C'est cette régulation macro-économique qui relancera le fonctionnement des marchés nationaux après la Seconde Guerre mondiale en mobilisant les programmes du premier providentialisme dans une nouvelle synthèse que l'on a appelée le « système mixte ». Keynes, somme toute, acceptait que la petite propriété soit écrasée par la grande, mais faisait en retour de l'État le maître des conditions globales de la concurrence capitaliste. Et puis il y avait le néolibéralisme hayekien qui reprochait aux deux autres de vouloir faire de l'État le gardien de la concurrence et d'engager ce faisant la société sur la route de la servitude. Pour Hayek, tout le mal venait de ce que l'État était déjà trop engagé à faire des choix au nom de la société ; selon lui, toute politique qui proposait d'aller de l'avant sur cette voie ne pouvait que déboucher, d'une rectification du marché à l'autre et d'une solution à la solution du problème engendré par la solution précédente, à la tyrannie. Il fallait abandonner la poursuite de cet idéal fumeux de concurrence parfaite dont les conditions seraient garanties par l'État au profit de la froide acceptation de la *compétition* sans phrase, la seule capable de protéger la liberté et de rendre possible la régulation « efficace » de l'économie réelle par l'économie monétaire. L'École de Chicago, reprenant le bâton du *Mont Pèlerin,* a assuré la notoriété scientifique de cette doctrine avant que le grand capital spéculatif (et ses « organisations » post-*Bretton Woods*) en fasse un instrument disciplinaire à l'intention des États.

Notre néolibéralisme contemporain est donc une sorte de nouvelle synthèse bricolée à partir des inventions de cette époque : cette fois-ci, pour ainsi dire, Hayek tient Keynes en position subordonnée, exigeant des dépenses de l'État qu'elles compensent localement ce que la compétition dérègle globalement et, si possible, qu'elles fassent des miracles avec la petite huile de l'économie sociale. Quant au petit propriétaire lippmannien, il est devenu « investisseur » et il balade ses économies et son fonds de pension d'un marché à l'autre, libre de tout collectivisme, honorable petit passager clandestin de la liberté du grand capital, pierre d'assise idéologique de la nouvelle synthèse.

INTERVENANT NON IDENTIFIÉ

Une question à Michel Freitag. La typologie que tu as conçue en réponse à Jean-Claude Dupuis, je crois, se présente comme la validation d'une troisième voie. Tu as épinglé comme utopiste à la fois le libéralisme et le marxisme, et tu opposais ce type de doctrine aux contingences historiques et sociales qui ont présidé à la formation des économies nationales. J'aimerais que tu développes davantage cette opposition entre le cadre libéral-marxiste et cette autre voie de la pensée économique et sociale.

MICHEL FREITAG

La théorie économique libérale et la contre-théorie marxiste de l'économie capitaliste, avec l'horizon du communisme sur lequel débouche nécessairement sa logique de crise, ce ne sont pas des théories positives, dégagées d'une description systématique de la réalité empirique. Ce sont des théories ou des modèles normatifs, qui invoquent dans l'analyse sociale-historique l'existence de lois universelles analogues à celles de la physique ou encore à celle que l'idéalisme moderne a intégrée dans la théorie du droit naturel subjectif. En fait, ce sont des doctrines qui appuient leur prétention a une validité objective inconditionnelle sur un procédé d'abstraction de la dimension formelle de l'économique, dont non seulement l'autonomie est postulée, mais dont la suprématie sur l'ensemble des autres aspects ou dimensions de la vie sociale est proclamée. Toute contingence humaine, sociale et historique y est ramenée à un statut d'obstacle irrationnel au libre jeu d'une rationalité économique revêtue d'une valeur transcendantale. Dans le cas du libéralisme, cela est déjà évident dans l'idée de la main invisible d'Adam Smith, et cela est maintenant au cœur du délire dogmatique néolibéral. Chez Marx, cela a pris la forme d'une conversion de la théorie critique du capitalisme en prophétie révolutionnaire, la prise en considération des rapports sociaux de production et de la lutte de classes qui découlait de la logique autonomisée de l'accumulation de la plus-value conduisant seulement à inverser le sens conféré au développement du capitalisme, sans rompre cependant avec le caractère unilatéral et autoréférentiel de nécessité que l'analyse dite « scientifique » conférait à sa logique immanente. Or, devant ces deux prédictions utopiques, les économies réelles jusqu'à aujourd'hui se sont développées dans le cadre sociologique, politique et historique des formations sociales concrètes, qui dans la modernité ont pris presque partout au moins formellement le statut sociétal des États-nations. Cela signifie que l'économie réelle s'est développée dans le cadre des régulations sociopolitiques propres aux différents États nationaux (sans parler de leur intégration culturelle et civilisationnelle), et cela n'est pas vraiment une découverte nouvelle faite par l'école de la régulation à l'encontre des dogmes marxistes et libéraux. Comme je l'ai rappelé, il y a eu utilisation des arguments dogmatiques et normatifs libéraux dans des contextes de luttes de classes nationales, polarisées par les institutions politiques et juridiques nationales, ainsi que dans des stratégies d'expansion ou de domination impérialistes également nationales, et la vérité positive investie dans la théorie se démêle très mal de ces stratégies et de leurs contingences. Même chose pour le rapport entre le marxisme et ce qu'on a appelé le socialisme ou le communisme réel, c'est-à-dire celui qui est parvenu à monopoliser d'une manière ou d'une autre la puissance sociale sous la forme d'une puissance d'État réelle et concrète, et alors elle aussi locale. Même dans le cas des États-Unis, où dès l'origine une autonomie exceptionnelle a été laissée par le système politique à l'autonomie acquisitive des individus, à la capacité d'entreprendre qui s'est convertie en garantie de la capacité d'entreprise, puis en reconnaissance juridique des entreprises, et cela dans le contexte particulier de l'occupation conquérante d'un continent « vierge » où l'initiative « privée » a toujours pris les devants sur les projets publics à caractère politique ou culturel, même aux États-Unis donc, l'importance de l'intervention politique dans le champ économique peut être démontrée, notamment dans le tournant du *New Deal*. Et si le développement de l'économie a plus échappé aux États-Unis à l'emprise des pouvoirs politiques qu'en Europe, il ne faut pas oublier que c'est largement parce que la place du politique y a été très largement concédée au judiciaire par la Constitution, et cela pour le meilleur et pour le pire comme on dit.

La discipline analytique que l'« économie nationale » ou l'« économie sociale » a représentée face à l'« économie politique manchestérienne » suivait une voie beaucoup plus empirique et réaliste, moins doctrinale et dogmatique et, en fin de compte, plus sociologique. Ce n'est pas elle qui a gagné les prix Nobel en économie, et c'est bien dommage, même si cela aussi peut s'expliquer très bien politiquement, sociologiquement et idéologiquement, et peut-être même géopolitiquement. Le libéralisme économique, idéologiquement converti en « science » économique, n'a jamais été la science de l'économie réelle et de son développement réel, sauf qu'il est en train d'en devenir maintenant la doctrine triomphante. S'il fait par postulat de l'économie un espace d'autorégulation, c'est seulement pour l'imposer et pour lui assujettir l'ensemble des autres « instances » ou « dimensions » de la vie collective, et même privée, pour rendre vaine au nom de la nécessité scientifique leur résistance, ancrée d'abord dans la nature anthropologique du social, qui est symbolique, culturelle et politique, et dont le mode de constitution est dès lors toujours synthétique et réflexif, normatif et identitaire.

Vouloir rendre au niveau mondial la réalité conforme au modèle élaboré par la doctrine néolibérale, cela représente actuellement un coup de force tout à fait analogue à celui que le communisme soviétique a jadis réalisé en Russie sous Lénine puis de manière plus délirante sous Staline (on parlera peut-être plus tard d'un délire reaganien, tatcherien et bushien). Il ouvre sur des virtualités totalitaires tout à fait analogues, malgré l'inversion radicale de la rhétorique justificative. La dictature des corporations supranationales et du capitalisme financier spéculatif remplace simplement celle du prolétariat. Mais il y a toutefois une différence : la dictature du prolétariat ne fut jamais que celle d'un parti bureaucratisé, alors que celle des corporations et du capitalisme financier pourrait bien devenir réelle et directement effective sous la forme immédiate d'un totalitarisme de la réalité elle-même, se bouclant sur elle-même selon le modèle systémique ; à moins qu'elle ne soit ou ne devienne elle aussi que le paravent idéologique de l'exercice d'une toute-puissance planétaire par une puissance géopolitique réelle, celle des États-Unis. Délire « systémique » ou délire « géopolitique » d'une « société », nous ne savons pas encore, il y a des deux, l'un tissant l'autre (comme les mains de Escher qui se dessinent l'une l'autre), et nous ne savons pas non plus ce que nous devrions craindre le plus : lorsqu'on écoute les discours et lorsqu'on regarde les actions de l'actuelle « administration » de George W. Bush, on croirait voir les deux en même temps, leur parfaite fusion dans une nouvelle réalité où le systémisme s'est déjà fondu dans la géopolitique, pour en pomper toute l'énergie sociale accumulée dans une tradition sociétale particulière et dans un moralisme religieux anachronique, en même temps prémoderne et postmoderne, qui a nourri sa montée vers la suprématie mondiale.

Dans la même ligne, je voudrais encore faire une remarque sur le sens actuel de l'opposition classiquement moderne entre la gauche, la droite et le centre, qu'on a aussi évoquée ici. Il me semble qu'il y a un effort à faire pour redéfinir le sens de cette opposition, à laquelle je tiens moi aussi encore malgré le discrédit que la pensée postmoderne a jeté sur elle. Nous sommes au bord d'une situation, ou d'une nouvelle condition humaine, c'est-à-dire sociale et sociétale, où le Progrès – donc la ligne de la « gauche » – est la survie, le maintien de ce qui existe dans le respect de *sa* nature ou encore de son *essence existentielle propre*. On ne peut plus appeler cela du conservatisme de « droite », puisque c'est un engagement radical pour l'avenir, pour qu'il y ait encore un avenir (Hans Jonas). Un avenir où le simple fait d'exister et de vivre ne serait pas devenu l'ultime privilège de quelques survivants, un avenir qui soit encore l'avenir de « quelqu'un » parmi les « autres », au milieu de « quelque chose », d'un « monde » et pas seulement de l'univers. Si la gauche est rattachée au Progrès, il est urgent de redéfinir ce qu'est le Progrès, d'en revoir les images. Dans cette perspective, la troisième voie, qui est celle de l'intégration de l'économie à la société à travers le politique, se présente d'abord maintenant comme la voie de la résistance au coup de force néolibéral, qui n'est plus seulement un coup de gueule théorique, mais le mouvement effectif qui est imposé avec violence à la réalité. Et cette résistance retrouve une constante, celle de l'*oikonomia* au sens traditionnel, dont elle peut s'inspirer. Ainsi, les trois positions ne paraissent plus être à égalité, structurellement et historiquement ou dynamiquement parlant : l'une a disparu, l'autre nous menace, et la troisième ouvre un espace dans lequel tous les problèmes pourront à nouveau être appréhendés et débattus sans avoir à être réglés à l'avance dogmatiquement. Un espace d'incertitude et de contingence historiques qui est celui de la vie réelle, et qui serait l'opposé de la « fin de l'histoire ».

DANIEL MERCURE

À propos du crédit social, j'aimerais qu'on revienne à la question sociale, plus particulièrement aux classes sociales. Situons-nous dans les années 1960-1970 au Québec et examinons le discours politique du crédit social. Peut-être que par cette analyse du discours politique on pourrait, par simple inférence, formuler une hypothèse dont les fondements sont à étayer attendu que je n'ai pas les données. Partons du discours, lequel est composé de deux paramètres clés. D'abord, un réquisitoire contre le capital, contre la finance, ensuite, une mise en accusation de la « dictature » des syndicats et, en toile de fond, le thème de la liberté d'entreprendre et des valeurs traditionnelles. On comprend bien la place qu'occupent dans ce discours l'individualisme et le conservatisme dont il a été question tout à l'heure. Ce discours s'inscrit dans une période historique au Québec marquée par la fin des anciennes classes moyennes. C'est l'un des faits marquants du Québec de ces années-là. L'épicier indépendant dont parlait Jean-Jacques Simard est en voie de disparition, absorbé par les grandes chaînes d'alimentation ; il en est de même des quincailliers, des propriétaires de stations-service, des chauffeurs de taxi indépendants, etc. Et tous ces petits magasins qui fermaient dans les villages périphériques aux grandes, moyennes et petites villes. Vous vous souvenez sans doute aussi des grandes grèves des camionneurs indépendants. C'est quand même fascinant toute cette contestation issue des anciennes classes moyennes en voie de disparition. Qui sont-ils ? Des propriétaires indépendants dont les intérêts de classe vont à l'encontre du grand capital, mais aussi à l'encontre des syndicats ! C'est évidemment très caricatural et donc incomplet, mais il n'en demeure pas moins qu'au cours de la période en question les anciennes classes moyennes ont perdu leur autonomie et leur influence. Dans bien des cas, c'est la place centrale qu'elles occupaient dans les petites communautés qui a été remise en question. Les anciennes élites ont perdu leur statut d'élite en attendant que leurs fils et leurs filles, nouvellement diplômés, les remplacent progressivement. Dans quelle mesure le discours du crédit social les rejoignait-il ? Peut-on penser le crédit social tel qu'il s'est développé durant la période visée comme un système de valeurs refuges pour les anciennes classes moyennes en voie de disparition ? Je crois que oui. Il faudrait revisiter les études sur le sujet.

JEAN-JACQUES SIMARD

Juste une question. Les créditistes se faisaient élire par des ouvriers, je pense en particulier au Saguenay–Lac-Saint-Jean, qu'est-ce que tu fais de cela ?

DANIEL MERCURE

Je n'ai pas les données comme je vous l'ai dit, et c'est d'ailleurs un peu ce qui nous manque à tous ici. J'ajoute à ta critique pertinente le soutien historique d'un fragment important des classes agricoles au mouvement. Pour complexifier un peu les choses, soulignons que les groupes qui appuyaient le crédit social dans les années 1930-1940 n'ont évidemment plus la même configuration dans les années 1960-1970. Quoi qu'il en soit, ton observation me permet de rappeler qu'il ne faut jamais confondre deux questions fondamentales qui président à l'analyse d'un mouvement social qui se transforme en parti politique. La première concerne l'identification des groupes et des élites qui ont porté le mouvement sur la scène politique et contribué à la définition de sa mission. La seconde, les différents groupes qui se sont retrouvés dans un tel ou tel autre aspect du discours. Je ne sais pas ce qu'il en est du soutien ouvrier, mais je constate comme d'autres la présence d'une belle homologie entre le discours du crédit social et les anciennes classes moyennes en voie de disparition.

JAMES THWAITES

Voici un bref commentaire. Si on examine le discours officiel pendant la guerre, incarné dans les grands documents d'État qui ont circulé parmi les Alliés (p. ex. : Charte de l'Atlantique, Déclaration de Philadelphie), on a l'impression qu'on est en train d'ériger un nouveau système sur la correction des symptômes plutôt que sur la résolution des causes profondes des crises vécues à l'époque. On parle de quoi ? On parle de nationalisme économique comme cause de la récession des années 1930 ainsi que d'agression militaire et de violation des droits humains pendant la Seconde Guerre mondiale comme problèmes majeurs. On ne paraît pas aborder les causes fondamentales de ces phénomènes. On reste au niveau de l'analyse de ces symptômes et on érige tout un nouveau système, que nous avons encore aujourd'hui, sur ces symptômes.

FLORENCE PIRON

Oui, c'est une question un peu plus anthropologique, d'une anthropologue à un autre. Je me demandais quelle représentation les créditistes avaient de leur appartenance au Québec, toujours dans le débat entre liberté individuelle et appartenance culturelle. Est-ce qu'ils se voyaient comme une classe politique, comme une communauté dispensatrice d'identité ? Il devait quand même y avoir une forme de représentation.

GILLES BIBEAU

Ils avaient une très grande crainte d'être enfermés dans la question nationale et, dans ce sens-là, je ne suis pas certain qu'ils se « représentaient » d'abord à partir du Québec ou du Canada. Ils faisaient une critique très forte du « national-socialisme » et ils s'appliquaient à en réfuter l'un et l'autre termes. Même la forme corporatiste de Salazar leur paraissait enfermée dans le Portugal, c'est-à-dire dans des frontières artificielles et dangereuses. En un certain sens, peut-être ne se sentaient-ils même pas canadiens.

Et puis il y a le catholicisme. Cela va devenir de plus en plus important : appartenir à l'Église, sur le mode de l'appartenance à une famille. Par exemple, ils vont suivre Mgr Lefebvre dans sa réforme de l'intérieur du christianisme, c'est lui qui va devenir leur représentant, le pape étant alors à leurs yeux « de gauche ». Cela donne une idée de l'Église « englobante » qu'ils recherchaient.

SIMON LANGLOIS

Je voudrais rappeler quels étaient les grands enjeux sociaux, les grands défis qui se posaient au Québec dans ces années-là. Je pense qu'il y en avait deux : tout d'abord l'infériorité économique des Canadien français et ensuite la modernisation des institutions. Cette modernisation s'inscrit dans la foulée d'importants changements dans les rôles familiaux, le *baby-boom* mais aussi la limitation des naissances, etc. On note également l'avènement de la société de consommation qui se met en place à ce moment-là. Au fond, ne pourrait-on pas dire que ces deux grands mouvements que sont le créditisme et le corporatisme sont des réponses à ces grandes mutations qui prennent place au Québec ? Ainsi, le corporatisme serait une réponse à l'infériorité économique des Canadiens français, mais une réponse qui accepte la modernisation. Tandis que la réponse du créditisme apparaît bien davantage comme étant au fond inquiète des conséquences de la modernisation. La dérive religieuse du créditisme se produit bien après. Ne pourrait-on pas dire qu'il y a eu un mouvement social créditiste dans lequel l'aspect religieux était assez peu présent à l'époque de Réal Caouette ou de Camille Samson qui était son alter ego sur la scène provinciale ? Réal Caouette s'est servi beaucoup de la télévision pour faire ses campagnes électorales en 1962-1964 et René Lévesque, qui représentait bien le courant de la modernisation, s'était senti obligé d'intervenir dans l'élection fédérale pour contrer ce mouvement de protestation et expliquer les changements en cours. Ministre du gouvernement du Québec, il avait même entrepris une grande tournée pour essayer de contrer le discours de Caouette dans les deux ou trois dernières semaines de la campagne électorale fédérale au cours de laquelle ce dernier avait fait élire une trentaine de députés.

GILLES BIBEAU

La sorte de période « intermédiaire » qui va de 1948 aux années 1960 est une période très intéressante à travailler. Moi j'ai suivi le mouvement sur le tard, en 1970-1971 dans une perspective de psychiatrie sociale. J'avais comme horizon de départ toute la littérature sur la déprivation. Selon cette approche, le rôle des sectes est de compenser sur le plan psychologique une déprivation matérielle, une déprivation sociale, etc. Il y a toute une littérature américaine sur ce thème qui formait à l'époque un schéma de pensée. Je ne me suis malheureusement pas assez intéressé à ce que le mouvement aurait pu représenter comme alternative à la société existante. C'était déjà complètement dépassé. La partie économique de leur discours continuait pourtant à m'intéresser parce qu'il n'y avait pas une seule réunion qui n'ait eu à l'ordre du jour des discussions économiques, même lorsqu'on était au plus fort du religieux. C'est quand même assez fascinant cette histoire-là.

DEUXIÈME SÉANCE
L'ANTILIBÉRALISME DE GAUCHE :
SYNDICALISME
ET DÉMOCRATIE DE PARTICIPATION

EXPOSÉ DE JEAN-MARC PIOTTE
SUR LE SYNDICALISME

Mon point de départ est le syndicalisme et le libéralisme. Le syndicalisme s'invente en Angleterre au début du XIXe siècle, lorsque les travailleurs tentent de s'organiser pour faire face aux patrons. L'État interdit ces tentatives d'organisation au nom de la liberté qu'a chaque individu, sur le marché, de vendre sa force de travail ou d'en acheter. Toute association est condamnée, car elle irait à l'encontre de la liberté contractuelle du travailleur et du capitaliste. Je pense que c'est en 1925 que les travailleurs anglais obtiennent le droit de s'organiser. Puis, par leurs luttes, ils conquerront peu à peu le droit de négocier et celui de faire la grève. Il y a donc remise en question de la conception économique libérale qui affirmait que le marché devait être le lieu où se confrontaient et s'associaient les seuls individus. Mais remettre en question le libéralisme économique n'entraîne pas nécessairement la remise en question du marché.

Au Québec et au Canada, le syndicalisme, comme vous le savez, vient des États-Unis. D'ailleurs, le Canada est le seul pays que je connaisse où existe un syndicat dit international. À la Fédération des travailleurs du Québec (FTQ), on emploie maintenant l'expression de syndicalisme nord-américain. Mais lorsqu'on parle de GM, chacun, même les syndicalistes de la FTQ, parle d'une compagnie américaine et non d'une compagnie nord-américaine ou internationale, même si elle a des succursales au Canada et ailleurs dans le monde. Je parlerai donc d'un syndicalisme américain qui se développe au Canada et au Québec, en suivant l'implantation des grandes entreprises américaines ici, et parfois à la demande même de militants syndicaux canadiens. Le syndicalisme américain préconise le « partage du gâteau ». Les parts du gâteau de chacun peuvent être plus ou moins grandes. Et les syndicats américains reconnaissent qu'il y a conflit d'intérêts dans ce partage, sans remettre en question les mécanismes du marché, dans la mesure où les syndicats jouent un rôle dans sa régulation. Le syndicalisme catholique et canadien-français se crée en réaction au syndicalisme américain, vu comme protestant, anglais, matérialiste, voire favorable à la lutte des classes et au communisme. Le syndicalisme catholique, du moins au départ, met l'accent sur le bien commun. Il n'y a pas fondamentalement de conflit d'intérêts. S'il y a conflit, c'est que les gens s'entendent mal, ont mal compris ou que certains sont dominés par les forces du mal. Dans cette perspective, le marché est peu important : ce sont les individus qui le sont et qui devraient se comporter en véritables chrétiens.

Évidemment, le syndicalisme a donné lieu à divers courants, et je voudrais ici parler du syndicalisme de combat qui se développe au Québec dans les années 1970. Ce syndicalisme s'inscrit au sein d'un vaste mouvement social qui contestait le pouvoir ici, au Canada et dans le monde. Le syndicalisme de combat s'inspirait du marxisme, mais son orientation était plutôt anarcho-syndicalisme, dans la mesure où il préconisait une lutte systématique contre le pouvoir, sans vraiment penser par quel pouvoir il serait remplacé. Le Code du travail prévoit que la grève ou le *lock-out* peuvent s'exercer, selon certaines modalités, durant la période de négociation. Mais une fois la convention signée, la paix est assurée pour une période de deux ou trois ans, et pendant ce temps tout litige doit être réglé par un mécanisme de griefs et d'arbitrage. (Des modifications apportées au Code du travail, avec la complaisance des centrales syndicales, permettent maintenant de prolonger cette paix pendant quinze ans.) Le syndicalisme de combat affirmait que les entreprises privées et publiques étaient traversées par une lutte de classes plus ou moins ouverte ou feutrée et que le rôle des militants syndicaux était de diriger ces luttes et de les élargir, durant les périodes de négociation et durant les périodes d'application de la convention collective, pour gruger peu à peu les droits de gérance. Les litiges sur l'interprétation de la collection collective ne devaient pas être réglés par des avocats – ce qui favorisait la bureaucratisation du syndicat – mais par les travailleurs, sur le plancher même de l'organisation du travail.

Le syndicalisme de combat a eu une influence énorme sur le secteur public de la Confédération des syndicats nationaux (CSN), une grande influence sur le secteur privé de la CSN et sur la Centrale de l'enseignement du Québec (CEQ) et un effet bénin sur la FTQ. La grève du Front commun de 1972 marque à la fois l'apogée du syndicalisme de combat et le début de son déclin. Cette grève entraîne, comme on le sait, l'emprisonnement des chefs syndicaux. Dès la libération de Louis Laberge, un grand débat, peu connu à l'extérieur, traverse la FTQ. La ligne de Jean Gérin-Lajoie, dirigeants des Métallos, s'impose : l'orientation marxiste, défendue dans le manifeste *L'État, au service de la classe dominante*, est écartée et la FTQ s'aligne sur un appui au PQ. La CSN, elle, vit une hémorragie. Des syndicats ouvriers, provenant surtout des secteurs industriels en déclin (textile, vêtements, chaussure, etc.), quittent la CSN et forment la Centrale des syndicats démocratiques (CSD). Le syndicalisme de combat proposait d'y mener la lutte de classes. Mais comment cela était-il possible dans des industries dont la non-rentabilité entraînait des mises à pied de plus en plus larges de travailleurs ? Le syndicalisme de combat n'avait pas de réponse. La CSD crut en trouver une dans le partenariat, défini comme voie d'avenir, où s'engouffrèrent par la suite la FTQ et la CSN, sans évidemment reconnaître qui les avaient précédées dans cette voie. La CSN vit aussi le départ des diverses catégories de collets blancs qu'elle avait recrutées dans les secteurs publics et parapublics : professionnels du gouvernement, fonctionnaires, infirmières, etc.

Mais des conflits syndicaux très durs continuent, durant toute la décennie 1970, de traverser les entreprises des secteurs public et privé. Dans le secteur privé, trois syndicats de la CSN, dont celui de Firestone, qui pratiquaient un syndicalisme de combat musclé, doivent, en 1979, après des grèves de trois ou quatre mois, entrer à genoux, sans n'avoir rien gagné. En 1985, à Marine Industries de

Sorel, les ouvriers conduisent une très longue grève pour remettre en question l'organisation tayloriste du travail : le syndicat CSN perd là aussi. À la fin des années 1980, la CSN perd la bataille du Manoir Richelieu et se met à dos l'opinion publique, en commettant des erreurs de stratégie et en étant éclaboussé par les actes criminels de certains de ses employés. La CSN est alors mûre pour la concertation : elle s'alignera sur les positions de la CSD et de la FTQ à partir de son congrès de 1990. Dans le secteur public, c'est en 1982, à la suite de l'échec du premier référendum, que tout se joue : le gouvernement Lévesque, dont le négociateur en chef n'était nul autre que Lucien Bouchard, impose aux travailleurs du secteur public et parapublic l'ensemble des conventions collectives et des baisses de salaire allant jusqu'à 20 %. Par la suite, le gouvernement péquiste passera des lois qui, au nom des droits des usagers, rendront peu praticable la grève dans les services publics. Les libéraux ne feront que peaufiner ces lois concoctées par les péquistes.

L'autre grand événement qui cloue le cercueil du syndicalisme de combat est la création du Fonds de solidarité par la FTQ, en 1983. La création de ce fonds d'investissement est chaudement discutée au congrès et adoptée par une mince majorité. Le succès financier de la FSTQ, appuyée par les gouvernements Lévesque et Mulroney, dépassera toutes les attentes. La FTQ contrôle le Fonds en nommant les membres de son conseil d'administration, mais le Fonds, par ses ressources financières et le nombre de ses employés, exerce une influence qui dépasse celle de la FTQ. La FSTQ, en recrutant les militants de la FTQ pour en faire des vendeurs de ses actions, répand l'esprit capitaliste en leur enseignant la rationalité comptable des entreprises.

Comment la CSN a-t-elle justifié ce passage de la lutte de classes au partenariat ? Par un changement de paradigme ! Pour expliquer ce changement, les membres du service de recherche de la CSN ont eu recours à la théorie de la régulation qui, décidément, sert de justification à tout. Auparavant dominait le paradigme fordiste fondé sur les paramètres suivants : une organisation du travail taylorisé reposant sur une stricte séparation entre les dirigeants et les travailleurs réduits à une tâche parcellisée ; un salaire et des avantages sociaux croissants négociés en échange de la productivité permise par cette organisation ; un code de travail facilitant la négociation entre patrons et syndicats ; un État-providence qui, avec les conventions collectives, a favorisé le pouvoir d'achat de chacun. Ce paradigme aurait éclaté. D'une part, les patrons n'arrivent plus à accroître la productivité par la taylorisation du travail et les travailleurs n'acceptent plus d'exercer un travail ennuyeux et aliénant. D'autre part, un État-providence bureaucratisé et coûteux est miné par une crise financière qui l'empêche de fournir la même quantité de services que précédemment, tout en étant toujours incapable d'offrir des services personnalisés. Un nouveau paradigme s'impose donc. Au niveau de l'entreprise, il faut accepter la main tendue par le patronat et défendre les emplois par une politique de partenariat. Au niveau social, on reprend les critiques des néolibéraux contre l'État-providence, mais en affirmant que la solution n'est pas l'entreprise privée, mais l'économie sociale, c'est-à-dire les coopératives et les compagnies à but non lucratif (les OSBL). Les chercheurs de la CSN ont donc remplacé, comme maître à penser, Karl Marx par Jean-Louis Laville.

Dans les usines, comment cette pratique du partenariat est-elle vécue ? Prenons, comme exemple, les industries de *process,* comme les usines de pâte et papier, où le taylorisme ne sévit plus, les travailleurs ne faisant que contrôler les machines qui effectuent tout le travail. Le scénario est habituellement le suivant. Le patron annonce que l'entreprise n'est plus compétitive face aux entreprises étrangères, qu'il faudra fermer les portes, sauf si ensemble, patronat et syndicat, on arrive à trouver des solutions rentables. La solution est presque toujours la suivante : réduction du personnel, par la mise à la retraite anticipée des plus vieux et par la mise à pied de ceux qui ont le moins d'ancienneté, les plus jeunes.

Cette politique du partenariat qui nous vient, comme tout le reste, des États-Unis, est complétée par deux autres politiques : le travail précaire et les clauses orphelins. Depuis le début des années 1980, le travail précaire se répand partout, particulièrement dans les services privés et publics. Sans doute, permet-il parfois de contourner des articles de conventions collectives trop contraignantes qui protègent les plus anciens au détriment de la qualité des services. Mais, le plus souvent, il permet d'engager, pour le même travail, des gens dont les horaires de travail sont malléables à merci, dont les avantages sociaux son nuls ou réduits et qui ne jouissent d'aucune sécurité d'emploi. La lutte des syndicats, contrôlés par les travailleurs réguliers, n'a pas été très énergique contre cette précarisation du travail.

Les clauses orphelins renvoient à la stratégie patronale suivante. Le patron affirme que ses travailleurs sont payés trop chers par rapport à ceux des concurrents. Il propose alors au syndicat de protéger les droits salariaux acquis des travailleurs en place, mais de réduire sa masse salariale, en payant moins cher les nouveaux venus. L'assemblée générale du syndicat, évidemment contrôlée par les travailleurs en place, accepte ce règlement, se congratulant parfois d'avoir adopté cette clause qui donne du travail aux jeunes… La loi votée il y a peu contre la clause orphelin n'interdit pas toutes les clauses orphelins, mais seulement celles qui ont des effets permanents, qui empêcheraient, par exemple, les nouveaux employés d'atteindre un jour le salaire des anciens. Mais elle n'interdit pas les clauses orphelins à incidence temporaire. Ainsi, on peut ajouter au bas des échelles des salaires un ou deux échelons de sorte que les nouveaux soient engagés quelques milliers de dollars de moins que ceux qui sont déjà en place. Cela est acceptable selon la loi, dans la mesure où les nouveaux pourront un jour accéder au même salaire que les plus anciens, oubliant que pendant tout ce temps les jeunes perdent, chaque année, la différence de salaire correspondant aux échelons ajoutés vers le bas. La FTQ, très présente dans les municipalités où les clauses orphelins à effets temporaires sont très utilisées, a fait front commun avec le patronat pour limiter le champ d'application de la loi tandis que les autres centrales se sont faites discrètes.

Le partenariat et l'économie sociale se marient avec le nationalisme, et cela aussi renvoie à des choses dont nous avons discuté plus tôt. Le sommet de mars 1996 est, sur ce point, exemplaire. Il intervient après l'échec du second référendum et conduira, comme le premier, à une défaite syndicale, mais, cette fois-ci, avec la complicité des dirigeants syndicaux. Voyons cela de plus près. Le gouvernement de Jacques Parizeau, ayant promis durant les élections d'éliminer le déficit des opérations courantes, n'incluait pas dans ce déficit le coût des immobilisations, soit 1,8 milliard de dollars. Le gouvernement non élu de Lucien Bouchard, avec l'appui de l'« élite » syndicale, inscrit le coût de ces immobilisations dans le déficit à éliminer, avec les conséquences désastreuses que cela a entraîné dans le budget de fonctionnement des établissements scolaires et hospitaliers. Les trois centrales s'étaient pourtant préparées à ce sommet, demandant à leurs services de recherche de rédiger un document fort bien fait, d'inspiration sociale-démocrate. Comment les leaders syndicaux en arrivent-ils à oublier ce document et à se rallier à un document du Fonds de solidarité des travailleurs québécois (FSTQ), d'inspiration néolibérale, distribué par Blanchet ? Ce document proposait non seulement l'ajout de près de 2 milliards de dollars au déficit des opérations courantes, mais aussi une loi, inspirée des Républicains américains, qui interdisait à l'État tout nouveau déficit. (La loi antidéficit votée sera moins contraignante.) Comment les dirigeants syndicaux ont-ils pu accepter de telles demandes patronales en échange d'une conférence à venir, à l'automne, qui se pencherait sur la question de l'emploi ? Comment expliquer que des coupures semblables en Ontario ont entraîné la mobilisation du milieu syndical, des débats intellectuels dans les journaux et l'opposition du NPD, tandis qu'ici c'était le calme plat sur la scène sociale et le silence dans le milieu intellectuel ? C'est qu'ici, malheureusement, nous étions tous unis au nom de la nation ! Les dirigeants syndicaux s'étaient acoquinés avec Lucien Bouchard, dès la Commission nationale créée par Robert Bourassa à la suite du rejet du Lac Meech, et, obnubilés par le nationalisme, avaient oublié que Bouchard, en plus d'être un conservateur, était un avocat patronal qui devait sa renommée à la Commission Cliche et à la négociation de 1982.

Cette position est remise en question, en premier, à la CEQ, où le Conseil général est demeuré un lieu de débats. À une même réunion, l'exécutif, qui présente une position d'appui à la politique du déficit zéro, est obligé à la sortie de cette réunion de défendre une position complètement opposée. À la CSN, le processus est plus long : depuis un bon bout de temps, il n'y avait plus de débats, y compris au sein du Conseil central de Montréal. Les débats reprennent lorsque les syndiqués s'aperçoivent qu'ils feront les frais de l'entente : les dirigeants sont soumis à la critique et Paquette quittera pour passer au Bloc québécois tandis que Larose se retirera pour présider des commissions d'enquête du PQ. Les débats ont été beaucoup plus ardus à la FTQ pour diverses raisons, dont une relève des structures. Le débat s'amorcera à la FTQ sur un autre thème, la mondialisation, qui touche les travailleurs du secteur public et du secteur privé et à laquelle sont particulièrement sensibles les jeunes.

Il ne faut donc pas désespérer. Le mouvement syndical n'est pas mort : il n'est pas complètement institutionnalisé car, comme toute institution, il est traversé par des contradictions et des conflits.

REMARQUES DE JAMES THWAITES
SUR L'EXPOSÉ DE JEAN-MARC PIOTTE

Tout d'abord, j'aimerais vous remercier de m'avoir invité à ce premier colloque en l'honneur de Fernand Dumont. Cette sorte d'activité est exceptionnelle, et elle nous manque trop souvent à l'Université. Je vous félicite et j'espère que vous avez l'intention de continuer cette sorte de réflexion.

En ce qui concerne la présentation de Jean-Marc Piotte, je ne sais pas si on nous a placés aux extrémités de la table parce que l'on s'attendait à une confrontation, mais il n'en est rien. Son texte constitue une réflexion importante dont vous n'avez entendu que les grandes lignes. Je vous suggère de lire le texte au complet.

Je diviserai mes remarques en trois parties : le cadre temporel général de l'exposé, les propos spécifiques de Jean-Marc Piotte et enfin les sujets connexes qui permettraient une certaine comparaison (parfois des sujets négligés à cause de lacunes dans la recherche). Mais avant, une petite clarification. Dans le texte, on se réfère brièvement au XIXe siècle. Il faut retenir que la première objection généralement soulevée par rapport au syndicalisme fut son impact sur le commerce. Il fut considéré de façon négative, comme un « empêchement » au commerce. On parle évidemment de la grève et de son exercice. N'ayant pas de code du travail à l'époque, on analysait le syndicalisme sous l'angle commercial et évidemment criminel.

D'abord, par rapport à la période choisie, on pourrait soulever l'opportunité de choisir une période plus longue, qui nous permettrait d'identifier à tour de rôle des moments de collaboration et des moments de confrontation, de déterminer des cycles d'activités, de relativiser ou de confirmer certains propos du texte. Doit-on établir des liens avec les années de Duplessis à cause du durcissement des positions dans les années 1940 et 1950 ? Doit-on reculer aux années de la récession des années 1930 compte tenu de la récession des années 1980 ? Doit-on se référer aux expériences avec l'action politique syndicale au début du XXᵉ siècle, un sujet cher à certains collègues de l'UQAM ?

Dans l'autre sens, on pourrait suggérer la possibilité de se concentrer sur une période plus courte et plus unifiée, qui possède un fil conducteur plus facile à cerner. À titre d'exemple, on pourrait examiner, pendant le gouvernement Lévesque, les relations entre le gouvernement et le mouvement syndical (du « préjugé favorable » à la rupture). On pourrait également examiner la période de Lévesque à Bouchard.

D'autres possibilités viennent également à l'esprit, comme la capacité de réaction du mouvement syndical aux nouveaux défis et le degré d'harmonie à l'intérieur du mouvement syndical. Sur le premier sujet, disons que le mouvement syndical a dû faire face à divers défis tout au long de son évolution : l'émergence du syndicalisme industriel à différents moments dans le passé (Chevaliers du Travail, Industrial Workers of the World (IWW), One Big Union (OBU), Congrès des Organisations Industrielles (COI)) et ses confrontations avec le syndicalisme de métiers, l'ingérence pratiquée par la centrale états-unienne, Fédération américaine du travail (FAT), au Canada au début du XXᵉ siècle et la division subséquente du mouvement syndical canadien qui a duré environ cinquante ans ; l'intervention de l'Église catholique romaine dans le sillon de *Rerum Novarum* et l'imposition du principe confessionnel et son impact sur le mouvement syndical national ; le débat sur l'opportunité de l'action politique syndicale et l'utilité de collaboration avec des partis politiques (le Congrès canadien du travail (CCT), le Congrès du travail du Canada (CTC), etc.). On pourrait aussi débattre des questions concernant la nature et le but fondamental du syndicalisme. À quoi sert-il exactement ? A-t-on le droit de lui imposer des critères de l'extérieur et de tenter de s'en servir comme d'un instrument ? Quels sont ses propres critères ? Sont-ils constants ?

La deuxième partie de mes remarques porte sur la présentation et sa structure. Il s'agit d'un texte en trois volets. D'abord, on nous explique le syndicalisme de combat : sa raison d'être, son élaboration, son exécution. Deuxièmement, on examine le processus de son application ainsi que la liste de ses échecs. Il s'agit de toute une série d'échecs qui ont eu pour effet de désarmer le mouvement syndical. Finalement, on nous explique les tendances et les effets observables actuellement concernant le partenariat et tout ce qui entoure le partenariat. Tout le texte est motivé par la question centrale de l'auteur qui est : « Comment expliquer que le discours syndical, qui valorisait au début des années 1970 la lutte et le combat dans ce rapport de couple entre patronat et syndicat, privilégie maintenant l'entente et la participation ? Pourquoi le syndicalisme reprend-il maintenant à son compte les objectifs patronaux ? » (p. 2)

Ce questionnement se transforme en hypothèse par rapport au concept de partenariat, ainsi : « la présente stratégie de partenariat répond à deux faiblesses de la précédente stratégie de combat mais, en substituant le partenariat au combat, elle demeure prisonnière d'une stratégie qui n'est que l'envers de la précédente et ne résout aucun problème ». (p. 6)

Cette hypothèse, à son tour, trouve sa réponse dans une critique du syndicalisme actuel et de ses objectifs, notamment : « Le tort des centrales syndicales [...] réside [...] dans leur tendance à nommer vertu la nécessité, à déclarer offensive une stratégie défensive et à proclamer voie de l'avenir le partenariat qui est une tentative désespérée de ne pas perdre davantage. Le tort des syndicats n'est pas d'agir localement et à court terme – ils ne peuvent faire autrement – mais d'en arriver à penser localement et à court terme. » (p. 11)

Voilà trois citations percutantes qui pourraient générer beaucoup de discussions. Pour essayer de cerner l'interrogation de la première citation et ses suites, nous pouvons nous référer à certains développements de l'après-guerre, à titre d'exemple la mondialisation et ses effets. Les racines de la mondialisation sont plus profondes encore mais on peut les trouver dans la fondation des institutions de Bretton Woods, surtout du General Agreement on Tariffs and Trade (GATT) en 1947, et dans l'amplification considérable du commerce international. Nous pouvons également nous référer à la tendance à la désyndicalisation observée par des auteurs comme Jelle Visser. Ses racines sont dans les crises du pétrole des années 1970 et dans la récession des années 1980. Ses manifestations se trouvent dans la plupart des pays développés de nos jours. Enfin, nous pouvons nous référer à divers changements économiques, administratifs, gouvernementaux, patronaux, etc.

Le mouvement syndical est placé devant un éventail d'ajustements considérables. À titre d'exemple, l'auteure française Corinne Gobin, dans un article de la *Revue de l'IRÈS,* explique les difficultés du syndicalisme européen à composer avec l'Union européenne : ses instances politiques en devenir, ses structures plutôt amorphes, ses bureaucrates décisionnels mais non élus, son orientation économique néolibérale. Au Canada, la centrale syndicale CTC, après la défaite des forces anti-Alé et anti-Aléna, continue à s'attaquer aux déficiences sociales de ces ententes. Arturo Bronstein, dans la *Revue internationale du travail,* analyse la complexité de l'action syndicale en Amérique latine, où plusieurs pays sortent d'un passé récent de dictature. Les syndicats de ces pays se heurtent à une vague de néolibéralisme et œuvrent dans l'ombre du danger de la résurgence de nouvelles dictatures. L'auteur syndical autrichien Andreas Breitenfellner voit un problème de dimensions internationales, qui nécessite la création d'une nouvelle solidarité internationale et d'une nouvelle armature institutionnelle comme antidote à la fragmentation des efforts.

Cela nous amène à notre troisième volet. Plusieurs auteurs soulèvent la possibilité d'implanter une série de normes socio-économiques essentielles pour équilibrer l'effet des ententes commerciales d'envergure négociées de nos jours, les baptisant la « clause sociale ». Il s'agit de quatre ou cinq normes essentielles, qui se rejoignent, quoique élaborées séparément par des organisations comme l'Organisation internationale du travail (OIT), l'Organisation de coopération et de développement économiques (OCDE) et la Confédération internationale des syndicats libres (CISL). Au sein de l'OIT, par exemple, le directeur-général Michel Hansenne, ancien ministre belge, a réussi à implanter ce concept sous forme de programme communément appelé le « dialogue social ». À l'heure actuelle, l'OIT l'applique partout au monde.

En outre, il faut regarder certains changements dans la gestion et chez les gestionnaires. Actuellement, il y a une méconnaissance généralisée, en milieu syndical, de ce qui se passe dans cet autre milieu si important aux relations du travail. Il faut bien dire que l'inverse est également vrai, car nos écoles de gestion ne proposent pas à leur tour de cours sur le syndicalisme. Néanmoins, il y a eu énormément de changements démontrés dans l'éducation et la pensée en management, à titre d'exemple par les divers auteurs de l'École des relations humaines. Il y a quelque temps déjà aux États-Unis, Rehmus signalait aussi des changements profonds dans le fonctionnement en milieu industriel, dans le secteur de l'automobile, autour du thème de la participation. Il ne faut pas non plus oublier qu'une des causes importantes de la grève d'Asbestos en 1949 fut la participation des ouvriers, à laquelle s'est opposé farouchement le patronat, qui craignait une attaque dévastatrice contre la propriété privée.

Un autre sujet abordé porte sur la syndicalisation de groupes de travailleurs et travailleuses non syndiqués ou relativement non syndiqués. Certains auteurs se réfèrent au travail précaire en général, c'est-à-dire au travail dans les petits ateliers, au travail des « temporaires permanents », des étudiants, etc. D'autres signalent l'importance du travail dans les nouveaux secteurs de la production.

Les nouveaux mouvements sociaux et leur importance pour le mouvement syndical s'ajoutent aux autres thèmes significatifs. Plusieurs auteurs, comme Maheux et Rosanvallon, les considèrent comme des éléments nécessaires au renouvellement d'un mouvement syndical en perte de vitesse : trop institutionnel, trop bureaucratique, et à court d'idées. Le salut se trouve, croient-ils, dans de nouvelles alliances entre le mouvement syndical et les nouveaux mouvements sociaux. Ils n'examinent pas la façon de créer de telles alliances, mais on peut logiquement faire le lien avec des événements comme le Sommet des Peuples à Québec au printemps 2001.

Sur le plan international, dans le cadre d'ententes comme l'Aléna (et la Zléa en devenir), les syndicats doivent se préparer à composer avec un discours qui associe les préoccupations des syndicats des pays développés au protectionnisme. Plusieurs organisations syndicales, comme les Métallos, sont déjà impliquées à l'étranger, mais il reste encore beaucoup de travail à faire pour réaliser de véritables alliances mutuelles.

EXPOSÉ DE JEAN-JACQUES SIMARD
SUR LA DÉMOCRATIE DE PARTICIPATION

Il m'est venu comme une bouffée de nostalgie quand on m'a demandé de traiter de la « participation », parce que c'est un sujet que j'avais laissé de côté depuis au moins vingt ans. Alors j'ai été obligé d'aller relire mon mémoire de maîtrise (début des années 1970) pour me rappeler ce que j'en avais compris, dans le temps. Ma foi, et heureusement, cela reste encore assez valable, ne fût-ce que pour saisir l'importance que ce souffle a pu connaître durant une période qu'on pourrait situer, disons, de 1962-1963 jusqu'à 1970-1972. Après les « Événements d'octobre 1970 », la montée du marxisme intellectuel et des gauchismes, l'emprisonnement des chefs syndicaux, le vent de l'utopie est devenu plus sévère, plus dur, je dirais même plus cruel. L'ardeur des animateurs sociaux candides, des planificateurs bien-pensants, des petits comités de citoyens, s'est mise à avoir l'air un peu « angélique », entre guillemets. Le rêve rationaliste de la « participation organisée » est passé au second plan. La crête de la vague a donc déferlé sur une dizaine d'années, mais avec un retentissement puissant qui a laissé bien des traces jusqu'à maintenant.

Durant l'été 1972, quand j'ai fait tout le tour des régions périphériques québécoises, mais aussi un peu dans la couronne de Montréal, le rêve tenait toujours bon. Partout, le terme « participation » continuait d'emporter l'adhésion des consciences, motivait des espérances, presque de tous les côtés de la rosace idéologique. Le mouvement – parce que cela a pris l'amplitude d'un véritable mouvement social dans certaines « régions ressources » et

121

certains quartiers populaires urbains – était quand même passé de l'utopie à l'idéologie en l'espace d'une dizaine d'années. J'entends ici « l'utopie » au sens de Karl Mannheim, d'un contre-projet social réalisable, à l'envers des « idéologies » justifiant l'ordre établi. En l'occurrence, bien sûr, l'utopie de la démocratie de participation s'est définie comme « troisième voie », ouvertement en repoussoir du libéralisme économique et tacitement, contre les sirènes concurrentes du communisme à la soviétique. Ce fut aussi une utopie à la manière historiquement définie par Campanella ou Thomas More, d'une construction imaginaire, peut-être un peu naïve mais avec une certaine grandeur et une ambition certaine, d'un univers parfaitement volontaire parce que parfaitement rationnel. Avec un petit quelque chose de totalitaire, si l'on voulait bien prendre le qualificatif de « totalitaire » dans l'entendement philosophique premier : « qui prétend englober tous les éléments d'un ensemble ». Il y avait certainement dans l'utopie, et plus tard, dans l'idéologie de la participation, une intention d'englober tous les éléments de la société, fonctionnellement et hiérarchiquement, dans une mécanique transparente d'autogouverne collective. Dans cette mesure, elle reprenait également à son compte une quête de communauté qui, au fond, a toujours inspiré la gauche au travers les siècles (et les fascistes en face, hélas) : collectiviser l'effort, rassembler les forces vives, fusionner les intérêts, mobiliser tout le monde, abolir toute espèce d'*exclusion sociale,* pour reprendre un terme aujourd'hui à la mode (on parlait plutôt de la *marginalisation*).

Il y a donc cette ambition de concevoir et de mettre sur pied une société rationnelle. Qu'est-ce que c'est qu'une société rationnelle ? C'est celle où on élimine l'anarchie que le marxisme lui-même dénonce dans le système capitaliste : toutes sortes de décisions se prennent sans égard à leurs effets sur l'économie globale, tout se déglingue à tout moment, les facteurs de production – les ressources naturelles, la main-d'œuvre, l'investissement – courent dans tous les sens à la recherche du rendement immédiat, comme des poules étêtées sans savoir où cela mène l'ensemble de la société, etc. Et puis, établir une société rationnelle, c'était aussi combattre l'aliénation culturelle qui retardait le Progrès : coutumes archaïques, rituels aveugles, artisanats dépassés, loyautés clientélistes, attitudes « mentales-techniques dysfonctionelles », croyances sans fondement scientifique, et ainsi de suite. Le stigmate de « traditionnel » tombait comme un couperet méprisant et sans appel sur toutes ces vieilleries, de la même manière que celui de « superstition » à l'époque des Lumières, déclassant à jamais toute espèce d'héritage culturel qui empêchait les êtres humains de signer leur monde en se servant de leur raison. Pourquoi la raison ? Parce qu'il n'était plus question de transcendance (contrairement aux corporatistes des années 1930) : on était irréversiblement converti au matérialisme, à l'efficacité, aux résultats mesurables statistiquement. L'horizon même de l'existence humaine, donc de la société entière, serait la mise en valeur « durable » (comme on dit maintenant), planifiée, à long terme, des ressources collectives (humaines et matérielles), fondée sur l'harmonisation des intérêts sociaux de toutes sortes ; la lutte des classes était absurde, puisqu'il y a des nécessités fonctionnelles dans divers ordres d'activité qui doivent être coordonnées afin de maximiser la productivité « socio-économique » globale. Au bout du compte, on visait la prospérité économique : il fallait que les gens gagnent plus d'argent, du haut en bas de la pyramide sociale, afin d'avoir les moyens de se réaliser eux-mêmes, à leur manière, individuellement. Pour cela, il fallait d'abord mettre en place des structures collectives leur permettant, suivant leurs intérêts particuliers et légitimes, de *participer* formellement et délibérément, autour de tables rondes et par représentants interposés, à la prise des décisions qui engageaient l'avenir commun. Le temps de la passivité, du renoncement, de l'assujettissement aux soi-disant puissances établies était désormais terminé. Dont acte : une démocratie de participation égalitaire, par opposition à la lutte de tous contre tous, aux coalitions du Capital et du pouvoir d'État avec les notables locaux, aux manipulations de l'opinion, aux fidélités électorales mesquines, à toute cette « irrationalité ».

On voit la parenté avec le corporatisme : l'organisation fonctionnelle des divers acteurs sociaux, la concertation harmonieuse des intérêts, la planification des politiques publiques. Mais à part

123

les coopératives rurales et quelques associations professionnelles, le corporatisme avait fait long feu. Tandis que cette fois, on va s'y mettre pour vrai. Une expérience dite « pilote » va être réalisée de 1963 à 1968 dans une région cible, celle du Bureau d'aménagement de l'Est du Québec, le célèbre BAEQ ; en parallèle, des conseils régionaux de développement vont être mis sur pied et, comme instance correspondante à l'échelle provinciale, de « l'État du Québec » comme s'était mis à dire le premier ministre Jean Lesage, l'Office de planification et de développement, l'OPDQ. Même le gouvernement fédéral s'est impliqué, par l'intermédiaire du fameux programme ARDA (Aménagement rural et développement agricole, je crois). L'enthousiasme était contagieux ; même les chambres de commerce se sont laissées emporter, au début, et dans les facultés de sciences sociales, il y a eu presque une génération de diplômés qui sont allés faire leurs classes sur le terrain du BAEQ, comme chercheurs, administrateurs animateurs, conscientisateurs. C'était toute une nouvelle cohorte technobureaucratique qui cherchait à se donner un levier pour passer à l'action, réduire l'anarchie économique, miner l'autoritarisme des notables, court-circuiter la politicaillerie, établir des stratégies collectives concertées et sortir le peuple de la dépendance et de l'aliénation. On voulait vraiment bâtir un nouveau modèle de société par l'expérimentation, d'abord dans une région défavorisée, puis l'étendre partout pour civiliser enfin le capitalisme libéral. Même si on ne passait pas son temps à se le demander, on se serait défini, j'imagine, comme des socialistes, mais des socialistes qui admettent la propriété privée et le pluralisme des valeurs, des sociaux-démocrates.

Ce n'était pas un rêve particulièrement fou puisqu'il flottait dans l'air du temps, propice à l'intervention de l'État-Providence, non seulement comme distributeur de services mais aussi comme agent orchestrateur global des forces économiques. L'État avec un grand É, et une nouvelle forme de démocratie, plus rationnelle et plus diverse, par opposition à la démocratie électorale associée aux tractations partisanes, aux combines occultes et au patronage. Il fallait mettre à la place de la politique politicienne, la raison, la connaissance, la compétence, y compris celles des « experts » du peuple, dont la voix serait canalisée par les comités sectoriels et les tables de concertation. L'élite de développement techno-bureaucratique se définissait par son savoir applicable, fondé sur des données positives, pas du tout comme des théoriciens rêveurs ou des idéologues exaltés, même si, évidemment, les politiciens de terrain qui se vantent de « s'être fait élire, eux autres », les trouvent effectivement un peu fumeux. Il est vrai que la démocratie plus ou moins canalisée, suscitée, programmée, opérationnalisée qu'il s'agit de mettre en place court-circuite les élections. Sous cet angle, évidemment, la planification avec participation était un superbe cheval de Troie pour l'ascension d'une bourgeoisie du diplôme qui, à toutes fins utiles, serait la première classe sérieusement dirigeante que le Québec français aurait réussi à se donner, par accointances avec l'appareil d'État provincial. Car en définitive, les structures de la participation sont une extension de l'appareil décisionnel de l'État. Le premier ministre ne s'y trompe pas : il surveille tout d'en haut, craint les dérapages et prête volontiers oreille aux murmures inquiets des dirigeants « naturels » qui tirent leur légitimité de leur réussite soit sur le « marché » électoral, soit sur le marché tout court.

Le problème qui se posait aux aménagistes du BAEQ, c'était que pour essayer le modèle qu'ils avaient à l'esprit, il fallait aller chercher les gens et les amener à « participer » à l'expérience, justement. C'est là que la participation devient l'idéal suprême, le nœud même de la réalisation du projet, parce si les gens de tous les milieux jouent le jeu d'embarquer dans les structures de consultation/délibération/planification, ça y est : on a changé la société ! En quelque sorte, la fin (le développement planifié) et le moyen (la participation populaire) deviennent une seule et même chose. Dès lors la participation va se dédoubler dans une kyrielle d'objectifs secondaires.

Comment faire pour amener les gens hier plus ou moins passifs à entrer dans la ronde, alors que la plupart souffrent d'une espèce de « déficit de rationalité » : ils manquent d'information et n'ont pas d'expérience de la décision délibérée, fondée sur des données fiables et l'examen systématique des options. De la même façon que c'est en forgeant qu'on devient forgeron, c'est en participant qu'on apprendra à participer : grâce aux *enquêtes avec participation* visant à collecter les renseignements factuels censés guider les décisions fonctionnelles, de secteur en secteur jusqu'aux sommets réconciliateurs. Des individus qui ont l'air d'avoir du potentiel pour devenir « experts du peuple » vont être invités à courir après les informateurs, avec les chercheurs – un *lologue* diplômé accouplé à tel cultivateur songeur – pour « monter les dossiers ». Venez, chanteraient les Anges (instruits) dans nos Campagnes, nous allons demander à la madame, là, combien elle a eu d'enfants et combien sont partis pour la ville ; et à ce monsieur, là, ce qui marche mal sur sa pauvre ferme (s'il répond : « la terre est trop *rochue* », on notera : « sol au potentiel sylvicole plus élevé qu'agricole » – je n'invente rien, ayant vu, de mes yeux vu, certains de ces entretiens filmés par l'ONF). Les enquêtes empiriques seront donc une forme d'initiation à la démocratie de participation scientifique.

Et puis bien sûr, il faut recruter et former des leaders tirés du rang. Le problème, ici, c'est que tu veux aller chercher ta masse, mais que tu te barres les pieds dans les notables archaïques, les organisateurs politiques en Cadillac, les avocats au courant de toutes les combines, les maires sans qui rien ne se décide, les curés imbus d'esprit de clocher, et ainsi de suite. Ça te prendrait des gens influents, mais modernes, éclairés, respectés pour leur art de poser les problèmes objectivement et de rassembler la collectivité autour de solutions concertées et efficaces. Il y en a trop peu. Faut donc que tu t'en fabriques. Pour commencer, on organisera des sessions de *formation au leadership* – sous-entendu : participationniste-rationnaliste – à l'Institut Desjardins de Lévis et ailleurs.

Mais tirer sur les leaders comme sur les fleurs dans le but de les faire pousser plus vite a un côté un peu utopique, à moins de mettre de l'engrais à la base, dans le terreau populaire. Cet engrais s'appellera *l'animation sociale*. Ici encore, mon collègue Piotte pourrait nous en parler, car il s'en est mêlé. Les animateurs se percevaient comme des missionnaires de la rationalisation (parfois renommée conscientisation), ils l'ont avoué parfois sans détour et sans honte, c'est-à-dire de la pensée urbaine, prométhéenne et scientifique, par opposition à des gens qui sentaient un petit peu, et jusque dans les mentalités, la « bouse de vache ». Bon, il fallait faire de l'animation sociale, brasser la cage. Mais encore : avec quel contenu ?

Avec le contenu *d'informer la population* pour qu'elle se prenne en charge. Lorsque les experts ou les animateurs s'adressent à la population, c'est de l'*information* ; lorsque la population s'organise en comité des citoyens de Saint-Clinclin pour répliquer, cela s'appelle de la *consultation* (encore une fois, je ne fais de procès à personne, il y a plein de textes où c'est écrit noir sur blanc). Alors information, consultation, ces deux termes sont, si on me permet un banal jeu de mots, parfaitement « synagogues » : c'est du pareil au même ! Ça dépend de quel côté tu te trouves de la machine à faire marcher la société toute seule.

Il n'y avait rien de cynique dans tout cela. L'animation (information, mobilisation, consultation) ne serait crédible que si la capacité de prendre les décisions supposées en découler était rapprochée aussi près que possible des lieux immédiats de la « démocratie de participation ». De là l'objectif ultime de *déconcentrer* le pouvoir politique (l'hypothèse d'un gouvernement régional a circulé au BAEQ avant d'être écartée parce que prématurée), mais surtout et en attendant, celui de *décentraliser* vers les régions au moins l'administration publique, trop jalousement dirigée depuis Québec ou Ottawa. Vue de l'intérieur, bien sûr, la décentralisation administrative vers Rimouski, disons, ressemblait beaucoup à une centralisation régionale privant les villages de l'arrière-pays des services diversifiés qui les maintenaient en vie (école, dispensaire, bureau de poste, voire un épicier MÉTRO). Comme tout le monde le sait, on a exagéré cet aspect des choses. Mais il est aussi vrai que le BAEQ a proposé de fermer des villages (une quinzaine, en fait) qui n'avaient pas les ressources locales nécessaires pour survivre, d'après les aménagistes, compte tenu des exigences contemporaines de la vitalité socioéconomique, en clientèles, en compétences ou en capacités fiscales. Au lieu de les laisser vivoter vainement, autant leur couper tout de suite l'oxygène, par une sorte d'euthanasie sociale charitable, en incitant leurs résidents à déménager vers les centres régionaux, mieux pourvus en services de toutes sortes. Ces propositions vont soulever les redoutables sarcasmes du bon docteur Jacques Ferron, qui inventera pour fustiger toute la bande des technocrates de l'aménagement du territoire le cinglant sobriquet de « sociologue reboisant » – parce que quand tu prétendais vider une paroisse agricole, il fallait prévoir des plantations d'arbres dans les champs abandonnés. Ferron rageait contre la destruction d'un certain mode de vie rural (lié à colonisation, aux petites exploitations, au bûchage durant l'hiver, etc.) au nom de mesquins calculs comptables et de la soi-disant planification économique destructrice des cultures humaines. Il n'avait pas tort, à strictement parler. Mais n'empêche : des tas de concepts maintenant à la mode inspiraient déjà les apôtres du BAEQ : « sensibilités écologiques », « développement durable », « mise en valeur intégrée des ressources », « inclusion », « concertation des intervenants », « plans d'affaires », « partenariats », et même la mobilisation de la « société civile », mais sur un mode collaborationniste, canalisé, « bien compris », « corporatiste » à la limite, plutôt que contestataire. Ne manquait, vraiment, que la « mondialisation » (encore que l'on ait volontiers invoqué la concurrence mondiale exigeant la modernisation des industries primaires des régions périphériques). Toutes ces idées étaient déjà présentes au BAEQ dans un autre vocabulaire et, oserait-on dire, plus purement, plus naïvement, car à l'époque, elles étaient fraîches et neuves, un peu « gazées », elles n'avaient pas été mises à l'épreuve des dures inerties de la praxis.

Eh bien voilà, cela a fini comme cela avait commencé : le court-circuitage rationaliste du « politique », comme on voulait le faire, n'a pas marché. Le plan de développement déposé par le BAEQ n'a pas été appliqué par le gouvernement, et on est passé à autre chose. Paradoxalement, il aurait peut-être marché si vraiment on lui avait donné une véritable assise politique, en mettant sur pied un gouvernement régional (législature, compétences et fiscalité autonomes), quitte à transformer ensuite le Québec tout entier en une fédération de « provinces internes ». Là, tu aurais créé de véritables instances responsables de participation/planification. Bonne idée dans l'abstrait, mais qui ressemblait un peu trop, dans la pratique, à quelque chose de semblable qu'on connaît déjà bien, au Canada, n'est-ce pas ? Que les réseaux classiques de la politique électorale se soient braqués contre l'idée de refaire le monde en esprit n'est pas surprenant.

Les participationnistes prétendaient enjamber les luttes de pouvoir ? Eh bien !, elles leur sont revenues en plein dans le nez. Non seulement par le haut, à Québec, où des politiciens grossiers se sont mis à protester : « Ben écoutez, là, on ne peut pas se payer des sociologues pendant 20 ans encore, à chercher le bonheur des autres aux frais des contribuables, quand même ! ». Mais sur place aussi : les animateurs professionnels se sont trouvés pris entre deux feux, si pas quatre : le bon peuple authentique, les patrons louvoyants du BAEQ (Guy Coulombe, Jean-Claude Lebel, etc.), les notables et curés locaux, les puissances établies (« la Grosse argent » et les « Gouvernements »). Peu à peu, à force de frustrations, ils se sont mis à se prendre pour des espèces de *Staline* ordinaires, réincarnant au Québec des années 1960-1970, en Amérique du nord, avec un chèque aux quinze jours, l'ancien séminariste géorgien modeste animateur de base, un éducateur, un pédagogue de l'émancipation des masses laborieuses, n'est-ce pas ? Quelques-uns iront même poursuivre le combat sur le terrain concret des universités – à l'UQAM fraîchement ouverte, entre autres – pour continuer d'apprendre plus largement encore du stalinisme, en particulier sur la question nationale (Staline avait écrit des classiques d'érudition là-dessus, comme chacun sait).

Alors, évidemment, il y a eu rupture de l'unanimité. Au lendemain de la Révolution tranquille, y compris sous Daniel Johnson père qui a joué un rôle de transition et de réconciliation, entre les milieux traditionalistes et les nouvelles élites, on avait connu une période de grâce, une sorte de nouvelle unanimité technocratique, rationaliste, réformiste. Même la revue *Commerce,* celle des chambres de commerce, publiait des guides sur le décollage : « Québec 4-3-2-1-0 ! », par exemple, une série d'articles qui expliquaient le pourquoi de la planification en avertissant que « l'élite bourgeoise se trompe de voie quand elle s'oppose à ces changements ». C'était un projet présenté comme apolitique. La politique a repris sa place par le schisme du Parti libéral qui a étalé ouvertement les grosses divergences, les dissensions idéologiques solides qui couvaient depuis quelque temps parmi les élites (socio-nationalistes et libéralo-fédéralistes, disons). Cela a brisé l'unanimité qui aurait été nécessaire pour poursuivre les expériences de planification-participation. La montée et la transformation du rôle des syndicats ont aussi élargi le fossé. Tant que la CSN parlait du « deuxième front », cela se mariait très bien avec les consensus réformistes ; on porterait le combat au-delà des conventions collectives, pour aller organiser et défendre les non-organisés, dans le reste de la société. Mais quand ils ont commencé à prêcher que l'État et l'école étaient au service de la classe dominante ou qu'il fallait casser le système, l'utopie de la participation a pris le caractère d'une conspiration des puissants pour faire disparaître les luttes de classes, pour les « récupérer » comme on répétait dans le temps. Et puis, il y a un bout de ces tendances qui a viré au gauchisme, avec des affaires énervantes comme le Front de libération du Québec (FLQ), et les gentillesses fédérales un peu naïves pour financer tout ce qui se présentait comme « groupe populaire » ont donné des manifestations violentes. Dans ce contexte-là, on a décidé que la participation... il valait mieux modérer un peu beaucoup, n'est-ce pas ?

Qu'est-ce qui en est resté ? Bien sûr, pour ce qui est du « développement régional planifié avec participation provoquée », les résultats tangibles ne sont pas mirobolants. Si vous allez en Gaspésie aujourd'hui ou au Saguenay–Lac-Saint-Jean, la longueur des visages nous dira tout de suite ce qu'il en est. D'un autre côté, il me semble que cette utopie et cette idéologie (passée de la critique du pouvoir établi auparavant à la légitimation de celui des experts-intervenants) ont quand même laissé des sédimentations un peu partout dans la société québécoise. En quelque sorte, il y a eu une espèce de « routinisation du charisme », pour parler comme Weber, si bien que finalement, on l'a, la « société de participation », c'est celle qui nous entoure banalement. Oh ! elle n'est pas bien sûr dessinée au couteau comme l'aurait voulu le bon Gérald Fortin quand il évoquait « la société de demain, ses objectifs, son organisation ». Mais, écoutez par exemple – Gérald pour Gérald – celui qui s'appelle Tremblay : il peut parler des heures avec enthousiasme sans rien dire d'autre qu'il faut « coordonner », « synergiser », « associer les intervenants », « créer des partenariats », « faire des plans d'affaires », « relancer les ressources avec des outils », etc., et ainsi mettre en branle la machine autogénérative pour que les systèmes de développement socioéconomiques marchent. On parle aussi partout de « l'économie sociale », qui reprend les mêmes objectifs à sa manière, mais pour les pauvres. Il suffit que l'État soutienne toutes ces démarches « autonomes », ce sera bon pour le développement, puisque cela organise fonctionnellement les choses. Au moment même où on discute ici, par exemple, il y a des listes de milliers d'« organismes de base », de « groupes communautaires », de « syndicats d'initiative d'étudiants de maîtrise », qui conviendraient aussi bien à plusieurs cas du genre – rappelons-nous les « animateurs sociaux », officiellement reconnus par le ministère de la Santé et des Affaires sociales – qui réalisent à leur manière l'idéal de la « participation provoquée ». Ça grouille partout : une société civile à moitié inspirée par l'État. Et quand ça ne grouille pas assez, eh bien !, l'État crée de toutes pièces une instance représentative, un sommet sans base, comme le Conseil du statut de la femme (abstraite) ou celui de la jeunesse (qu'on ne trouve plus), et ainsi de suite. Pour moi, ces choses-là se situent dans la foulée de l'idéal de la « société de participation », dans son installation tranquille, dans l'intégration fonctionnelle des intérêts dans des circuits non électoraux de représentation branchés sur les appareils de l'État. Le pouvoir gouvernemental « fonctionne tout seul » grâce à ces des boucles de rétroaction, de *feedback,* qui le connectent à tous les recoins de la vie sociale, le renseignent sur les besoins à satisfaire et les effets de ses programmes. Dans mon étude originale de 1972-1973, j'avais appelé cela l'ordre « cybernétique », au sens strict d'une autorégulation de la vie collective par toutes sortes de mécanismes d'information rétroactive entre le pouvoir étatique et la société civile. Ma foi, s'il était déjà évident, alors, que le rêve de la planification-participation allait dans cette direction, la principale raison pour laquelle on en est revenu, c'est peut-être qu'on est largement dedans. Ce n'est pas le paradis qu'on imaginait. Mais ce n'est pas un cauchemar non plus. Voilà.

REMARQUES DE JACQUES BEAUCHEMIN
SUR L'EXPOSÉ DE JEAN-JACQUES SIMARD

Je ne sais ce que je pourrais dire de plus après un exposé aussi brillant et qui scelle en quelque sorte le sort et le destin du XXe siècle. Je voudrais commenter cette présentation d'un point de vue assez général, de la même manière que Jean-Jacques Simard a pu le faire, c'est-à-dire de façon un peu impressionniste. Jean-Jacques traite de ce qu'on pourrait appeler une dérive ou un dérapage techno-bureaucratique du projet providentialiste. Il nous décrit des sociaux-démocrates dévoyés qui auraient vendu leur âme à la technocratie. La constitution d'une bourgeoisie du diplôme qui finit par s'autojustifier dans un travail qui a perdu toute signification outre le fait de reproduire le système sur lequel règne cette classe de technocrates. Le sens de leur action, nous dit Simard, était sans doute présent à l'origine dans un projet de participation, de démocratisation, mais il se serait dilué ou perdu, si l'on veut, dans la technocratisation dont il a été l'objet. Les constats sur lesquels débouche Jean-Jacques sont assez convaincants. Effectivement, le dérapage du projet providentialiste, on peut sans doute le vérifier aux indices qu'il nous soumet. Jusqu'à un certain point, on peut souscrire à la thèse d'un dérapage technocratique du projet providentialiste.

Vous me permettrez cependant de me faire un peu l'avocat du diable en disant qu'il ne faut pas non plus évacuer le fait que ce projet était à l'origine un projet politique porté par des acteurs au nom d'une certaine vision de la société qu'il s'agissait alors de traduire en institutions et en organisations. Il me semble alors un

133

peu réducteur de relire la période dans la perspective de l'instrumentalisation totale et absolue de ce qui était en jeu dans ce grand projet. Pour illustrer cela, vous me permettrez de donner un exemple parmi d'autres qui va vous faire sourire. Il s'agit de la création, au cours des années 1960, du réseau des universités du Québec. Bien sûr, on peut dire maintenant que ce réseau est devenu une grosse organisation, que l'UQAM est une université immense et que tout cela fonctionne de manière très hiérarchisée et structurée. En y regardant d'assez près, ne trouve-t-on pas un siège social, un conseil d'administration auquel se superposent d'autres conseils d'administration, etc. ? Mais n'est-il pas vrai que ce projet était au départ porté par un véritable idéal de démocratisation, d'accessibilité de l'éducation et d'ouverture ? Projet dont on trouve encore les traces aujourd'hui dans le fait de reconnaître les constituantes de l'UQ comme des universités un peu différentes des autres, dans le fait que nos étudiants qui sont redevenus très grouillants, agitent devant nous cet idéal de démocratie et nous rappellent les premiers jours de l'UQ. C'est un esprit de démocratisation qui animait le projet. Or, il me semble que cela n'est pas totalement instrumentalisé, au point, par exemple, où le règne de la technocratie aurait vidé de son sens toute l'entreprise que constituait la création d'un réseau public d'universités. Les structures démocratiques mises en place dans ces universités ont pu faire sourire en raison de leur obsession pour la consultation et la participation. Il n'en demeure pas moins que le fait de tenir un discours d'ouverture et d'accessibilité finit par produire des effets, et pas seulement ceux d'instrumentaliser et de soumettre à l'ordre. Un tel discours jette aussi dans les esprits l'idée selon laquelle on peut revendiquer des choses, vouloir être consulté, vouloir participer et, éventuellement, contester. Alors la question que je me pose en écoutant Jean-Jacques Simard consiste à savoir de quel point de vue on peut formuler la critique, fondée à bien des égards, qu'il nous propose. Et je me demande s'il n'est pas lui-même victime de l'idéalisme qu'il associe rétrospectivement à ces jeunes sociologues reboisants.

L'idéalisme que je crois reconnaître dans sa critique de la technocratisation de l'idéal de participation tient dans le fait de s'imaginer qu'un projet social va se dérouler sans être investi par les rapports de forces qui traversent la société. Autrement dit, est-ce que le projet de démocratisation et de participation, tel que le défendaient les artisans de la Révolution tranquille et leurs premiers héritiers, ceux de la fin des années 1970, n'allait pas fatalement être soumis au jeu des rapports de forces qui allait faire en sorte que, bien évidemment, une tendance technocratique pouvait s'y affirmer, que, bien évidemment, l'opportunisme pouvait s'y manifester mais que, bien évidemment aussi, les bonnes intentions pouvaient parfois se traduire en acte, en véritable projet intéressant. La critique qu'on fait du BAEQ, c'est l'exemple que nous soumet Jean-Jacques, traduit celle du projet providentialiste tout entier. Dans cette foulée, on pourrait montrer, je l'imagine, que le projet de justice sociale qui est au fondement du providentialisme et les politiques sociales qui découlent de lui ne visaient qu'au soutien de la demande effective dans une économie capitaliste essoufflée. On peut toujours dire de la même manière que la régulation fordiste et le régime de la convention collective contribuaient eux aussi à ce soutien de la demande effective. Mais présenter les choses de cette manière, c'est oublier ce que Marsh disait lui-même en 1943 dans le rapport qui porte son nom. Les politiques sociales, dont il proposait l'adoption dans le contexte du passage à l'État-providence au Canada allaient bien sûr avoir pour effet de soutenir la demande effective, mais elles allaient aussi, écrivait Marsh, répondre à des demandes sociales partout présentes dans le monde. Elles concourront au bonheur général, écrit-il. Dans la même perspective, le régime de la convention collective a eu pour effet de déposséder les travailleurs d'une certaine maîtrise du procès de travail. Nous savons que le compromis fordiste va favoriser les gains de productivité, lesquels vont faire le succès de son application pendant une trentaine d'années. Mais le régime de la convention collective répondait aussi de très loin aux luttes syndicales telles qu'elles s'étaient déployées depuis le XIXe siècle et qui allaient dans l'après-guerre trouver une réponse dans la mise en place du compromis fordiste. Il me semble que ce n'est pas un détail. On ne peut pas se contenter de réduire le fordisme à une entreprise d'aliénation de la force de travail, non plus que l'État-providence en tant qu'entreprise de maîtrise technocratique de la société. Il y a un projet politique et social en acte là-dedans qui sera sans doute détourné par moment.

Pourquoi le sera-t-il ? Parce qu'il sera toujours investi des rapports sociaux, des rapports de forces concrets, ceux qui font que quelques fois les projets sont traversés d'intérêts qui les font dévier de leur destination. J'irais encore plus loin. À la limite, c'est tout le projet politique de la modernité qu'on peut relire de la même manière. Ne peut-on pas dire de la même façon que nous le faisons à propos de la dérive de l'État-providence, que l'idéal de la raison débouche sur la raison instrumentale, que le sujet émancipé de la modernité débouche ultimement sur l'individualisme contemporain, sur un narcissisme et sur la fragmentation du lien social. On peut relire de cette manière-là toute l'histoire de la modernité. Mais cette lecture n'est vraisemblable que dans la mesure où l'on ne considère pas le fait que la société moderne pose en même temps le projet qu'elle se donne dans un cadre de lutte, dans un cadre du politique.

La critique que propose Jean-Jacques Simard est intéressante dans la mesure où elle est formulée à partir d'une position de surplomb, du haut de l'histoire si l'on veut. On y reconnaît une espèce de cartographie du parcours de la modernité. Mais je milite en faveur d'une lecture plus attentive à la vie concrète des sociétés, plus attentive au fait que les sociétés se produisent dans l'espace du politique et que les projets qui y sont formulés y sont aussi parfois déroutés. Jean-Jacques conclut au court-circuitage du politique tel que la technocratie en aurait été l'instrument. Peut-être faut-il se méfier aussi du court-circuitage du politique sur le plan de la théorie cette fois. Je me méfie d'une critique entièrement négative qui ne reconnaît, dans le projet de démocratisation et de participation sociale, que les effets d'une technocratie avalant, comme par avance, tout projet émancipateur, le condamnant sous prétexte qu'il est instrumentalisé, sous prétexte qu'évidemment il va y avoir des forces qui vont vouloir neutraliser son potentiel démocratique et contestataire. C'est vrai que la consultation et la participation constituent aussi une entreprise de maîtrise des forces sociales. Mais ces forces sociales vont s'exprimer. La preuve, c'est que les villages qu'on va vouloir fermer, on sait ce que cela va provoquer : un discours contestataire assez important, une dénonciation de cette entreprise. La preuve, c'est qu'on peut en parler aujourd'hui d'une manière aussi critique, Pourquoi ? Parce que le projet du début, dans sa réalisation et jusqu'à aujourd'hui, est traversé d'intérêts politiques. Et j'ai l'impression que toute la critique qu'on peut faire de l'État-providence doit toujours prendre en compte le caractère essentiellement conflictuel des rapports noués au sein du politique.

Est-ce qu'il y a eu une dérive technocratique ? À maints égards, oui. Mais en même temps on peut se poser la question de savoir s'il reste quelque chose du projet politique que portait le providentialisme. À cette question, je réponds également oui. L'idéal de la participation n'est plus ce qu'il était ? C'est bien possible. Mais je crois qu'il faut éviter la critique entièrement négative en vertu de laquelle on identifie un projet de départ dans lequel on ne reconnaît qu'une machine à avaler la participation citoyenne. Voilà la critique que j'adresserais à la présentation de Jean-Jacques Simard tout en reconnaissant, par ailleurs, qu'elle constitue une espèce de diagnostique assez saisissant.

Jean-Jacques Simard

Juste pour dire que je suis d'accord de fond en comble avec Jacques Beauchemin. Je pensais m'être lavé de ce genre de critique en insistant, en terminant, sur le fait qu'on vivait largement, aujourd'hui, dans une démocratie de participation qui a finalement assez bien réussi. Il y a des milliers et des milliers de gens qui autrefois n'avaient pas droit au chapitre et qui, par le biais de mécanismes plus ou moins transparents de consultation, de participation, grouillent maintenant dans tous les recoins du social, trouvent à se faire entendre et à se mêler des affaires collectives. Dans ce sens-là, nous sommes passablement dans la « société de demain » qu'envisageait Gérald Fortin.

DÉBATS DE LA DEUXIÈME SÉANCE

JEAN-MARC PIOTTE

J'ai été un acteur dans tout cela. Je peux apporter un témoignage, qui n'a rien de scientifique, qui recoupe ce qui a été dit, mais y apporte des nuances.

J'avais 23 ans, je sortais du Département de philosophie, j'avais fondé avec d'autres la revue *Parti pris*, lorsque Jean-Claude Lebel, qui était jusque-là permanent chez les Métallos, m'offre de le suivre au BAEQ. Le projet qu'il présente est emballant : on va travailler auprès de la population, on l'informe et la mobilise, pour changer les choses. À mon objection que tout dépendait du gouvernement qui ne bougerait pas, il me rétorque, qu'ayant la population derrière nous, le gouvernement serait contraint de bouger. Le modèle était Guyenne en Abitibi : les gens, en partant de leurs besoins, s'étaient organisés et exploitaient leurs ressources, dont celles du bois, de façon communautaire. Il fallait donc partir des gens, les aider à définir leurs besoins et les appuyer pour qu'ils deviennent une force collective en s'organisant. Le rôle des jeunes sociologues et économistes, qui avaient été engagés par le BAEQ et qui ne se trouvaient pas sur le terrain, mais étaient enfermés à Mont-Joli, était d'alimenter les animateurs sociaux qui, sur le terrain, rendraient ces connaissances disponibles aux gens.

Les gens étaient au point de départ méfiants : ce n'était pas la première fois que des émissaires des gouvernements venaient leur promettre des choses qui ne se réalisaient pas. Et pourquoi feraient-ils confiance à des petits jeunes qui sortaient à peine de

139

l'université ? Il fallait, d'une part, se dissocier du gouvernement et de l'alternance des rouges et des bleus, en affirmant que le BAEQ était un organisme autonome : il fallait, d'autre part, se mettre à leur écoute, apprendre d'eux, avant de leur proposer quelque chose. Les gens se méfiaient de nous, nous identifiant au gouvernement, mais ils savaient bien que nous avions des connaissances qui pourraient les aider. Dans certains villages de colonisation, le curé et le propriétaire du magasin général étaient les seuls qui avaient les informations nécessaires pour les aider à se débrouiller dans la vie. À Saint-Moïse, après avoir été accepté, on voulait que je marie l'institutrice de la place, espérant m'attacher définitivement à eux !

Au bout d'un an, l'orientation du BAEQ, du moins telle que je l'avais comprise, était complètement renversée. Il ne fallait plus partir des besoins des gens et des solutions qu'ils préconisaient. Il fallait partir des solutions pensées par les jeunes chercheurs de Mont-Joli qui, après avoir été négociées entre les technocrates du BAEQ et ceux des gouvernements provincial et fédéral, devaient être défendues par les animateurs sociaux auprès de la population. En fait, la seule solution qui en est sortie est la fermeture de certains villages non rentables créés à l'époque de la colonisation ; les populations déracinées se sont retrouvées dans des HLM à Mont-Joli, à Rimouski et ailleurs. La population avait donc eu raison de se méfier : elle s'était encore fait rouler, avec la complicité naïve ou inconsciente des animateurs sociaux.

Je suis donc sorti amer de cette expérience du BAEQ, mais sans doute moins que Gérald Fortin, le maître à penser des dirigeants du BAEQ, dont Jean-Guy Coulombe, qui en est jamais revenu.

Cependant, quand je suis retourné dans le Bas-du-Fleuve, ceux qui avaient mené les Opérations dignité m'affirmaient que leurs mobilisations s'étaient appuyées sur le travail d'animation que nous avions mené des années auparavant. Tout n'a pas donc été inutile.

GILLES BOURQUE

J'ai deux questions : l'une à Jean-Jacques, l'autre à Jean-Marc. Jean-Jacques d'abord : tu nous présentes l'histoire de l'État-providence comme un processus qui aurait été caractérisé en même temps par le court-circuitage du politique et un retour en force de ce même politique. Je me demande comment tu peux soutenir ces deux thèses en même temps, parce la technocratisation des rapports sociaux que tu as bien démontrée ne peut être réalisée, me semble-t-il, qu'à travers la régression du politique entendu comme une ouverture effective, institutionnelle, à la discussion des rapports de pouvoir et à la construction de compromis. Je ne vois pas, sauf depuis quelques années dans le mouvement anti-mondialisation par exemple, de retour en force du politique. Au contraire, la centralisation du pouvoir au niveau de l'exécutif et le renforcement du rôle de la technocratie ont continué bien après les belles heures de l'État-providence. L'État néolibéral actuel se caractérise par le néo-corporatisme et l'institutionnalisation du consensus, pratiques qui s'appuient sur la négation des rapports de forces et des inégalités et en ce sens sur la négation de l'essence même du politique. C'est donc ma première question : qu'est-ce que Jean-Jacques entend par le retour en force du politique ?

JEAN-JACQUES SIMARD

Pour ce qui est du mouvement lui-même de planification-participation, il s'est cogné la gueule sur « le retour de la politique » au sens habituel du terme, celui des élus et des coalitions partisanes. Parce que la structuration des participations civiles en allant vers l'État, c'était aussi du politique, sauf que dans l'esprit des croyants, le projet se voulait simplement fondé sur des positions raisonnables et scientifiques, techniques et économiques ; il ne fallait pas que la « politique » s'en mêle. On avait une définition très étroite de l'économie et de la politique. Or, c'est la politique « politicienne », justement, qui leur est rebondie au visage, d'abord par les députés de la région, sur place, et puis à l'échelle du Québec

141

entier. L'apparente unanimité qui avait soutenu l'idée d'un processus de rationalisation « technocratique » de l'espace public a été poussée de côté à partir d'une réaction partisane de type électoral, celle qui s'est manifestée dans le schisme du Parti libéral et la fondation du Parti québécois. Et la troisième manière dont « la politique » a repris ses droits au détriment de l'utopie de la participation, elle n'était pas coupable d'électoralisme, bien sûr : c'est le virage, pour ne pas dire la « *shear* », de la gauche vers le gauchisme.

GILLES BOURQUE

J'ai en fait trois questions pour Jean-Marc. Je me demande d'abord pourquoi, dans son analyse du partenariat, il n'a pas intégré l'expérience de la Révolution tranquille et des années 1960. La construction de l'État-providence n'a-t-elle pas été réalisée sur la base du partenariat entre le mouvement syndical, l'État et le capital coopératif, même si à l'époque on n'employait pas cette notion ? Cela m'amène à ma deuxième question. Ne faudrait-il pas définir de façon encore plus claire ce que l'on entend par partenariat, définition qui pourrait éventuellement nous permettre de distinguer le partenariat des années 1960 et celui des années 1990. Troisième question, j'aimerais que tu élabores davantage sur la question de l'anarcho-syndicalisme. Tu as dit que le syndicalisme de lutte des classes, le syndicalisme de combat, était une forme d'anarcho-syndicalisme. Pourrais-tu élaborer davantage ta pensée à ce propos ?

JEAN-MARC PIOTTE

C'est exact : j'aurais dû commencer mon exposé en partant des années 1960. Il y a eu là un véritable partenariat qui rallia l'ensemble de l'élite canadienne-française qui avait lutté contre le duplessisme et qui défendait un projet de société centré sur la création d'un État-providence. Ce partenariat, dans lequel la CSN était fort impliquée, servit toutes les couches de la société, tout en permettant au mouvement syndical de prendre son essor. Ce partenariat, contrairement à celui qu'on vient de connaître, était progressiste, dans la mesure où il a dégagé un véritable bien commun.

À la deuxième question, je dirais que le syndicalisme de combat, comme l'ensemble du mouvement anarchiste, ne posait pas vraiment la question du pouvoir. Concrètement, on luttait pour prendre le maximum de pouvoir au niveau de l'entreprise, en affirmant qu'il fallait faire de même sur le plan régional, puis sur celui de l'État. Mais on ne savait trop comment. En fait, au niveau de l'entreprise, on exerçait un contre-pouvoir ; nous étions des empêcheurs de tourner en rond. Nous proposions de mener durement la lutte de classes, espérant que cette pratique développe la conscience de classes et conduise les travailleurs à créer un parti. En fait, on remettait à un vague demain ce qu'on était incapable de construire aujourd'hui. Quand le pouvoir s'est retourné de bord et a commencé à contre-attaquer durement, on s'est fait rentrer dedans et écraser rapidement. Nous avions fait une mauvaise lecture du pouvoir, du rôle et de la fonction du syndicalisme, étant incapables de poser concrètement la question du parti et du politique. Le partenariat préconisé aujourd'hui – qui se situe dans une conjoncture fort différente de celle des années 1960 – inverse la logique du syndicalisme de combat et conserve donc la même problématique. Au conflit de classes, on oppose la collaboration, et le partenariat devient un projet de société ou encore le trait caractéristique du modèle québécois. On propose la négociation raisonnée : chaque partie met de côté ce qui l'oppose à l'autre pour discuter, négocier ce que toutes deux ont en commun. Là aussi, on fait comme s'il n'y avait pas de rapport de forces et de pouvoir entre les parties. D'ailleurs, ce sont les mêmes penseurs qui, défendant hier la lutte de classes, se font maintenant les propagandistes de la participation.

GILLES GAGNÉ

Je voudrais faire une remarque, à peine malveillante, à propos de l'examen critique de l'histoire récente. Bien qu'elle s'adresse à Jacques Beauchemin, j'espère qu'il n'y verra pas une sorte d'argument *ad hominem*. J'ai l'impression, Jacques, que tu reçois toujours un peu de la même manière l'analyse des grands mouvements sociaux d'après-guerre, mouvements qui ont puissamment façonné la société actuelle. Devant l'examen critique de la réforme scolaire, de la Révolution tranquille (et maintenant de la participation), devant un effort de mettre en relation des idéaux avec leur réalisation effective afin de mieux comprendre les uns et les autres et de jeter un éclairage nouveau sur notre propre situation, tu t'empresses, me semble-t-il, de souligner le danger de l'entreprise en rappelant que la critique néglige forcément le bon côté des choses et qu'elle risque ainsi de mettre en jeu les institutions et les « acquis sociaux » qui sont sortis de ces mouvements de transformation de la société. Je t'accorde volontiers que nous sommes dans une période où les « révisionnistes » qui remettent en question les modèles de la social-démocratie ont la fâcheuse tendance à militer en faveur de notre acceptation de la force des choses néolibérales. Je t'accorde qu'il y a là une « politique » qui ne grossit nos malheurs présents que pour mieux nous faire avaler une pilule destinée à nous guérir de toute « utopie collectiviste », mais je ne crois pas que cela doive nous conduire à exiger de la sociologie qu'elle censure les efforts ordinaires de lucidité qui sont les siens et qui sont associés à sa visée compréhensive.

Quand on revient sur l'histoire récente pour comprendre ce qui était visé par les acteurs et pour revisiter leur action à la lumière de ses résultats présents, on se donne la chance de saisir à nouveau frais ce qu'il y avait de valable dans les intentions originales en les dissociant de leurs dérives tout en faisant la lumière, dans l'autre sens, sur les impasses où, fatalement, ces idéaux ont contribué à nous conduire. C'est de cette manière, me semble-t-il, qu'il faut accueillir les travaux de Jean Gould sur la réforme scolaire, ceux de Meunier et Warren sur l'inspiration doctrinale de la génération de la Révolution tranquille, ceux de Kelly sur la tradition politique canadienne ou, aujourd'hui, le tableau des heurs et malheurs de la démocratie participative au Québec que Jean-Jacques Simard a brossé pour nous. Je pourrais évoquer de nombreux autres exemples appartenant à ce que l'on a appelé une « nouvelle sensibilité » dans le domaine de l'histoire récente de la société québécoise, sensibilité qui, loin de mettre en jeu des acquis, me semble vouée à les (re)connaître. Que l'on soit d'accord ou non avec la manière de mener l'enquête dans chaque cas et de procéder à la ré-interprétation, je crois qu'il faut distinguer ces recherches de l'invitation qui nous est faite, par exemple, à « oublier la Révolution tranquille » pour revenir aux années 1950 (quand la société civile était libre !) ; les deux types de démarches vont en sens contraires dans leur approche des choses fragiles qui nous font être et qui nous viennent du passé, et je vois mal comment on pourrait les rappeler ensemble à la prudence et évoquer d'un même geste les dangers auxquels ils exposent cette fragilité. Mieux : on peut même soutenir que des aspects importants de la société actuelle remontent à des idéaux dont nous ne pourrons plus rien attendre dans l'avenir, et on peut le soutenir sans que cela ne remette en jeu quelque acquis que ce soit, sans que cela ne revienne à proposer d'oublier la société actuelle.

JACQUES BEAUCHEMIN

C'est vrai que j'ai déjà tenu un discours à teneur morale de ce type. J'ai déjà déploré le fait qu'une certaine critique de la Révolution tranquille ne se limite qu'à dénigrer ce qui me semblait constituer de véritables acquis. La critique que j'adresse à la lecture de Simard n'est pas tout à fait celle-là. Je vise le travail d'analyse sociologique qui néglige le fait que tout agir politique s'inscrit dans le conflit et dans des rapports de forces de sorte que toute entreprise dans nos sociétés soit toujours susceptible de détournement. Je lui reproche le fait de ne pas prendre en compte l'effectuation politique de tout projet éthique. C'est comme si, au fond, Simard s'étonnait d'une dérive technocratique alors qu'elle était prévisible. Elle constituait l'un des possibles du projet providentialiste. La techno-cratisation est critiquable, mais je dis qu'on ne peut pas voir les choses uniquement comme cela sans les poser, en sociologue, comme le résultat d'un rapport de forces. Au fond ce que je repro-che, c'est simplement le fait qu'on court-circuite le moment du politique et que l'on se limite à la lecture statique des résultats.

MAURICE LAGUEUX

Comme je n'ai guère une connaissance concrète des choses mentionnées jusqu'ici, je vais aborder cela d'une façon peut-être plus théorique. Il me semble que le projet des années 1960 qui a été marqué à la fois par l'État-providence et la planification a créé des déceptions parce qu'il visait à résoudre le problème le plus complexe, il me semble, que pose la gestion d'une société politique, soit celui de combiner la planification et la participation qui sont des objectifs littéralement contradictoires. L'État-providence suppose une certaine planification ; il y a alors la technocratie, la bureaucratie, la rationalité, la rationalisation sur quoi vous avez insisté. Et même, à l'époque, on parlait, si je me rappelle bien, de planisme pour désigner une forme de planification qui était censée ne pas en être tout à fait mais en être une quand même. En même temps que cela, on veut instaurer une forme de participation. Pour qu'il y ait participation, comme vous dites, il faut une consultation, mais une vraie, une consultation qui change quelque chose. Cela veut dire la démocratie directe. Or, ces deux choses sont contradictoires, je pense même que le marxisme s'est cassé le nez là-dessus, quand il a essayé de faire tenir cela ensemble. Mao a donné l'impression en Occident que cela tenait ensemble parce qu'on a pu croire qu'il y avait vraiment en Chine une réelle participation. Mais on voit mal comment, les deux choses, si elles sont authentiquement pensées, peuvent se combiner. Quand on rationalise, tout vient d'en haut. C'est très difficile de réaliser une véritable rationalisation. Si on consulte chacun, dans chaque région, dans chaque coin, il ne résulte pas de cela quelque chose de structuré, d'organisé. Alors ma question peut être, en terminant : est-ce que, même si on a atteint aujourd'hui cet idéal, sur lequel vous avez surtout insisté, d'une participation qui se retrouve dans différentes formes de partenariat, est-ce que ce ne serait pas justement parce qu'il n'y a pas de véritable planification et parce qu'on est engagé dans un mouvement libéral, sans plan, alors que l'idéal de planification de l'État-providence ne peut être que relativement hostile à une quelconque forme de participation ?

JEAN-JACQUES SIMARD

Oui. L'espace semi-public, j'aurais envie de dire, foisonne d'instances de consultation et « d'intervenants » de secteur en secteur ; il y en a partout. Et ma foi, comme dirait l'autre, ça marche. Plus ou moins, mais enfin. Tu as quand même une normalisation de ce qui était une utopie émancipatoire dans une pratique de division fonctionnelle des représentations para-politiques, de telle sorte que toutes les « opérations et décisions » sont intégrées dans la machine cybernétique générale d'autorégulation de la Société-providence, de l'État-providence à l'échelle du Québec. À mon sens, l'utopie participationniste aurait peut-être pu conserver encore une puissance critique forte si elle avait débouché sur la création de gouvernements régionaux. Parce que le gouvernement régional alors aurait eu une véritable légitimité politique, législative et fiscale. Et je suis à peu près certain qu'on l'aurait constitué de deux chambres, en ramenant justement les « corporations », c'est-à-dire les associations sectorielles, dans l'image. Cela aurait changé bien des choses. Mais ce n'est pas comme cela que le bon Dieu l'a voulu.

MICHEL FREITAG

Deux remarques pour accompagner l'exposé de Jean-Jacques Simard. Lorsque je suis arrivé au Québec, j'ai rencontré à l'UQAM, parmi les étudiants et les amis, plusieurs personnes qui avaient participé au BAEQ comme animateurs. J'ai aussi dirigé une maîtrise sur l'animation sociale au Québec, qui fut publiée. C'étaient souvent des gens qui s'inscrivaient dans le mouvement de la contre-culture de type américain, dans la mouvance hippie, etc. Plusieurs se sont engagés ensuite comme animateurs dans le mouvement syndical. Je suis resté en contact avec certains pendant longtemps. L'expérience que j'ai faite de ce qu'ils avaient rapporté de leur engagement dans le BAEQ et des liens qu'ils avaient ensuite conservés dans les administrations publiques et les syndicats m'a fait réfléchir sur le lien à première vue paradoxal qu'il y avait entre cette contre-culture américaine et la technocratisation qui a suivi à partir des années 1970, notamment à travers le discours sur la communication, la participation aux organisations, le partenariat, etc. On assistait à une sorte de technocratisation par le bas, « démocratique », à travers l'hégémonie du discours communicationnel, l'accent mis sur les médias, la participation, la gestion d'assemblées, etc. Cela m'amène à ma deuxième remarque. Lorsqu'on parle du BAEQ comme d'un exemple de l'État-providence, cela fait penser à un autre modèle de l'État-providence, de ce qu'il aurait pu être, un modèle plus fidèle à la tradition universaliste, institutionnelle, et qui ne se rattachait pas directement à la « crise du politique ». Je pense à la planification d'État comme elle fut mise en œuvre de manière autoritaire et centralisée dans le Plan en France ; et même si elle a conduit ensuite à la décentralisation, ce fut encore par en haut. Elle ne répondait pas à une crise du politique, peut-être à une crise du capitalisme à laquelle le politique répondait de manière classique : conflits de finalités, luttes de partis, débats dans les assemblées, mise en place législative de nouvelles structures. Il y avait donc là une forme de l'État-providence qui s'inscrivait encore dans le régime ou le registre moderne du politique, et qui consistait essentiellement à en élargir le champ de responsabilité et d'intervention dans le domaine social et économique. Et je ne crois pas que cette forme d'intervention de l'État était vouée dès l'origine à se décomposer dans l'interventionnisme social diffus, adaptatif, travaillant à coup de consultations, de sondages, d'experts, de programmations par objectifs, et tout le reste. Ni non plus nécessairement dans le technocratisme des experts : ceux-ci restaient encadrés par les luttes politiques que menaient les partis, représentant des tendances et des options idéologiques socialement consistantes. Avec comme conséquence, dans un cas comme dans l'autre, la dissolution de toute instance synthétique, réflexive, capable de penser l'orientation d'ensemble de la société et de son développement. On est donc en présence ici d'une autre version de l'État-providence, peut-être de sa première version, européenne, qui a correspondu au développement des partis socialistes, de la social-démocratie, et qui était fondée sur un programme politique, à caractère expressément conflictuel, portant sur les fins du développement.

Maintenant on fait de la « gestion de problème » absolument partout, même dans les classes d'école, mais je ne pense pas que c'était fatal qu'on passe ainsi d'un modèle à l'autre. Je crois même qu'il nous faudra revenir au modèle politique et réflexif, dans les conditions contemporaines de totale désorientation normative du « développement » sociétal au niveau global. Cependant, ce sera sans doute à un autre niveau qu'au niveau national, ou en tout cas en coordonnant plusieurs niveaux (local, régional, national, international ou supranational), tout en assumant aussi la nécessaire distinction du sectoriel, intégrant les experts, et du global, visant l'unité non seulement opérationnelle et technique mais aussi normative et identitaire de la synthèse. À tous ces niveaux et dans leur intégration, il me semble qu'il faudra en revenir à quelque chose qui reprenne, à un niveau élargi et diversifié, la même voie politique, dialectique, que celle qui avait encore été suivie dans la première version de l'État-providence.

JEAN-JACQUES SIMARD

D'abord, sur cette histoire de contre-culture. Tu te souviens des « Whole Earth Catalogs » ? Il y avait là-dedans une énorme ode à la technicité, au fond. Là où la contre-culture a rejoint les mouvements dont on parlait, c'est sur le thème de l'autogestion, l'espoir d'une autonomie des groupements volontaires de la société civile. Mais l'autogestion se conjuguait trop facilement avec le je-m'en-foutisme culturel des « freaks ». Alors cela n'a pas produit des effets énormes : quelques petites revues, des cafés-campus, des affaires du même genre, mais on ne peut pas dire que cela a donné exactement une transformation générale. Reste qu'il y a un arrimage là. Sur l'autre point, je suis mal à l'aise avec la notion d'État-providence. En fait, elle désigne deux aspects différents du rôle de l'État. D'un côté, cela veut dire des mesures pour instaurer une meilleure justice sociale, appelons cela de cette façon. Mais ce dont on parle ici, c'est de « l'État-providence » en tant que mode de régulation cybernétique de la société – c'est autre chose. D'après moi, c'est le simple langage qui fait passer les idéologies. Ce qui nous a joué un mauvais tour, c'est l'expression « répondre aux besoins ». Celle-là, elle nous a été donnée par l'État de « Welfare », supposant un « bien-être » à garantir aux masses. À elle seule, c'était un extraordinaire cheval de Troie pour détourner la démocratie « de participation » vers un clientélisme étatique. « Répondre aux besoins de la population », donc aller la « consulter », la « faire participer ». Et puis à partir de là, gloup !, tu peux faire avaler la régulation technobureaucratique. Il y a un enchaînement, ici encore, entre le rêve et la réalité, mais il n'était pas nécessaire.

DANIEL MERCURE

J'aimerais revenir à l'antilibéralisme et au syndicalisme au Québec. J'ai une question que j'adresse à Jean-Marc Piotte, quoique j'aimerais aussi avoir les commentaires de James Thwaites. Si j'ai bien compris l'exposé de Jean-Marc Piotte, il y aurait une période forte d'antilibéralisme, une période de syndicalisme de combat, en gros qui va de 1972 à 1983-1985, période qui, comme le rappelait Jean-Marc, est marquée par des luttes syndicales importantes, de même que par un discours assez radical, je pense en particulier aux dossiers parus au début de la période, par exemple *Ne comptons que sur nos propres moyens* de la CSN ou encore *L'école au service de la classe dominante* de la CEQ. Cette nouvelle dynamique syndicale s'inscrit dans un contexte économique singulier. Les années 1973-1974 sont marquées par le premier choc pétrolier, lequel se traduit par une période d'inflation majeure. Il s'ensuit une intervention musclée de l'État fédéral afin de juguler l'inflation, notamment par le biais de sa loi sur le contrôle des prix et des salaires. Évidemment, la réaction syndicale ne s'est pas fait attendre... J'ajoute que cette période en est une aussi de crise du travail, en particulier de remise en question de la logique fordiste dont le point tournant se situe en 1979-1982. Transformation aussi de la dynamique des entreprises. Cette période d'antilibéralisme dans le syndicalisme est suivie par une seconde caractérisée par une plus grande proximité avec le libéralisme, marquée comme vous l'avez souligné, par la logique du partenariat. À l'examen, ces deux périodes suscitent deux questions simples : comment expliquer l'essor de l'antilibéralisme qui a caractérisé la première période et la nouvelle proximité entre l'État, le capital et les syndicats dans la deuxième ?

Personnellement, je n'ai pas trop de difficulté avec la deuxième question, parce que je crois que la crise de 1979-1982 a conduit à une transformation complète de la dynamique des entreprises, transformation que je désigne par le terme d'impartition flexible. Les syndicats ont été vraiment dans une position défensive et je comprends assez bien leur logique fondée sur la défense de l'emploi. Jean-Marc a bien illustré toute la dynamique syndicale durant cette période, notamment le poids des luttes syndicales et l'importance des échecs. Mais ce que je comprends plus difficilement, c'est l'essor de l'antilibéralisme dans le syndicalisme québécois de 1972 à 1983-1985. À mon avis, la thèse économique ne fait que renforcer une dynamique déjà en cours plutôt que de la susciter, ne serait-ce que parce que le choc pétrolier et la période inflationniste nous situent déjà en 1975 et que le discours anti-libéral trouve des racines dès la fin des années 1960.

Wallerstein est plus audacieux. Il nous propose une thèse culturaliste, je pense en particulier à sa troisième étape du changement du capitalisme, celle du changement culturel de l'année 1968. Je vous pose donc simplement la question : comment expliquez-vous l'essor du syndicalisme de combat au cours de la période retenue, autrement dit l'essor de l'antilibéralisme radical dans le syndicalisme québécois des années 1972 à 1983-1985 ?

Jean-Marc Piotte

Je pourrais donner plein d'explications, mais pour être franc, je ne le sais pas. Je vais raconter deux anecdotes qui, pour moi, sont éloquentes. Quand j'arrive à l'UQAM en 1969-1970, je mets sur pied un cours sur le marxisme. À mon étonnement et à l'étonnement de tout le monde, ce cours est si populaire qu'il doit être dédoublé et que je me retrouve dans chaque cours avec plus de quatre-vingts étudiants qui viennent d'un peu partout. Voyant cette popularité, les autres départements inscrivent des cours sur le marxisme dans leurs programmes et le marxisme se répand un peu partout. Pourquoi cette popularité subite ? Il y a deux ans, je crois, le Département de sociologie a inscrit un cours sur l'anarchisme dans son programme. Ce cours a aussi été dédoublé tant sa popularité est grande. Comment expliquer le développement d'un fort courant anarchiste chez les jeunes actuellement ? J'ai des hypothèses. J'ai de l'imagination sociologique. Mais je ne sais pas vraiment.

JAMES THWAITES

On voit, un peu comme Jean-Marc vient de le dire, les ingrédients. On peut faire le tour assez rapidement. On vit une situation économique de grande croissance à partir de la guerre jusqu'aux années 1970, à l'exception dans les années 1958-1962, pendant le régime Diefenbaker ; ensuite surgissent les deux crises de pétrole dans les années 1970 et par la suite la récession des années 1980. C'est comme les deux versants d'une montagne sur le plan économique. Le moment exact du revirement paraît être la dernière moitié de la décennie 1970. À partir de cette date, l'État fédéral s'intéresse de plus en plus au développement des organisations sectorielles conjointes, dont le prédécesseur fut le CSPICT (l'industrie textile) fondé en 1967. La première vague de création de nouvelles associations du genre commence vers la fin de la décennie 1970 et comprend des organisations comme CAMAQ (industrie aérospatiale) et le WWPF (industrie forestière en Colombie-Britannique). Certaines organisations syndicales, comme celle des travailleurs pétrochimiques se trouvent au cœur de cette réorientation vers la collaboration syndicale-patronale. La centrale CSD a également mis l'accent sur cette sorte d'activité.

J'essaie uniquement de décrire tout ce qui est en train d'arriver à l'intérieur de cette période. L'argumentation habituellement avancée pour expliquer la confrontation comprend une séquence d'événements majeurs : l'effritement de la Révolution tranquille, le phénomène universel de révolte de 1968 et le contexte économique et politique difficile des années 1970, ce dernier étant le moment du revirement d'une économie longtemps en expansion vers une économie qui commençait à décliner. Pourtant, la situation fut volatile et aurait pu s'orienter dans un sens comme dans l'autre. L'élection du PQ en 1976, à titre d'exemple, a provoqué une réorientation remarquable des centrales syndicales, rapprochant les syndicats et le gouvernement péquiste et mettant l'accent sur la collaboration entre les deux.

JEAN-MARC PIOTTE

L'occupation armée du Québec en 1970 joue un rôle important : les groupes marxistes-léninistes ne se seraient pas développés avec une telle force si le Québec n'avait pas été ainsi traumatisé.

FRANCIS DUPUIS-DÉRY

J'aimerais faire un commentaire à propos des clauses orphelins, ces clauses intégrées aux conventions collectives et qui discriminent les jeunes en les soumettant à une échelle salariale moins avantageuse, par exemple. Jean-Marc Piotte a présenté les clauses orphelins comme une sorte d'échec ou de faille du syndicalisme. Je pense pour ma part que ces clauses sont également très problématiques pour le libéralisme. Je m'explique. À l'égard du syndicalisme, les clauses orphelins incarnent évidemment une rupture de solidarité entre les générations. On pourrait parler d'une rupture de la classe ouvrière dont les membres ne se positionnent plus en termes d'intérêts de classe mais en termes d'intérêts de génération. Tout cela crée un problème économique pour les plus jeunes, tout autant qu'un problème d'exclusion politique, puisque ces jeunes sont face à des assemblées syndicales contrôlées par les gens de la génération qui les précède. Voilà pour les problèmes liés au syndicalisme.

153

Quant au libéralisme, les clauses orphelins posent également problème, car elles minent le droit à la liberté d'expression dont les médias sont le canal principal. En effet, les grands médias sont eux-mêmes des lieux où sévissent les clauses orphelins. Dans les années 1990, les médias ont eu recours à de très nombreux journalistes pigistes, car cela leur semblait plus rentable que d'engager des journalistes à temps plein, et les quelques journalistes qui ont effectivement été engagés à temps plein ont été soumis à des clauses orphelins. Du coup, les journalistes qui proposaient d'enquêter et de parler des clauses orphelins recevaient généralement une fin de non-recevoir de la part de la direction qui n'avait aucun intérêt à ce que le problème soit discuté sur la place publique. Ce type de blocage éditorial a provoqué de vifs débats – à huis clos – dans les milieux du journalisme.

Les clauses orphelins sont donc l'incarnation d'une volonté d'exclusion des jeunes de la part des syndiqués plus âgés qui veulent protéger leurs acquis. Mais les clauses orphelins posent également un grave problème au libéralisme, puisque des individus ne peuvent jouir pleinement de leur liberté d'expression en raison de leur appartenance à un groupe discriminé, précisément parce les principaux canaux de diffusion de la parole publique, les médias, ont également adopté des clauses orphelins.

GILLES BIBEAU

En ce qui concerne la question des régions au Québec, la question de leur viabilité économique et de leur statut politique, j'essaie de voir ce qui s'est passé depuis que l'on a dit : « Écoutez les ressources naturelles, c'est la chose fondamentale, voyons comment on les transforme et faisons cela ensemble. » La concertation, la participation, les enquêtes et les experts tout à coup décident pour l'Abitibi, la région que je connais le mieux. L'Abitibi a un secteur minier sur lequel on n'a aucun contrôle, tout est déterminé par le prix de l'or, le prix du cuivre ; à Toronto on ferme, on ouvre, on ne fait pas de concessions dans ce secteur-là et les mineurs sont les premiers à écoper. « Ça va dépendre », disent-ils,

« nous nous déplaçons vers l'Ontario sur la grande faille de Ca-dillac, il y a de nombreux facteurs. » Donc, on ne peut pas planifier cette affaire-là. Par contre, dans le secteur forestier, on peut le faire. Alors tout le monde va s'attaquer à cela. Le secteur forestier, on peut le développer de différentes façons. Un grand moulin à papier est un choix très explicite, les experts ne sont pas trop d'accord avec les modèles coopératifs. Ils sont prêts à faire participer tout le monde, mais à un moment donné il faut prendre les décisions : on s'en va dans quel sens ? Bref, on va développer la grosse entreprise et très peu la transformation du bois, on vide les forêts parce qu'on la vend, il y a des gens qui achètent le bois et qui le transforment ailleurs. J'ai le sentiment que beaucoup de ces experts avaient une courte vue sur le plan du fonctionnement de l'économie. Il y a des conflits d'intérêts dans tout cela. S'ils étaient très forts pour créer des consensus au sein des populations, j'ai le sentiment que leur manuel d'économie, par contre, n'était pas très clair. Et je comprends assez bien, parce que, qu'est-ce que c'est l'idée ? C'est la rétention des populations dans les régions. Vous voulez l'auto-nomie, il faut donc faire des concessions. Exactement ce que l'on fait actuellement avec les crédits d'impôt, ce qu'on fait pour avoir des entreprises et les attirer chez nous par toutes sortes de moyens. Donc, notre secteur forestier est dans une situation lamentable en Abitibi, et je ne veux pas parler de l'agroforestier ; le cas de Guyenne est assez formidable : des treize villages autour de Guyenne, il y en a neuf qui ont été fermés. Et je reverrai toujours ce monsieur qui me dit : « Écoutez, quand on a vu passer trois mai-sons dans la même semaine sur des trailers parce qu'on s'en va les mettre en vente, c'est absolument épouvantable. Et quand je vois mon petit-fils qui reçoit comme travail pour l'été de reboiser la terre que moi j'ai déboisée, je me dis : voilà ce à quoi on est arrivé. » Là aussi, j'ai l'impression qu'on n'a pas eu le courage de prendre en considération un certain nombre de choses. Alors je dis, qu'est-ce que c'était cette courte vue des experts ? C'est assez incroyable que l'on en soit arrivé là. Ce n'est pas de l'histoire ancienne, on est dans l'actualité. Tu as parlé des faces longues de la Gaspésie, des faces longues du Lac-Saint-Jean ; dans le cas de l'Abitibi-Témiscamingue, nous sommes dans la région du Québec qui a les plus grandes ressources naturelles. Comment se fait-il que nous soyons incapables d'en faire quelque chose ? Est-ce que c'est un nouveau statut politique qu'il faut aux régions, une espèce de nouveau fédéralisme ? Il faudrait y penser.

JEAN-JACQUES SIMARD

Il y a quelque chose de certain : dans le schéma de concertation régionale que tu as observé, Gilles, on oubliait assez pudiquement et assez concrètement les plus gros gorilles : les grandes compagnies.

DANIEL MERCURE

Oui, mais il fallait les attirer.

JEAN-JACQUES SIMARD

Oui, mais on laissait ça au ministère de l'Industrie et du Commerce. Pendant ce temps-là, on jouait sur le terrain du « développement rural ». Donc, vive le reboisement et la survie des petits villages, c'est clair, mais tu n'as pas beaucoup entendu parler des multinationales du primaire. Puis en Abitibi, je ne veux pas faire le cynique, mais les plans de la Noranda, disons, dans les assemblées du Conseil régional de développement, on n'en entendait pas beaucoup parler, c'est sûr. Mais que veux-tu ? On espérait construire des appartenances régionales, mais il aurait fallu qu'elles trouvent ensuite une expression politique, en mesure de mettre des pressions démocratiques en faveur du développement local, parce que les gens seraient intéressés à leur propre région. Ce n'est jamais arrivé. Combien de discours émouvants sur l'appartenance régionale, la conscience régionale, avons-nous entendus ? Mais ce n'est pas possible, dans le monde tel qu'il est, à moins de payer des taxes pour et dans ta région. Avec un gouvernement régional, tu en aurais eu, de la « conscience régionale », je t'en passe un papier. Mais ça les autres pouvoirs n'en voulaient pas.

JEAN-MARC PIOTTE

Au BAEQ, du moins au début et chez les animateurs sociaux, on défendait l'idée que les gens dans chaque village devaient s'organiser en coopérative et exploiter en commun la forêt. Les aménagistes en chef, se fondant sur l'expertise des ingénieurs forestiers, affirmaient que c'était impossible économiquement, que, pour être compétitifs avec les États-Unis, il fallait utiliser les mêmes méthodes « rationnelles » d'exploitation de la forêt qu'eux. D'ailleurs, la presque totalité des ingénieurs forestiers tiennent le même discours à propos du film de notre grand chansonnier. Les ingénieurs forestiers, qui sont formés à l'Université Laval, pensent comme les grandes compagnies forestières qui les engagent. Ils sont leurs intellectuels organiques, comme le sont, de l'ensemble des compagnies, les économistes. Ceux-ci, lorsqu'ils discourent sur les fermetures d'usines, expliquent leur rationalité en avouant qu'il y a des dommages appelés « collatéraux », c'est-à-dire des travailleurs mis à pied. Pour les ingénieurs forestiers, la disparition des forêts constitue un dommage collatéral de l'exploitation rationnelle des forêts.

JEAN-PHILIPPE WARREN

Je voudrais réagir en bloc aux propos tenus tour à tour par Jacques Beauchemin, Jean-Jacques Simard, Michel Freitag et Gilles Gagné, et pour faire cela je voudrais reprendre des éléments de l'exposé qu'a fait Jacques Beauchemin, qui était excellent par ailleurs, mais avec lequel je me trouve quand même en désaccord.

Je veux relever d'abord l'idée, exprimée par Jacques Beauchemin, que la participation, après l'engouement des années 1960, aurait permis la constitution d'acquis sur lesquels le contemporain pourrait jeter un regard de fierté légitime, en ce que ces acquis auraient permis d'ouvrir, de démocratiser, de libérer, d'émanciper des secteurs de la société qui étaient tenus par les élites traditionnelles ou par des réflexes historiques qui n'avaient plus cours et que seul le règne de l'habitude avait permis de faire perdurer.

Cette vision des choses me pose problème pour cette raison que, lorsque le contemporain se retourne vers les acquis en question, miettes du festin dévorées par l'histoire, il s'aperçoit à sa grande surprise que ceux-ci ressemblent assez peu, dans leurs grandes lignes, aux espérances caressées par un homme comme Gérald Fortin. Ceux qui ont survécu à la période d'effervescence des années 1960 (et là on pourrait citer des noms comme Pierre Vadeboncœur, Fernand Dumont, Marcel Rioux, etc.) ont tous été déçus, pour des raisons différentes et à des degrés divers, par la tournure des événements. Ils ont été désillusionnés par la marche d'une histoire qui la portait vers un destin différent de celui qu'ils avaient voulu faire leur. Ce mot de destin n'est pas choisi au hasard. Il me permet de faire un lien avec le deuxième volet de ma remarque. J'éprouve une certaine gêne en écoutant l'exposé de Jacques Beauchemin, parce que, à tort ou à raison, j'ai l'impression d'être devant une sorte de fatalité qui se serait abattue sur le Québec et qui forcerait les historiens à comprendre l'histoire seulement par le bout du « devenir réalisé » de l'histoire, c'est-à-dire le présent hic et nunc. Il est certain que lorsque nous regardons les plages du passé, il est facile de s'imaginer que, nécessairement, ce passé aurait dû conduire à ce que nous sommes devenus puisque nous le sommes devenus ; que ce que nous sommes devenus, en d'autres mots, est la nécessité historique des choses qui se sont déroulées dans le passé. Si l'on est ce que l'on est, c'est bien parce qu'on devait être ce que nous sommes devenus. C'est là une perspective que je trouve assez pauvre pour comprendre l'histoire des idées. L'histoire ne nous offre-t-elle pas la possibilité, au contraire, d'échapper à nous-mêmes, de ne plus être contemporains de nous-mêmes et d'aller visiter le passé des sociétés révolues ? L'histoire permet de poser la question de ce que les sociétés ont été jadis, dans la spontanéité et très souvent dans la naïveté des espérances qu'elles ont caressées.

Pour mieux faire comprendre mon point de vue, je voudrais soumettre une typologie historique que je bricole, de manière cursive et sommaire, à partir de la discussion amorcée par Jean-Jacques Simard. Cela va vous paraître une longue parenthèse, mais je crois que cette parenthèse est nécessaire pour mieux comprendre mon point d'arrivée et ma difficulté à recevoir le discours de Jacques Beauchemin malgré plusieurs lieux de convergences. Jean-Jacques Simard a parlé de la réconciliation des fins et des moyens comme d'une particularité du discours de la Révolution tranquille et aussi comme d'une tentative immodeste de réconcilier (ou de concilier) l'État et la révolution. Or, mon hypothèse, c'est que cette tentative de réconciliation est vécue comme une tension depuis l'avènement de la modernité. On a souvent défini (je m'excuse encore une fois d'aller si schématiquement et rapidement) la modernité à partir des deux versants d'une médaille, soit d'un côté un processus de subjectivation, par lequel on entend la possibilité désormais pour l'individu de s'émanciper, de devenir autonome, c'est-à-dire producteur et auteur de ses propres normes ; ensuite, de l'autre côté, un processus de rationalisation, grâce auquel la société pourrait devenir plus limpide, plus harmonieuse. Ce qu'il faut noter ici, c'est que cette rationalisation de la société et cette subjectivation de l'être personnel sont accomplies à travers un même principe, celui de la raison. À travers la raison, l'individu est capable de se posséder lui-même et de devenir ainsi authentiquement ce qu'il devait être. Mais, également, à travers la raison, la société pouvait être transformée, de manière à la rendre plus authentiquement conforme à un ordre diaphane et parfait.

Si, maintenant, on jette un regard du côté de ce qui s'est fait dans les années 1960, on s'aperçoit que l'utopie adopte une morphologie semblable à celle de la Révolution française. Seulement, plutôt que d'être la raison, la notion qui réconcilie subjectivation et rationalisation, c'est désormais, comme le disait Jean-Jacques, la participation. Par la participation, on croyait être capable d'établir une société plus rationnelle, parce qu'organisée selon un projet collectif fixé dans les besoins réels de la population réelle (on parlait du pays réel). Également, on croyait pouvoir faire des individus des acteurs de l'histoire, c'est-à-dire des gens capables d'entreprendre de manière responsable la construction de ce qui devait être leur monde selon leur besoin et leur désir. Plusieurs auteurs ont dit que cette volonté utopique de transformation s'était achevée sur les écueils, un, du technocratisme, puisqu'on avait changé les clercs de jadis par la « bourgeoisie du diplôme », et, deux, de l'aliénation. Fernand Dumont a été un des premiers, je pense, à avancer la thèse que les habitants du Québec souffraient de ce qu'il appelait un « rétrécissement du cerveau ». Pour Dumont, toutes ces choses mauvaises que l'on désigne sous les termes de la culture de masse et de la société de consommation avaient perverti la société. Le problème de la participation ne venait donc pas seulement des structures, mais aussi des mentalités.

Or, aujourd'hui, on a une société qui a réussi, ou du moins qui pense avoir réussi cette réconciliation-là, attendue depuis l'avènement de la modernité, entre personnalisation et rationalisation. Seulement, cette réconciliation ne passe plus par la raison, et non plus par la participation, mais par la notion de l'adaptation. L'adaptation oblige les sociétés à devenir rationnelles, à devenir efficaces et rentables, et ce, en « s'adaptant » à toutes sortes de choses, au marché par exemple, au virage technologique, à la mondialisation, au chômage structurel, etc. Les individus eux aussi deviennent autonomes et responsables en « s'adaptant » au marché du travail, au trafic urbain, aux situations de stress au travail, à la pollution des villes, et j'en passe. Il n'y a plus de « mondes » à parfaire mais seulement des « environnements » (environnement social, environnement de travail, environnement familial, environnement urbain, etc.) auquel l'individu est convié de « s'adapter » afin de performer.

En résumé, on pourrait parler d'une transcendance universelle de la raison, d'une incarnation de la participation (la légitimité repose sur des hommes et des femmes de chair et d'os), et, enfin, d'une immanence de l'adaptation.

Au su de cette transformation historique et des avatars de la « transcendance » de la société moderne, et pour mieux revenir à ce que disait tantôt Jacques Beauchemin, il est évident que, jetant un regard sur les discours des réformistes, des révolutionnaires, sur ceux de tous les utopistes du passé, l'historien peut s'écrier : « Mes pauvres enfants, vous n'avez rien compris, la Raison devait fatalement, après de multiples métamorphoses, virer en raison instrumentale et, de l'autre côté, l'individu devait lui aussi, après de nombreux avatars, tourner en narcissisme primaire. » Cette condamnation morale de l'historien, parfaitement juste du point de vue d'une histoire conçue comme nécessaire et téléologique, me pose difficulté, parce que de l'un, elle semble oublier que les idéaux, tout en ayant contribué à transformer le réel, à faire du passé le présent d'aujourd'hui, n'en ont pas moins été parfois pervertis ou du moins subvertis (c'est d'ailleurs assez étonnant à ce sujet que Jean-Jacques Simard parle plutôt de notre société comme d'une société participationniste, même si la société contemporaine est à l'évidence une société dans laquelle les gens n'ont jamais autant été interrogés, où il n'y a jamais eu autant d'enquêtes, ni jamais autant de sondages, ni jamais autant de « Jeannette veut savoir », ni jamais autant de questionnaires pour sonder nos opinions sur tel programme électoral ou telle réforme constitutionnelle). De l'autre, il me semble important de ne pas oublier que les sociétés rêvent aussi, un peu comme les individus. On peut se tourner vers ces rêves d'autrefois, afin d'y lire toutes sortes d'utopies (c'est-à-dire de mondes de nulle part, au sens étymologique du terme), sans trouver cet imaginaire d'espérances et de vaticinations parfaitement ridicules. Cet imaginaire constitue une sorte de mémoire d'intention, qui peut être reprise parfois mais qui surtout doit être prise en compte lors de la formulation de nos rêves à nous, de nos espérances, de notre ambition d'un monde meilleur.

Finalement, pour ne pas être trop long, le troisième point c'est celui, justement, de la fatalité. Et cela me fait penser que si le Séminaire Fernand-Dumont a lieu, et s'il a lieu sur la question de l'antilibéralisme au Québec, c'est bien parce que le XXe siècle semble signifier la sortie de la contestation radicale du libéralisme. Tout ce qu'on a lancé à l'assaut de la forteresse du libéralisme au XXe siècle est mort à la guerre. On peut ainsi faire le procès de ce syndicalisme qui s'est transformé en syndicalisme de partenariat. On peut défiler la longue litanie ou faire le long catalogue du corporatisme, du coopératisme, de l'autogestion, du communisme, du marxisme, du trotskisme, du maoïsme et j'en passe, pour montrer à quel point ces mouvements font désormais partie du musée ou du cimetière (c'est selon) des espérances mortes. Si on est confronté à faire le bilan de cela aujourd'hui, c'est bien parce que le libéralisme, pourtant annoncé comme mort dans les années 1930, ou à tout le moins objectivement condamné, a toujours survécu, et que nous sommes aujourd'hui confrontés à une forme un peu spéciale de libéralisme, c'est-à-dire le néolibéralisme, sorte de sphinx surgissant de ses cendres. Voir le passé comme quelque chose d'inéluctable, d'irréfragable, comme quelque chose qu'on ne peut changer, cela me semble un peu difficile, compte tenu de l'expérience que les gens font de la société comme une chose mobile, changeante, qui n'est pas coulée une fois pour toutes dans le béton mais qui prend le visage de leurs espérances ; cependant, de l'autre côté, cela peut sembler vrai, cela peut paraître crédible, à des gens qui sont dans une impasse doctrinale, dans un malaise sans forme, dans un marasme idéologique devant toutes sortes d'engagements sociaux ou politiques auxquels ils ont pu passionnément pendre part autrefois, et qui sont aujourd'hui désuets, moribonds, dépassés par la marche du monde. C'est pour cela que j'aurais voulu entendre d'avantage Michel Freitag là-dessus, puisque c'est le seul qui a évoqué cette question-là : celle de la fatalité.

JACQUES BEAUCHEMIN

Je voudrais simplement dire que je n'ai absolument pas envie de soutenir la thèse de la fatalité. Au contraire, je crois que tous les rêves que les sociétés entretiennent pour elles-mêmes ont échoué et que d'autres vont encore échouer. Cela parce que le rêve soumis à l'épreuve du réel devient toujours un peu autre chose sitôt qu'il est livré aux forces libérées de la société. On peut vouloir maintenir un rêve, le faire survivre, le défendre, c'est ce qui se fait habituellement, et puis arrive ce qui arrive : les sociétés interprètent leurs projets de départ, elles les voient investis de forces sociales qui étaient absentes au moment de leur formulation et qui maintenant trouvent en lui l'occasion de faire valoir leurs intérêts. Ainsi, le désengagement de l'État auquel on assiste s'appuie sur la volonté des acteurs sociaux de retrouver une autonomie dont les aurait privés l'État-providence dans son projet de prise en charge des besoins sociaux. Les sociétés voient souvent se pervertir les rêves qu'elles entretiennent pour elles-mêmes, mais parfois les réalise un peu. Ce n'est pas du fatalisme, au contraire. Ce que je reproche à Jean-Jacques Simard dans son exposé, brillant par ailleurs, c'est son fatalisme à lui, celui qui consiste à considérer que la grande transformation qui s'est mise en œuvre allait fatalement déboucher sur la récupération technicienne dont il nous a parlé. Je lui oppose simplement le fait que ce n'est peut-être pas aussi unilatéral que cela. Deuxièmement, ce n'était pas si nécessaire que cela. Ce qui s'est produit, c'est qu'un projet de société a été soumis à l'ordinaire des rapports de forces d'une société démocratique. Ce n'est pas une position fataliste. Je nous invite simplement à poser les questions qui nous heurtent à la lumière de notre destin en démocratie.

JAMES THWAITES

Je voudrais mettre l'accent sur quelques ajouts pertinents à notre réflexion. D'abord, en ce qui concerne le tandem confrontation-harmonisation, on peut ajouter la présence d'un contraste entre la confrontation avec le gouvernement Bourassa (le Front commun de 1972, le projet d'unité CSN-CEQ, la Commission Cliche, et l'abandon des efforts de participation avec l'État) et la collaboration avec le gouvernement Lévesque (l'abandon des poursuites judiciaires liées aux problèmes de la Baie-James, la participation renouvelée, etc.). Deuxièmement, concernant la BAEQ, il serait très utile de se pencher sur les exemples de revendications populaires efficaces, notamment l'Opération dignité I, l'Opération dignité II et le JAL, qui ont engagé toute une réflexion sur le Bas-du-Fleuve. Troisièmement, il faudrait considérer les tentatives d'implanter en pratique la notion de la négociation raisonnée. Plusieurs textes, souvent de l'Université de Montréal, portent sur ce sujet. Il s'agit surtout de textes méthodologiques et d'études de cas. Cependant, une thèse récente en relations industrielles par J. Cliche examine la situation à l'Alcan ; effectuée d'une façon longitudinale sur l'évolution du projet du début à la fin, elle présente une critique assez sérieuse du phénomène. Quatrièmement, quant à l'État-providence, un excellent livre vient de sortir par un collègue de Toronto dans une édition anglo-américaine. Dans cet ouvrage, l'auteur, Ramesh Mishra, présente une vue d'ensemble internationale du phénomène et critique sévèrement des développements dans le monde anglophone à partir du mandat de Margaret Thatcher.

TROISIÈME SÉANCE
REPRISES ET COMMENTAIRES

COMMENTAIRES GÉNÉRAUX DE DANIEL MERCURE
SUR LES DEUX PREMIÈRES SÉANCES

Ma brève intervention n'a pas l'ambition de résumer l'essentiel de vos propos, ni celle d'en tirer une synthèse sous la forme de perspectives théoriques. Je désire simplement mettre en relief quelques champs de questionnement que je juge essentiel de mieux délimiter afin d'approfondir nos débats. Je me limiterai à formuler trois commentaires.

Le premier concerne le libéralisme au Québec. Hélas, nous avons peu échangé nos idées sur ce sujet, ce qu'un texte de base sur ce thème nous aurait certainement permis de faire. La question n'est pas anodine, car le libéralisme ne peut être associé à une forme universelle et figée qui s'impose à toutes les sociétés. J'ajoute que les repères historiques qui servent de balises en vue de mieux comprendre les principales étapes qui ont ponctué l'évolution du libéralisme dans les grandes sociétés occidentales de type capitaliste ne s'appliquent pas au Québec sans de très importantes nuances. D'ailleurs, ni le discours ni la pratique du libéralisme ne tirent leurs origines au sein de notre société, même si le Québec n'a pas échappé à un tel débat et que la ville de Montréal peut être considérée comme l'un des hauts lieux en Amérique du Nord de la deuxième révolution industrielle. De surcroît, l'histoire du libéralisme politique au Québec et au Canada s'avère incompréhensible à quiconque a la prétention d'en tracer les contours sans une analyse minutieuse d'abord du contexte colonial qui nous a si profondément marqués, ensuite de l'héritage des traditions et des institutions britanniques, enfin des rapports particulièrement complexes entre les différents groupes sociaux au Québec. Bref, on ne saurait tracer ne serait-ce que les contours de la critique du libéralisme dans notre société sans circonscrire ce que fut et ce qu'est encore aujourd'hui la nature singulière du libéralisme au Québec. Je crois que nos débats souffrent de l'absence d'une telle mise en perspective de notre histoire du libéralisme.

Mon deuxième commentaire porte sur le cadrage conceptuel de nos débats. À mon sens, nos échanges pourraient être enrichis si nous nous attardions davantage à quelques dimensions clés propres à la théorie classique du libéralisme. Je retiendrai trois voies à explorer qui me semblent incontournables.

La première voie à prospecter davantage concerne le libéralisme politique, considéré ici comme une doctrine dont la principale finalité consiste à limiter le pouvoir du souverain. Il me semble que nos débats devraient nous conduire à réfléchir à nos quatre cas de figure sur la base d'une analyse des différentes conceptions de l'État propres à chacune des idéologies et des pratiques « contestataires ». Considérons deux dimensions classiques : l'État limité en pouvoir et l'État limité dans ses champs d'intervention. La première dimension est au cœur de la naissance de la réflexion politique moderne, comme en témoignent les débats sur le droit individuel et le rôle du souverain, par exemple dans les œuvres pionnières de Grotius et de Hobbes. Toutefois, le libéralisme contemporain trouve ses fondements essentiels dans l'État de droit, en particulier dans maintes élaborations institutionnelles en vue de réguler l'exercice du pouvoir, comme s'y sont employés Locke puis Montesquieu. La seconde dimension a trait à la limitation des champs d'intervention de l'État, thème important surtout chez les premiers penseurs de l'économie politique, par exemple Mill avec ses travaux classiques sur la liberté et l'État minimal. Le croisement de ces deux dimensions nous permet de concevoir un tableau binaire croisé à quatre espaces d'attributs fondé sur une forte ou une faible limitation du pouvoir de l'État et la présence d'un État minimal ou maximal. Je laisse à chacun le doux plaisir de tenter de remplir les petites cases et de repérer les lacunes. L'antilibéralisme syndical, celui de la CSN des années 1972-1985 par exemple, mérite donc d'être nuancé, attendu que si le discours de l'époque se démarque par des revendications soutenues en vue d'une extension croissante du champ d'intervention de l'État, il se caractérise aussi par des positions fermes au chapitre du renforcement de l'État de droit, c'est-à-dire d'une limitation du pouvoir « arbitraire » de l'État et d'un accroissement des droits du citoyen. À mon sens, un examen minutieux de l'antilibéralisme propre au corporatisme et au crédit social commande aussi une lecture attentive de leurs positions respectives quant au rôle de l'État. Dans le cas du corporatisme, nous sommes en présence d'une démarche novatrice qui vise à trouver d'autres instances de régulation. Et puis le labyrinthe bureaucratique, celui élaboré par les nouveaux technocrates du Québec issus de la Révolution tranquille, se confond souvent avec un plus grand déploiement des champs d'intervention de l'État dans une logique empreinte de la présence croissante de l'État de droit. Le dédale administratif n'est donc pas le seul fruit de l'extension des champs d'intervention de l'État, mais aussi, à mon avis, le paradoxal produit d'une tendance lourde du libéralisme contemporain caractérisée par la multiplication de chartes et de règlements qui visent à protéger les droits de tous et à assurer la présence de recours juridiques et administratifs à chacun. Dans une telle vision des choses, ce dédale n'est donc pas étranger à l'une des composantes majeures du libéralisme contemporain.

La deuxième voie à parcourir concerne le conflit social, en particulier le conflit industriel. J'insiste sur le fait indéniable que la quête d'harmonie sociale et la peur du conflit industriel ont toujours été des traits dominants de l'antilibéralisme de droite comme de gauche, voire, dans certains cas, leur raison d'être, en tout cas dans la version totalitaire des idéologies en question. Ce thème est au centre du corporatisme économique, en particulier du fascisme ; il constitue aussi le point nodal de la pensée économique des sociétés socialistes à prétention communiste. Pour le libéralisme d'aujourd'hui, l'antagonisme régulé s'avère positif puisqu'il participe de la poursuite des intérêts individuels, qu'il témoigne de la diversité sociale, voire qu'il enrichit cette dernière. Examiner de manière détaillée chacun de nos quatre cas de figure à ce chapitre me semble une excellente manière d'approfondir nos débats. Par exemple, la rationalité cybernétiste fondée sur la coopération entre les agents sociaux et l'« organisation harmonieuse » évoquée dans le texte de Jean-Jacques Simard mérite une attention très particulière puisqu'une telle rationalité rejette, au nom de la concertation programmée, tant la coercition rigide de l'État que la jungle des perpétuels conflits d'intérêts associés au laisser-faire. Elle est un mode d'évitement du conflit industriel au sens large du terme. Le corporatisme en fait l'un de ses éléments clés comme l'a souligné avec justesse Sylvie Lacombe. Tels ne sont pas, bien sûr, le discours et la pratique du syndicalisme de gauche. Quoi qu'il en soit, ce thème de l'harmonie sociale, c'est-à-dire de la communauté soudée et du rejet du conflit industriel, constitue de toute évidence une ligne de fracture essentielle qui démarque plusieurs idéologies du libéralisme. Étudier l'histoire du Québec dans ce registre, dans cette aspiration, dans cette grande quête d'harmonie nous révélerait probablement toute la complexité de notre culture dont l'histoire cependant ne saurait se résumer ni à la quête d'harmonie défendue par la bonne vieille droite nationaliste catholique, ni à la seule dynamique conflictuelle des intérêts divergents entre les classes sociales stimulée notamment par l'aile radicale de la gauche syndicale.

La troisième voie qui me semble digne de mention renvoie au couple libéralisme et démocratie. De manière triviale, rappelons que le libéralisme pose le problème classique de la liberté ; la démocratie, celui de l'égalité. Le premier terme soulève une dynamique de fond, soit la limitation des pouvoirs ; le second, celle de sa distribution. Cette distinction n'a rien d'originale : elle est au cœur de l'œuvre géniale du vieux Benjamin Constant. Toutefois, l'histoire nous enseigne que les deux termes ne sont pas soudés. Par exemple, si la droite classique a traditionnellement œuvré à limiter les pouvoirs de l'État, elle n'a adhéré que tardivement aux principes démocratiques de la large distribution des pouvoirs. Comment se situent nos quatre cas de figure à ce chapitre ? Ici, la réalité est plus complexe que les concepts à partir desquels nous tentons d'en rendre compte, affirmation très bien illustrée par le texte de Simard dans lequel la programmation cybernétiste est assortie d'une démarche fondée tant sur la participation de la société civile que sur la planification technocratique… Ce thème en apparence simple me semble le plus complexe de tous ceux évoqués, probablement en raison des liens fragiles et souvent conflictuels entre le libéralisme politique et le libéralisme économique. Je suis enclin à penser que c'est par le biais d'une analyse détaillée de la distance et des rapports de proximité entre ces deux composantes du libéralisme qu'on repérera avec le plus de justesse l'originalité du libéralisme au Québec de même que les fondements sociaux de sa critique.

Mon troisième commentaire a trait à la production sociale du discours et des pratiques antilibérales au Québec. Quels sont les groupes sociaux et les classes sociales à la source de la critique du libéralisme au Québec ? Et pour quels motifs, selon quels intérêts et selon quelle vision du monde ? Ces deux questions générales sont centrales, à tout le moins pour le sociologue. La question préalable est évidemment celle de la compréhension des multiples logiques sociales propres aux acteurs qui ont contribué à l'édification du libéralisme au Québec et au Canada. En ce qui concerne l'antilibéralisme, quelques jalons ont déjà été alignés par les différents conférenciers. Selon Lacombe, le corporatisme associatif des années 1930 était surtout le fait des anciennes élites canadiennes-françaises et d'un large fragment des groupements catholiques. Il appert que les technocrates qui s'emploient à développer la rationalité cybernétiste sont issus des nouvelles classes moyennes francophones. L'essor du syndicalisme de combat, empreint d'une forte critique du libéralisme, est certainement plus complexe à circonscrire qu'il n'y paraît au premier regard. La transformation des élites syndicales, les influences idéologiques multiples, la montée en flèche du nombre d'employés de l'État, leur origine sociale, la transformation des structures syndicales et de l'origine professionnelle de leurs membres, de même que le contexte économique de l'époque sont autant de facteurs qu'il convient d'étudier en profondeur. Le cas du crédit social illustre bien toute la difficulté et toute la richesse d'une démarche analytique fondée sur la compréhension de la dynamique des acteurs. Au moment de nos échanges de vues sur le crédit social, Gilles Bibeau nous a proposé, dans la ligne directrice de ses travaux, une interprétation qui s'appuie sur la psychiatrie sociale : le crédit social, qui met en avant la figure de la mère aimante, aurait une valeur thérapeutique ; Simard, celle de la dignité culturelle : il s'agirait d'une construction identitaire négative en réaction à une perte de la légitimité de la parole, un discours propre à certaines catégories sociales déclassées. Pour ma part, peut-être à tort, je suis plus sensible aux analystes qui proposent une interprétation sous l'angle des classes sociales : le discours du crédit social, qui vilipende inlassablement la « dictature » des syndicats et de celle des trusts et de la finance, ne serait-il pas celui des anciennes classes moyennes en voie d'extinction, celle notamment des petits propriétaires de commerce autrefois autonomes, d'où les composantes fondamentales de leur discours, à savoir l'individualisme et le conservatisme ? Une analyse documentée et plus détaillée nuancerait sans doute, voire contesterait, de telles interprétations, surtout si une telle analyse s'employait à bien arrimer le discours en question aux groupes et aux classes sociales au centre d'un tel phénomène. Ce qu'il m'importe toutefois de souligner ici, c'est l'importance de ne pas esquiver les dynamiques sociales fondamentales, par exemple celle des rapports historiques entre les anciennes classes rurales et le nouveau prolétariat francophone urbain, celle des liens harmonieux ou conflictuels entre la grande bourgeoisie anglophone, la petite bourgeoisie francophone et les professions libérales, celle propre à l'Église catholique et aux différents segments du clergé au Québec dont le rôle historique a quelque peu été éclipsé tout au long de nos échanges. Les particularités de notre libéralisme et les éléments essentiels de sa critique ne se comprennent-ils pas d'abord et avant tout à l'aune de telles dynamiques sociales ? Ce ne sont pas seulement les intérêts de classe, les rapports de subordination culturelle et les dynamiques de pouvoir propres à certains groupes qui sont en cause, mais aussi les différentes visions du monde, voire les utopies, qui ont animé les acteurs en présence tout au long de notre histoire. En somme, je crois que l'étude approfondie de la critique du libéralisme au Québec ouvre un immense chantier et que l'équarrissage des poutres de support de l'édifice à ériger commande l'usage d'outils de lecture de notre histoire plus proches de la sociologie dynamique.

COMMENTAIRES GÉNÉRAUX DE DANIEL JACQUES SUR LES DEUX PREMIÈRES SÉANCES

Tout d'abord, je tiens à préciser que je ne me sens pas un grand talent pour le travail de rapporteur. Je vais tenter d'apporter un éclairage provenant de la philosophie politique, en établissant notamment des liens avec la discussion de demain. Il s'agit donc de compléter certaines pistes sur lesquelles nous nous sommes déjà engagés. Je vous propose trois remarques générales qui, sans être trop générales je l'espère, recouperont certains thèmes qui ont été discutés.

La première hypothèse qui me semble se dégager de nos discussions concerne la nature des critiques du libéralisme. Je ne sais pas s'il peut y avoir un accord entre nous sur le fait que les critiques qui ont pris forme ici ont eu finalement un aspect plutôt modéré. Fondamentalement, les formes de la critique du libéralisme qui ont prédominé au Québec n'appartenaient pas à la mouvance révolutionnaire. Il y a eu, sans doute, des représentants de ces courants plus radicaux dans la société canadienne-française – que ce soit chez Arcand et ses collaborateurs fascistes ou bien encore chez certains militants socialistes –, mais les mouvements qui ont joué un rôle social déterminant, qui ont pu constituer une force politique ayant une certaine efficacité historique, appartiennent aux courants réformistes. Ce sont ces mouvements qui ont engendré les principaux acteurs de la critique du libéralisme.

Cette remarque peut paraître d'une grande banalité, mais il faut savoir qu'il s'agit d'un fait étonnant puisque la période qui nous intéresse a pu être qualifiée par un historien éminent comme

Hobsbawm « d'âge des extrêmes ». Dans une période où effectivement de nombreuses sociétés ont été poussées vers les formes les plus extrêmes de la politique moderne, ce qui caractérise la situation québécoise, c'est que les critiques de l'ordre établi qui ont exercé une influence sur la société sont ceux qui sont demeurés au centre. Bien sûr, ce centre possède des marges plus ou moins étendues selon les époques, mais on ne voit qu'à un moment donné ou l'autre les formes les plus radicales de la critique du libéralisme représenter une force politique véritable. C'est du moins l'hypothèse que je vous soumets.

Si l'on accepte cette hypothèse de travail, il faudrait alors chercher à rendre compte de notre modération dans cet âge de tous les tumultes. Parmi les explications possibles de cette propension générale à demeurer au centre, il en est une qui se présente spontanément à mon esprit. Elle relève de la géopolitique. En effet, même si les Canadiens français avaient voulu se lancer dans quelque réforme radicale du système social, la chose aurait été impossible, étant donné leur situation à la jonction de deux empires qui, de toute façon, n'auraient pas toléré de telles manifestations. Donc la possibilité n'existant pas, l'aspiration se serait dissipée d'elle-même. En même temps, on constate qu'il n'a pas été nécessaire de réprimer les aspirations populaires, car, d'une manière ou d'une autre, il n'y avait pas à l'intérieur même de la sensibilité commune d'assises pour ce type de politique. Alors comment expliquer que l'esprit de révolution n'a pas pris racine ici, si ce n'est de façon marginale, c'est là un terrain de recherche inexploré. Il est vrai toutefois qu'on peut répondre à la question en invoquant une toute autre hypothèse, qui me semble présente dans les travaux de Jocelyn Létourneau, à savoir que les Québécois ont fait preuve, dans leur histoire, d'une conduite plutôt rationnelle, d'une certaine disposition à juger des choses et des événements d'un point de vue pragmatique. C'est d'ailleurs la prédominance de ce penchant à la prudence qui aurait suscité leur ambivalence séculaire. Ayant appris, parfois malgré eux, à se situer dans l'ambivalence, les Canadiens français d'hier et les Québécois d'aujourd'hui n'auraient jamais quitté le centre, à tout le moins le pourtour du centre.

Ma deuxième remarque porte sur les catégories politiques qui sont à la base de notre travail d'interprétation. Dans le champ des sciences sociales, on a pris l'habitude de penser à partir de l'opposition entre la droite et la gauche. Plusieurs tiennent ainsi pour acquis que cette opposition nous permet d'analyser adéquatement tous les objets qu'on soumet à l'analyse politique. Contrairement à Jean-Marc Piotte, je ne crois pas que cette façon de présenter les choses soit encore appropriée et je ne pense pas que le schéma interprétatif disposant le libéralisme au centre d'un spectre réunissant les pôles de la droite et de la gauche, les mouvements progressistes et réactionnaires, soit encore d'actualité. Il s'agit d'évaluer ces catégories non pas sur le plan normatif, mais plutôt selon leur efficacité sur le plan théorique. Si l'on veut rendre compte des différents mouvements politiques qui ont marqué le XXe siècle, que soit ici ou ailleurs, en se référant uniquement à l'opposition « droite-gauche », je ne crois pas qu'on puisse y parvenir. La logique politique et sociale à l'œuvre à cette époque est autrement plus complexe. Il faut dépasser ce qui n'est au fond, sous différents visages, sous différents langages, qu'une formulation différente de la théorie de la *réaction* telle qu'elle fut élaborée par Benjamin Constant à la suite de la Révolution française. Dans une telle perspective, il y a toujours une élite qui porte la tâche du progrès et prépare l'avenir, à laquelle s'oppose un groupe, plus ou moins nombreux, resté attaché à un passé révolu et qui se constitue en réaction. Constant utilisait d'ailleurs le terme « réaction » au sens qu'on lui accordait alors en chimie. Il s'est agi pour lui d'expliciter les lois de la chimie de l'histoire.

Il y a lieu de croire que ce cadre conceptuel ne rend pas justice à certaines figures, parmi les plus intéressantes, de la critique du libéralisme. Pourquoi ? Parce que, précisément, dans les critiques de la modernité, et même parmi ses critiques les plus déterminés, il y a non pas simplement un refus du moderne, mais, bien souvent, au sein même de ce qu'on a appelé la réaction, une intégration du moderne. Par exemple, chez les fascistes italiens, on découvre une fascination pour la technique qui renvoie à la représentation d'un avenir idéal n'ayant rien à voir avec un quelconque retour à la tradition. De la même façon, on trouve au sein de la droite conservatrice allemande, du moins dans ses formes les plus radicales, une volonté de faire la révolution, de donner un sens nouveau à l'idée de révolution qui s'apparente mal au projet d'un rétablissement de l'ordre ancien. Il ne s'agit plus de conserver un certain passé, notamment chrétien, mais de fonder des institutions politiques et morales nouvelles, bien souvent antichrétiennes.

Enfin, il y a tous ces problèmes que pose l'analyse de la situation actuelle dans le cadre d'une opposition entre la droite et la gauche. Il devient, par exemple, terriblement difficile, pour ne prendre qu'un exemple connu, de classer les tenants du communisme dans les pays autrefois sous le contrôle de l'Union soviétique. Ce sont des progressistes, du moins des gens qui se définissaient ainsi, qui se sont retrouvés dans la position réservée habituellement aux conservateurs, voire dans celle des réactionnaires, défendant l'ordre établi contre le changement. Un tel exemple suffit à montrer quelles difficultés on peut éprouver lorsqu'on tente de cerner certains phénomènes dans leur complication propre à partir de l'opposition entre la droite et la gauche.

Il me semble qu'on parviendrait à un examen plus approprié de ces réalités en procédant à une analyse basée sur une logique à trois termes. Alexis de Tocqueville a montré qu'il y avait une opposition fondamentale dans l'univers moderne entre les aspirations à la liberté et à l'égalité. L'univers des modernes se constitue à partir des tensions engendrées par la poursuite d'idéaux différents. En prolongeant cette intuition, on pourrait ajouter un troisième terme et montrer comment, dans l'espace de sensibilité qui est le nôtre, il y a en plus des désirs de liberté et d'égalité, qui sont divers, complexes, une aspiration tout aussi fondamentale à la solidarité. Nous aurions donc besoin d'une logique tripartite, dont il faudrait bien expliciter la nature, pour arriver à cerner les phénomènes beaucoup plus complexes qui caractérisent notre époque. Du reste, l'inscription dans l'histoire de ces trois figures de l'idéal a donné naissance à une multiplicité de formes politiques. On a pu voir ainsi une politique centrée sur la liberté de production et de commerce, représentée par le libéralisme ; ensuite est apparue une politique de la distribution, notamment des biens produits dans la société, qui a été l'apanage du socialisme et, pour finir, une politique de la délimitation du territoire, dont le nationalisme a été l'expression privilégiée. On aura reconnu dans cette répartition des figures de la politique les aspirations respectives à la liberté, à l'égalité et à la solidarité. Dans cette autre perspective, le nationalisme, loin d'apparaître comme le résidu de solidarités traditionnelles, s'oppose bien contraire à un élément de la politique bien plus archaïque que lui-même. Durant toute la période qui nous intéresse, l'idéal national est dans un rapport dialectique avec celui représenté par l'Empire. Je fais court bien sûr, toujours est-il qu'à partir de cette logique tripartite on peut saisir autrement des objets politiques comme ceux qu'on a considérés aujourd'hui.

Le crédit social, pour revenir à ce mouvement, se révèle composé d'un mélange de religion et d'économie. On y découvre une fascination marquée pour la technique à laquelle se mêle un certain conservatisme moral. Il est difficile de comprendre la nature de tels alliages à partir de l'opposition droite-gauche. La même chose peut être dite de toute tentative pour saisir le caractère révolutionnaire qu'a revêtu le nationalisme au Québec pendant une courte période de son histoire. L'union passagère du socialisme et du nationalisme, des idéaux de justice sociale et de solidarité nationale représente un amalgame idéologique extrêmement intéressant dont on n'a pas su rendre compte adéquatement, cherchant toujours à ramener celui-ci à une opposition réductrice.

J'aimerais terminer mon intervention par une dernière remarque. Ce sera mon troisième commentaire. J'ai été étonné du peu d'attention accordée aujourd'hui à la question de la religion, particulièrement à l'influence du catholicisme dans l'histoire du Québec. Évidemment, si Sylvie Lacombe avait été là, le cours de nos débats en aurait été changé. Il faut toutefois se demander s'il ne s'agit pas là d'un point aveugle dans la lecture de notre histoire qui tient, en vérité, à des raisons de méthode et, en un autre sens, de morale. Pendant fort longtemps, tout ce qui relevait du religieux a été considéré comme un épiphénomène, un sous-produit de la machinerie sociale. La véritable réalité, celle qui détermine toutes

les autres, se trouverait, à suivre ces interprètes d'hier et d'aujour-
d'hui, dans les rapports de forces que tissent entre eux les individus
et les groupes, notamment dans le champ de la production. Les
vraies choses étant ainsi disposées, la question religieuse paraît
devenir d'une importance toute secondaire. Pourtant, dans l'histoire du Canada français et du Québec, le fait religieux a joué un
rôle absolument central. Davantage, il a constitué longtemps l'élément historique au sein duquel la chose politique a pris forme. Le
problème théologico-politique me semble d'ailleurs occuper le
cœur de tout le processus de modernisation dans les sociétés
occidentales. Il suffit de rappeler les difficultés engendrées par la
délimitation de l'autorité respective de l'Église et de l'État pour
s'en convaincre. Dans des pays que l'on qualifiait autrefois de
chrétiens, le processus fut complexe et a eu des effets considérables
sur le plan politique. Dans le contexte engendré par la prédominance d'un certain catholicisme au Québec, cette réalité va se révéler déterminante pour le devenir de la collectivité, modifiant en
profondeur toutes les affiliations sur la gauche et sur la droite. Les
luttes entre les progressistes et ceux qu'ils appelleront les réactionnaires, se sont constituées, en partie du moins, autour des questions
soulevées par la présence historique de l'Église catholique et son
influence sur la société. Il est d'autant plus nécessaire de rappeler
ces éléments bien connus que le libéralisme, du moins la forme de
libéralisme qui dominera le paysage politique de ce pays, s'est
formé sur la base de cette expérience historique. Enfin, il faudrait
évidemment intégrer la discussion entourant l'influence de la
tradition catholique dans la formation du nationalisme canadien-
français. Il me semble donc qu'on n'a pas insisté suffisamment sur
le rôle qu'a joué cette dimension de notre devenir collectif qui
s'apparente à ce qu'on a appelé ailleurs le problème théologico-
politique pour caractériser d'autres situations infiniment plus
complexes que la nôtre.

COMMENTAIRES GÉNÉRAUX DE STÉPHANE KELLY SUR LES DEUX PREMIÈRES SÉANCES

Daniel Mercure m'a fait sourire lorsqu'il a souligné que ce qui manque aujourd'hui au séminaire, c'est une présentation sur l'histoire du libéralisme et, de façon plus particulière, sur l'histoire du libéralisme au Canada et au Québec. C'est un peu cela que je me propose de faire, brièvement. En procédant à l'envers, toutefois. Je ne suis pas certain cependant que ce survol va aider à démêler les choses. C'est que la définition du libéralisme auquel je réfère n'est pas celle qui est utilisée par la majorité des participants du séminaire. Si j'explore ici des voies plutôt différentes, je serai quand même d'accord avec plusieurs sur un point crucial : une certaine inquiétude devant le triomphe des entreprises multinationales.

Dans mes travaux sur le républicanisme, j'ai été amené à prendre connaissance des débats récents dans l'historiographie du libéralisme en Occident. Lorsqu'on étudie l'histoire du libéralisme en Occident, il est crucial de distinguer deux réalités très différentes. D'une part, la réalité du grand capitalisme, celle des grandes entreprises multinationales, qui date du début du XXe siècle. D'autre part, la réalité du petit capitalisme, qui était dominante dans les siècles qui ont précédé. Les réinterprétations des vingt dernières années de l'histoire du libéralisme tendent à montrer que les idées libérales, aux yeux des fondateurs (Locke, Smith, Paine), n'étaient pas celles de la grande entreprise corporative. Le libéralisme des fondateurs, c'était celui du petit propriétaire, attaché à la petite propriété individuelle. Considérer ces fondateurs comme des cautions intellectuelles des droits de l'entreprise multinationale au XXe siècle, cela n'a pas de sens.

179

Au XIXe siècle, aux États-Unis, il y a un paramètre intéressant pour distinguer ces deux univers-là, l'univers du grand capitalisme et celui du petit capitalisme. L'univers du petit capitalisme renvoie à des classes sociales qu'on appelle alors des classes productives : les artisans, les marchands, les ouvriers indépendants, ces gens autonomes qui contrôlent leurs moyens de production et qui sont donc des propriétaires. On oppose ces classes productives aux classes improductives parasitaires : les financiers, les banquiers, les gens qui n'apportent pas vraiment quelque chose de productif, de solide à l'économie nationale. On peut donc interpréter le XXe siècle comme un conflit entre ces deux univers-là, le grand capitalisme, et le petit capitalisme, et entre ces deux grandes classes sociales, la classe productive et la classe improductive. Évidemment on sait qu'au XXe siècle, ce qu'on appelle les classes productives, va être à peu près complètement balayé de la carte. L'expérience du crédit social traduit le déclin de ces classes-là.

Au début du XIXe siècle en Occident, il y a un phénomène nouveau dans l'histoire des idées politiques. Entre les deux voies extrêmes du socialisme et du libéralisme, il va se constituer une voie intermédiaire, une *via media*. Elle prend deux formes précises : la social-démocratie et le progressisme. En Angleterre, en Allemagne, aux États-Unis, en France, une petite internationale de penseurs sociaux définit les termes de ces deux idéologies politiques. Les socialistes vont vouloir mettre de l'eau dans leur vin, en se rapprochant un peu du libéralisme. Ils vont devenir des sociaux-démocrates. Les libéraux, eux, vont se rapprocher du socialisme en devenant progressistes. Il y a un centre qui se constitue. C'est sur la base de ce centre que va naître l'État-providence. L'expression *Welfare State* désigne mieux l'idéal de ces progressistes et sociaux-démocrates. La création du *Welfare State* dans les pays occidentaux indique un tournant. Le XIXe siècle était marqué par une éthique de production. Les classes productives défendaient le principe du contrôle ouvrier des moyens de production. Au début du XXe siècle, cette éthique entre en crise. Elle est remplacée par une éthique de consommation. Cette dernière éthique se cristallise en différentes idéologies, comme le keynésianisme ou le créditisme.

L'éthique de consommation donne naissance au *Welfare State,* un État voué à la satisfaction des besoins, à la poursuite du bien-être des individus. Dans le débat que nous avons aujourd'hui, autour du providentialisme, nous nous demandons si la naissance d'une technocratie était nécessairement liée à l'État-providence. Y avait-il, en somme, une alternative sociale-démocrate ou progressiste au providentialisme ? À l'époque de la création du *Welfare State,* que ce soit en Angleterre ou au Canada, oui, à mon avis, il y en avait une. C'est évident si on regarde attentivement l'histoire du *New Deal* américain. Entre les années 1920 et 1950, il y avait une alternative politique qui s'inspirait du libéralisme, de type petit capitaliste. Ce libéralisme-là était bien représenté par un activiste politique qui s'appelait Louis Brandeis, futur juge à la Cour suprême. Attaché à l'idée d'une démocratie industrielle, il s'opposait aux progressistes consuméristes. Les luttes de Brandeis étaient assez intéressantes. Son idéal de démocratie industrielle se traduisait par une lutte contre la concentration économique, notamment les monopoles. Lors de l'adoption des deux *New Deal* aux États-Unis, la question des monopoles est cruciale. Si le premier *New Deal* reste influencé par la vieille éthique de production, le second marque l'adoption définitive de l'éthique de consommation.

Je vais maintenant poursuivre en abordant brièvement le cas canadien. Lorsqu'on parle de la genèse du *Welfare State* au Canada, on oublie un fait crucial. Contrairement à plusieurs autres sociétés occidentales, le *Welfare State* a pris forme ici avant le projet libéral. Dans l'Europe du XIXe siècle, le libéralisme consistait à abolir les privilèges de certaines classes sociales, les aristocraties, les Églises. Les libéraux visaient à systématiser le principe électif dans les institutions publiques et civiques. À partir des années 1920, ce programme libéral est largement réalisé. Les libéraux se tournent vers le progressisme et la social-démocratie. Au Canada, toutefois, le programme libéral est loin d'être réalisé. On adopte donc le modèle du *Welfare State* avant de réaliser le projet libéral. On crée ainsi un État qui vise à la poursuite du bien-être, dans le cadre d'institutions politiques qui sont proprement oligarchiques.

Depuis soixante ans, le fédéral et les provinces se disputent sur la séparation des pouvoirs. Les deux paliers de gouvernement prétendent chacun pouvoir mieux assurer la satisfaction des besoins de leurs clientèles. Les différentes entreprises de réforme constitutionnelle n'ont jamais abordé sérieusement l'héritage oligarchique. Lors de l'adoption du *New Deal* canadien, il y avait des opposants sérieux du côté des progressistes. Mackenzie King, lui-même, était lucide face au danger d'une dérive technocratique. Il resta ambivalent durant les années 1930. Il finit par se rallier au début des années 1940, afin d'accélérer la cadence de l'effort de guerre. Il va devenir, presque à son insu, le créateur du *Welfare State* canadien. La mémoire collective a cependant occulté le fait qu'il était effrayé par les potentialités technocratiques du Léviathan qu'on établissait.

La tâche la plus urgente, à mon avis, consisterait à mettre au pas la technocratie. Je souhaiterais non pas qu'on l'abolisse, mais qu'elle soit au service des élus. Cela permettrait de réanimer le politique et de redonner le goût aux citoyens de s'intéresser à la politique. Il y a depuis quelque temps des mesures concrètes, sur le tapis, visant à réformer notre régime politique. Sans vouloir embrasser trop large, je pense qu'il serait utile de s'attaquer simultanément au caractère oligarchique du régime et à la concentration économique. Ces deux luttes, ces deux combats vont ensemble. Le caractère oligarchique du régime contribue à la concentration économique.

Je doute cependant que le clivage gauche-droite puisse nous guider pour la suite des choses. Les partisans des deux camps font face à une contradiction insoluble. Les partisans d'une politique de gauche souhaitent une action musclée de l'État dans le champ économique. Mais, sur le plan moral, ils embrassent des vues libertaires. Il y a une gigantesque contradiction au sein de la gauche entre ses positions morales et ses positions économiques. Les partisans d'une politique de droite n'échappent pas à ce genre de contradiction. Sur le plan économique, la droite est libertaire. Mais sur le plan moral, elle aimerait régenter la vie des gens. Aucun de ces deux camps ne m'attire. Le défi des gens de ma génération sera de réinventer la grammaire politique.

DÉBATS DE LA TROISIÈME SÉANCE

Florence Piron

Je vais enchaîner sur la technocratie, même si je vais en embêter plusieurs avec cette question. En ce moment même au Québec, il y a une loi que vous connaissez certainement tous, qui a été votée en mai 2000, une nouvelle loi sur l'administration publique qui transforme complètement les rapports entre l'État et les citoyens et qui introduit, au cœur de ce rapport, le management. Le management privé est en train de pénétrer complètement dans l'administration publique, et c'est sanctionné par une loi. C'est cela qui arrive en ce moment : la transformation des rapports entre les citoyens et l'État. Je le dis en deux mots, la nouvelle gestion publique, le management public, sert à responsabiliser les gestionnaires et donc à leur donner plus d'autonomie, mais en échange de quoi ? Qu'ils rendent des comptes ! Le service au citoyen devient une priorité, et non pas l'organisation de la hiérarchie, la gestion par résultats au lieu du respect des règles et des procédures, donc une orientation vers les fins au détriment d'un contrôle des moyens, des procédures – ce qui est un changement d'orientation éthique quand même assez énorme. Avec cette flexibilité de tout, on espère débureaucratiser ; c'est l'idéal du nouveau management public, des services débureaucratisés qui existent déjà, des petites unités autonomes de service. Donc, je veux faire le lien avec la planification. L'autre élément central de la nouvelle gestion publique, c'est l'idée de planification stratégique. On trouvait l'idée de planification avec évidemment la participation, et maintenant, la participation, c'est le service à la clientèle. On consulte non pas pour savoir ce que les gens font ou veulent, mais comment ils pourraient être mieux satisfaits par les services que l'État leur donne, notamment sur le plan de la courtoisie, de la capacité de réponse, etc. Donc c'est une planification qui est portée par l'idéal collectif qui est purement gestionnaire, budgétaire, « managérial » et qui évacue toute référence à la culture on va dire politique, à l'histoire. On ne s'intéresse, comme le dit Agamben, qu'à la différence entre peuple et population, la population comme agrégat d'individus qui ont des besoins et notamment des besoins très précis en termes de services, etc. C'est la nouvelle représentation du citoyen. Il faut lui répondre avec les trois E : efficacité, efficience, économie. C'est la ritournelle de cette espèce de discours mythique, le nouveau discours mythique, et tout cela, ce nouveau management que notre Québec a intégré dans sa loi, cela vient de l'OCDE, c'est la mondialisation directement. Et justement, cette nouvelle façon de concevoir les rapports entre l'État et le citoyen évacue toute référence à la culture, à la mondialisation, et ça se répand partout. Est-ce un antilibéralisme ? Je ne sais pas, mais cette forme présentement apolitique de gestion de la population, se présente indépendamment du rapport gauche-droite, comme si c'était neutre. Mais c'est très puissant. On utilise ce management comme un nouveau discours de la vertu. Il n'y a pas de contestation. Aucun débat, aucune contestation, ni chez les intellectuels, ni même à l'Assemblée nationale. C'est seulement maintenant que les députés se réveillent en disant : « Mais on n'aura jamais le temps de lire tous ces rapports d'imputabilité », là il y a un petit débat qui commence à lever, mais sinon, c'est passé comme une lettre à la poste, alors que c'est une conception des rapports entre l'État et le citoyen qui supprime toute référence à la culture et à la politique. Et actuellement je trouve que, comme c'est moralisé, ça devient un nouvel outil de soumission à l'État technocratique mondialisé. Ce serait urgent d'en fait une critique qui parte de là, de ce qui se passe. Et l'opposition gauche-droite n'est peut-être plus pertinente de ce point de vue. C'est comme si on n'avait plus d'acteurs politiques ayant des aspirations à une forme de bien commun, mais seulement des individus qui ont des besoins et puis qui vont être satisfaits et qui pourront alors retourner à leurs occupations privées.

JEAN-PHILIPPE WARREN

Je voudrais souligner d'abord que, si on a abordé effectivement l'engagement religieux des bérets blancs, de même que le virage religieux du créditisme à partir des années 1960, et si on a évoqué la figure de Joseph Papin-Archambault ou l'institution de l'École sociale populaire, on n'a pas vraiment réussi à situer la place et le rôle de l'Église catholique dans le débat critique sur le libéralisme. Mais plutôt que de m'arrêter là-dessus, je préfère me tourner vers Daniel Jacques pour lui poser une question toute simple par rapport à la présentation qu'il a formulée. Dans son deuxième point, Daniel disait que les catégories politiques de la droite et de la gauche sont désormais inadéquates et ineffectives pour lire et pour saisir l'opposition au régime libéral. Il affirmait que c'était une manière trop simpliste et trop réductrice de comprendre les mouvements sociaux et les engagements militants, car ces mouvements et ces engagements ont été beaucoup plus riches et complexes qu'on l'a dit habituellement. Il faudrait donc, disait-il, remplacer ces catégories traditionnelles bipolaires ou manichéennes par une logique à trois termes, laquelle reprend lâchement les idéaux de la Révolution française : la liberté, l'égalité et la fraternité (que Daniel nomme solidarité). En effet, les conservateurs pouvaient à l'occasion être progressistes (on trouve par exemple dans le fascisme une fascination pour la technique), et vice versa. Les catégories droite-gauche ne seraient donc pas fameuses pour comprendre le XXe siècle sous le jour de l'anti-libéralisme. Seulement, Daniel, tu dis qu'au Québec, on a été plutôt timide par rapport à la critique du libéralisme. Dans cet « Âge des extrêmes » dont parlait Hobsbawm, la troisième voie qui a été la nôtre a été une voie… mitoyenne. Tu dis que le Québec est resté situé tout le long du siècle dans un « centre relatif ». Alors je me demande, ce centre relatif, est-ce qu'il est entre chacun des trois termes respectifs que tu as nommés ? Est-ce que, plutôt, il est au

185

centre parce qu'il ne va jamais très loin du côté de chacune des réalisations des termes liberté, égalité ou solidarité ? Ou, enfin, est-il au centre parce qu'il a réussi à biffer ou obvier un des trois termes du triptyque que tu proposes ?

DANIEL JACQUES

Voilà une question que je me suis posée, je peux y répondre immédiatement. Il s'agit d'un problème de présentation. J'étais conscient, avant même de commencer mon exposé, que la manière de présenter l'argument pouvait laisser prise à cette critique. Il m'était difficile toutefois d'aborder en premier lieu la thèse selon laquelle nous aurions besoin désormais d'une logique tripartite, sans introduire de malentendus. Alors, pour simplifier les choses, j'ai tenté d'abord de situer le cas du Québec sur l'axe imaginaire qui va du socialisme au conservatisme, en passant par le libéralisme. Il s'est agi de souligner ainsi que le Québec est demeuré globalement au centre, mais, au même moment, j'avais à l'esprit les autres dimensions de la question mentionnées par la suite.

JEAN-PHILIPPE WARREN

Non, non, je veux savoir : toi, comment situes-tu le Québec par rapport à ce que tu en connais, par rapport à la tripartition que tu as donnée ?

DANIEL JACQUES

Eh bien, je crois que, pour comprendre entièrement la relation dialectique qui s'est développée ici entre les revendications liées à la liberté individuelle et celles relevant d'une certaine compréhension de la justice sociale, qui s'inscrit dans le mouvement démocratique, il faut introduire dans notre schéma d'analyse la revendication de solidarité. Or, selon quel principe d'identité s'est constituée une solidarité collective dans ce pays, si ce n'est l'appartenance religieuse, à tout le moins dans ce qu'on appelait alors le Canada français. Dès le moment où cette référence à la religion a été abandonnée et où l'on est passé du statut de canadien-français à celui de québécois, il est devenu nécessaire de rééquilibrer l'ensemble du jeu politique. Pour bien me faire comprendre, une image peut être utile : la logique historique dont il est question s'apparente à un triangle dont on ne peut modifier un côté sans modifier tout l'ensemble, donnant ainsi naissance à une nouvelle configuration. Quelque chose de comparable s'est peut-être passé lorsque la collectivité québécoise s'est formée à partir du monde canadien-français. Dans le nouvel équilibre des sensibilités, des impulsions différentes ont pu prendre place dans le champ du libéralisme et dans celui du socialisme. Évidemment présenté ainsi, le modèle peut sembler simpliste, voilà pourquoi il faudrait prendre plus de temps pour examiner ces choses.

JEAN-CLAUDE DUPUIS

Je voudrais revenir sur la double contradiction que Stéphane Kelly voit dans les idéologies de droite et de gauche, c'est-à-dire pour la gauche un dirigisme économique et un libéralisme moral, et pour la droite un libéralisme économique et un dirigisme moral. Cette qualification me semble un peu obsolète aujourd'hui. Je vais prendre l'exemple assez récent de la reconnaissance des unions homosexuelles par les gouvernements fédéral et provinciaux, au Québec et en Ontario. Cela se fait sous des gouvernements qui sont économiquement très conservateurs : celui de Mike Harris et celui de Lucien Bouchard avec leurs coupures, celui de Paul Martin à Ottawa. Il me semble que le libéralisme triomphant sur le plan économique cohabite très bien avec le laxisme moral. Je me demande si, à l'heure actuelle, on n'est pas en train d'assister à une espèce de nouveau régime qui apparaît, qu'on pourrait qualifier de social-libéralisme, une espèce de fusion finalement entre le système libéral et le système socialiste. Le mur de Berlin s'est effondré, mais pas seulement à Berlin ; je pense qu'il s'est effondré aussi dans les esprits et dans les systèmes économiques et que l'on est en train d'assister à une curieuse fusion qui fait en sorte qu'on a finalement le libéralisme pour les riches et le socialisme pour les pauvres. Parce que, après dix ans de néolibéralisme, de doctrine de Milton Friedman, a-t-on l'impression qu'on a moins d'État dans notre société, qu'on paie moins d'impôts, qu'il y a moins de règlements pour nous et pour le petit monde ? Par contre, les grandes multinationales sont pas mal plus libres. Je pense qu'on assiste vraiment à la fusion d'un nouveau régime que l'on pourrait appeler le social-libéralisme, socialisme pour les petits, libéralisme pour les grands, et puis pour ce qui est du laxisme moral, je pense que c'est pour tout le monde.

MICHEL FREITAG

Je voudrais remercier Florence Piron de m'apprendre qu'il y a une loi, c'est-à-dire que ce mouvement de la « managérialisation » de l'État au Québec avait été organisé centralement par une loi. Je l'ignorais. Cela fait bien une dizaine d'années qu'on voit le phénomène prendre systématiquement de l'ampleur et qu'on décrit la chose ; l'université par exemple y est passée au complet, dans ce nouveau mode de régulation gestionnaire et managérial ; on ne parle plus que de cela, on ne participe plus qu'à cela. Il y a bien sûr des « penseurs », des intellectuels isolés, même certaines départements qui résistent, mais la mutation managériale ne cesse de s'accentuer, de s'amplifier, de s'imposer de plus en plus même dans les détails. Je pensais que cela se faisait de manière rampante ou galopante, dans les rapports de forces qui basculaient partout du même côté comme sous l'effet d'un raz-de-marée idéologique, mais j'ignorais que tout cela était maintenant planifié formellement dans une loi.

Et puis dans le même sens, il me semble qu'il y a un mot qui est bien symptomatique de tout ce mouvement, c'est celui de « gouvernance » : on ne parle plus de pouvoir, ni d'administration publique, mais seulement de gouvernance, de bonne gouvernance. La gouvernance n'a plus un caractère politique, elle ne concerne plus les finalités ; elle a un caractère subordonné, définitivement technique, opérationnel. Formellement subordonnée, mais elle finit par tout assujettir de l'intérieur, par dominer tout en se confondant avec la réalité elle-même. En elle s'exprime justement cette « managérialisation » du pouvoir, son instrumentalisation mais aussi sa dynamisation hors de toute forme globale de représentation. Ce thème de la gouvernance, lorsqu'il se généralise, neutralise complètement le pouvoir et le politique, sa banalisation a une portée idéologique très importante. Ce thème a aussi directement une importance pratique, puisqu'il implique la disparition des jugements sur les fins et sur la praxis, sur l'action signifiante au profit de jugements sur la seule efficience. On voit bien cela au niveau international. L'OMC, la Banque Mondiale, le FMI imposent aux pays « assistés » une exigence de bonne gouvernance, en pointant explicitement l'incompétence et la corruption des gouvernements. Au jugement technique s'associe donc immédiatement le jugement moral, en même temps que disparaît toute référence au jugement politique, aussi bien dans sa dimension nécessairement conflictuelle que dans sa dimension de recherche de synthèse, qui relève de la sagesse, qui implique la reconnaissance des contradictions et l'art de les surmonter en créant dans la contingence les conditions d'une totalité viable, perdurable, « harmonieuse ». Cette négation du politique proprement dit dans l'imposition de règles de bonne gouvernance a pour effet de délégitimer et de court-circuiter les gouvernements en place, quels qu'ils soient finalement, et justifie qu'ils soient remplacés par des organismes experts, des ONG supranationales par exemple. Alors, le travail que font les ONG sur le terrain, c'est très bien, mais cela participe aussi directement à cette dévalorisation et à cette évacuation du politique dans les pays où elles interviennent et qui, comme des enfants irresponsables, sont réduits à un statut de minorité. Elles participent à leur mise sous tutelle politique, puisque implicitement les pays sous-développés sont trop arriérés, que leurs gouvernements et leurs instances législatives sont trop corrompus ou incompétents pour pouvoir prétendre à l'exercice de la liberté au nom de leur peuple, pas au sens de l'indépendance des individus, mais de l'autonomie des sociétés, de leur capacité d'auto-orientation normative et d'affirmation d'une identité collective. On pourrait dire aussi que cela court-circuite le procès d'apprentissage de la liberté politique dans les pays où la liberté et l'identité collective consistaient dans la reproduction des normes culturelles et des structures d'autorité traditionnelles. La politique, cela se fait dans les pays développés et « matures » du Nord, et virtuellement, il n'y a plus que les États-Unis qui soient en mesure d'élaborer, de décider et de faire une politique pour le monde entier. L'impérialité globale.

Les États-Unis exercent le pouvoir, au sens politique moderne, les autres feront de la gouvernance, par délégation et sous bon contrôle. Ou bien encore, ce sont les multinationales qui exerceront le pouvoir, et tous les gouvernements feront de la gouvernance, comme c'était prévu dans l'AMI, avec l'exception des États-Unis, inscrite sous la clause concernant les questions de sécurité, puisque la sécurité des États-Unis s'étend au monde entier, comme George W. Bush ne cesse de le répéter de manière qui ne se gêne plus d'être menaçante. Une récente ministre de l'Éducation et de la Culture du Mali, Mme Amintaya Traoré, a écrit un livre remarquable là-dessus, qui va dans le sens des critiques formulées par *Le Monde diplomatique* sur les politiques de développement et le rôle des ONG. C'est la même chose dans le domaine de l'éducation. L'OMC a émis une circulaire où il est jugé que les pays pauvres, endettés et assistés (notamment toute l'Afrique et toute l'Amérique latine) n'ont pas les moyens, en termes de bonne gouvernance responsable, de se payer un système d'éducation supérieur. Pour eux, c'est du gaspillage et ils n'ont de toute manière pas la compétence ; ils doivent donc se contenter d'assumer l'éducation primaire et secondaire, comprises toutes deux comme des formations fonctionnelles et professionnelles de base. Pour le reste, ils peuvent se brancher sur Internet où les organisations universitaires du Nord, et particulièrement des États-Unis, mettent en marché tous les cours de formation de pointe dont leurs cadres techniques pourraient avoir besoin. Et leurs élites sociales pourront toujours fréquenter les grandes écoles américaines, qui leur sont ouvertes. Cela produit une saine acculturation, et crée en outre au profit du Nord un grand marché de l'éducation et de la formation, qu'on évalue en centaines de milliards de dollars pour les années qui viennent. D'une pierre deux coups, comme dit la sagesse populaire. Soumis et de plus rentables, mais cela implique, pour porter ses fruits, la bonne gouvernance. Sinon, la mise en tutelle directe, avec l'intervention des *Marines* s'il le faut. C'est encore pareil pour les OGM, spécialement dans le domaine des semences. Il y a des ONG qui luttent contre les OGM (et c'est pourquoi, au Québec, un tiers des gens qui sont contre les OGM les confondent avec les ONG !). Mais où va-t-on de cette manière, si on ne reconstruit pas des structures de pouvoir au niveau mondial pour contrer la toute-puissance du système et de la super-puissance unique qui en a fait son mode de domination ? On a déjà, pratiquement, un « régime mondial de régulation » dans lequel un seul « pouvoir » socialement constitué, celui des États-Unis, contrôle, coiffe ou exprime un seul « système » de domination opérationnelle globalisée. C'est la « Nouvelle Alliance » entre le nouveau « Dieu unique » du marché globalisé dominé par les réseaux corporatifs ayant pour seul arbitre la spéculation financière, avec son nouveau « Peuple élu », lui aussi unique et particulier.

En dehors de ce cœur où siège la toute-puissance, le tout-droit, la toute-justice infinie, il n'y a que des alliés subordonnés et assujettis, ou alors des masses inconsistantes dominées par des dictateurs pervers, qui servent de refuges et de pépinières à de diaboliques terroristes qu'il faut par tous les moyens exterminer. Or, cette nouvelle alliance entre une réalité sociale qui reste particulière et la puissance objective qui fonde sa certitude-de-soi, puise encore sa force idéologique dans l'ancienne, dont elle a accaparé et étendu la portée en identifiant à sa rénovation toute l'histoire en même temps terrestre et transcendante de l'Amérique. Je ne sais pas si j'exagère, mais à voir ce qui se passe depuis le 11 septembre, il est permis de douter qu'on puisse exagérer beaucoup en extrapolant un peu.

J'ai parlé d'abord de la mise en place de la logique gestionnaire, opérationnelle, ici dans le Nord, au Québec. Puis de son application dans les pays du Sud. Je pense que c'est la même logique qui s'applique, ici de manière plus idéologique, là-bas (mais c'est aussi ici-maintenant, dans notre monde contemporain) de manière immédiatement pratique. Ici, l'idéologie s'empare de la tête des gens, à travers une prise en compte de l'autonomie d'action qu'ils possèdent encore, puisqu'on leur reconnaît des « droits ». Là-bas, pas besoin de tête, ni de droits, les bras et subsidiairement l'ordinateur suffisent. On pourrait dire qu'il n'y a qu'une question de degré dans la mise sous tutelle de l'autonomie subjective et dans la dissolution de la liberté politique, et qu'il y a aussi de puissantes résistances dans les pays les plus développés et donc aussi les plus « forts ». Vous avez vous-même parlé, dans votre exposé, en termes de modération relative ou de très grande modération, et je pense que cette différence est cruciale malgré son apparence pure-ment quantitative et donc relative. Elle est cruciale dès qu'on évoque le fascisme ou le nazisme comme termes de comparaison, comme modèles qui fixent le sens d'un concept et le définissent. Elle est cruciale parce que, quelle que soit l'orientation des mou-vements sociaux, et les mouvements de la société, ils sont carac-térisés par la tendance de leur extrême, par leurs propres tendances vers les extrêmes. D'un côté, c'est réconfortant, puisque cela tient de la logique du sens. Le fait de la modération est donc en soi une réalité dont il faut saisir la nature propre, l'essence « idéale-typi-que », en même temps qu'il faut comprendre, de l'autre côté, ce qui fait l'essence de la dynamique du passage à l'extrême. Il y a non seulement un extrémisme du centre, mais aussi une tendance limite à aller vers le centre, vers la modération. Pour toute tendance, il faut comprendre l'essence qui soutient, ou dans laquelle s'inscrit, sa réalisation seulement éventuelle ou circonstancielle, sa simple possibilité. La question s'est posée à propos des camps d'extermi-nation dans le nazisme : pas seulement pourquoi cela a eu lieu, mais comment cela était-il possible, simplement possible ? Comprendre quelle configuration dynamique pouvait aller là, non seulement dans cette direction, mais jusque-là ! Dans le cas du nazisme, on quitte le problème des proportions, on doit comprendre quelle dynamique peut faire basculer la réalité dans un mouvement qui va au-delà de toute mesure, de toute proportion. Je prends cet exemple parce que je pense que nous sommes à nouveau dans une telle situation idéale typique d'emballement et que la même possi-bilité est à nouveau inscrite dans la réalité comprise comme dyna-mique. La réalité est toujours dynamique lorsqu'on en brise les freins, mais ces freins ne sont pas seulement extérieurs, ils font partie de la constitution de la réalité, de sa possibilité d'être réelle dans un monde réel (et c'est ce monde, dans son caractère ontologique global, qui sert à la « réalité » – à son concept même – de critère). Entre la réalité du nazisme et la réalité du « maintenant », le « vers quoi » cela tend est différent, le « comment cela y va » est différent, mais le « jusqu'où cela peut aller » est le même. On se trouve dans une même logique qui va vers l'extrême, vers la démesure, vers l'*impossibilité de conserver un étalon de mesure*. Je reviendrai là-dessus dans mon intervention sur le totalitarisme, sur ses deux formes, l'une « archaïco-moderniste », l'autre « postmoderne » parce qu'elle va au-delà de toute modernisation et de tout modernisme, même extrême ou limite (les représentations tant positives que critiques de la modernité avancée, de la modernité fluide, de l'hypermodernité, etc.).

On pourrait retrouver là une forme, pas nécessairement paradoxale, du « totalitarisme modéré », à condition de voir que la modération en fixe le point de départ, mais ne caractérise pas forcément son point d'arrivée, qui est déjà inscrit « virtuellement » en lui. Mais nous sommes justement dans un monde où le virtuel est devenu le réel et où il n'y a plus qu'à attendre l'accomplissement de sa généralisation (si l'on ne profite pas de l'« entre-deux » qu'est pour l'instant son inachèvement), où il n'y aura plus d'autre « impossible » que la vie en ce qu'elle a d'essentiel tant dans l'ordre naturel-biologique que dans l'ordre culturel-symbolique : l'autonomie de la synthèse subjective. Comme dans le cas du nazisme, mieux vaut voir l'extrême avant qu'il ne se réalise... quitte à se tromper en exagérant. Question de conscience, ou de bonne conscience : tout le monde ne peut pas se dire innocent de ce qui arrive, lorsque cela arrive. Ne pas laisser la postmodernité être le monde insupportable des innocents, où toutes les victimes sont effacées, et pas seulement de la mémoire. La mémoire après coup ne suffit pas pour humaniser la réalité ; la mémoire responsable, celle qui sauve de l'oubli et de l'inexistence, est celle du pressentiment. Lorsqu'il l'emporte et qu'il gagne dans ce qui motivait son jugement (l'attachement à la vie dans la peur de la mort), le pressentiment a alors, heureusement, toujours tort. Il est seulement parvenu à faire pencher l'incertain du côté où sa peur, rétrospectivement, semble avoir été vaine ou exagérée. Et si le pressentiment est si important dans les affaires humaines, pourquoi ne pas lui reconnaître une place, méthodologiquement et épistémologiquement, également dans les sciences humaines ? Celles-ci seraient-elles situées en dehors de l'humain, du drame humain, et irresponsables devant lui (grâce à la méthode ?). Elles seraient en somme comme Eichmann qui ne faisait qu'arranger l'horaire des trains, sans être responsable de savoir où ils allaient ni de la définition de la « marchandise » ? Qui agissait donc simplement sans se mêler d'« ontologie », car si beaucoup font de l'ontologie sans le savoir, lui savait qu'il n'en faisait pas et, selon son témoignage, il s'en gardait bien. (Des « ontologistes », même le plus profond et le plus brillant parmi eux, ont fait la même chose dans l'autre sens et ils le savaient aussi. Combien de Heidegger aujourd'hui, le nombre compensant la stature ?).

Daniel Jacques

Une autre piste de réflexion s'offre à nous. Dans ses formes les plus radicales, la critique du libéralisme a intégré l'idée de révolution, c'est-à-dire tout à la fois la révolution comme possibilité historique, comme instrument de la politique et, enfin, comme imagination commune. Ce qui caractérise l'imaginaire révolutionnaire d'Amérique, qui n'est pas celui d'un renversement de l'ordre social, comme c'était le cas en Europe, c'est le projet d'une séparation d'avec la métropole, séparation qui permettrait la fondation sur ce continent de quelque chose de radicalement nouveau. Dans le contexte québécois, ou canadien-français, l'insertion de l'idée révolutionnaire posait un énorme problème puisque la rupture avec la métropole spirituelle et intellectuelle que représentait Paris pouvait signifier la perte de la filiation essentielle et le risque d'une dissolution dans l'Empire. Autrement, la révolution, c'eût été revivre l'affrontement des patriotes. C'est d'ailleurs, par ce biais, que l'amalgame entre les aspirations de la gauche et celles des natio-

194

nalistes a pu s'accomplir. Cela suffit à faire voir que dans un contexte américain, l'idée de révolution acquiert un sens différent de celui qu'elle possède en Europe au même moment.

FRANCIS DUPUIS-DÉRY

Je vais relancer Daniel Jacques sur l'idée de révolution, mais je veux tout d'abord préciser qu'il y a une différence entre la réalité politique américaine et française. Prenons Alexander Hamilton, lui-même un patriote très important qui deviendra un acteur politique clé des États-Unis indépendants. Lorsqu'il discute de la guerre d'Indépendance des États-Unis, il prétend ouvertement qu'il n'y a pas eu de révolution, car les lois, les institutions et même les individus sont restés les mêmes, à ceci près évidemment que les liens avec la métropole ont été rompus. Les patriotes américains ont donc livré une guerre de décolonisation et non pas une guerre révolutionnaire, même si l'on parle aujourd'hui abusivement de la « Révolution » américaine. Mais pour revenir à Daniel Jacques et au Québec, j'aimerais l'entendre au sujet de l'imaginaire politique de la « Révolution » tranquille, qui est d'une certaine manière une révolution libérale. Les acteurs politiques qui vont imposer le libéralisme au Québec se draperont de l'étoffe du révolutionnaire... tranquille.

DANIEL JACQUES

L'expression « Révolution tranquille » a produit un effet rhétorique considérable, c'est pourquoi il s'y rattache, encore aujourd'hui, un élément de fierté collective important. Le plus étrange dans cette histoire est que cette appellation nous est venue d'un journaliste anglophone qui a ainsi contribué, bien malgré lui, à cristalliser une volonté de changement. L'expression est devenue ensuite un marqueur symbolique extraordinaire pour la conscience commune. S'agit-il pour autant d'une véritable révolution, au sens politique ? On pourrait tout aussi bien considérer l'événement, ne serait-ce qu'en raison de sa tranquillité, comme une réforme sociale, soit encore comme une *reformulation* de la société par elle-même. Une telle *reformulation* d'ailleurs n'a pas nécessité un reversement de l'État, ni même de modifications substantielles de la Constitution canadienne. Peut-on alors parler d'une véritable révolution politique ?

FRANCIS DUPUIS-DÉRY

Mais il reste curieux que ce soient les libéraux qui, au Québec, aient récupéré le mythe de la révolution...

JEAN-MARC PIOTTE

C'est comme la « glorieuse » révolution de 1688-1689 en Angleterre. Elle était terriblement tranquille cette révolution appelée glorieuse...

FRANCIS DUPUIS-DÉRY

J'aimerais que Stéphane Kelly précise sa pensée lorsqu'il dit que l'oligarchie politique est encore existante après la Révolution tranquille.

STÉPHANE KELLY

Notre régime politique est encore traversé par de profondes tendances oligarchiques. Le pouvoir exécutif au gouvernement fédéral possède par exemple un pouvoir de nomination absolument gigantesque. Il peut nommer des milliers de personnes. Ces tendances oligarchiques ont été bien décrites par le politicologue Donald Savoie, dans *Governing from the Center*. Cela dit, les régimes provinciaux sont aussi oligarchiques, mais à plus petite échelle.

JEAN-MARC PIOTTE

Tu récuses, Daniel, les catégories droite-gauche-centre. Mais non seulement, dans ton premier point, tu te réfères à un « centre », mais dans ton troisième point, quand tu parles de théologie politique, tu te réfères encore à la droite et à la gauche. Il est difficile d'en sortir. La Révolution française fonde les trois valeurs auxquelles tu te réfères (liberté, égalité et fraternité ou solidarité), mais elle fonde aussi la distinction entre la gauche et la droite. Je ne suis pas évidemment d'accord avec tout ce qu'a charrié historiquement la gauche, mais je suis, sur ce plan, traditionnel, je me situe dans la tradition de la gauche, d'autant plus que la gauche est en pleine déconfiture théorique et politique, que sévit le néolibéralisme qui remet en question les conquêtes sociales liées à l'État, que des prophètes très médiatisés annoncent la fin de l'histoire et la mort des idéologies, etc. Je partage avec toi les valeurs de liberté, d'égalité et de solidarité, mais je les situe à gauche tandis qu'il me semble que tu es au centre ou au centre-droit, même si tu ne veux pas te situer.

En deuxième lieu, j'aimerais faire remarquer que le premier État libéral était, à l'intérieur, un État policier qui défendait la justice dans le sens strict du terme, c'est-à-dire qu'il défendait de manière intransigeante la propriété privée quelle qu'elle soit, et, à l'extérieur, était un État militaire qui défendait le territoire national contre les autres États, tout en intervenant ailleurs pour dominer et exploiter des colonies. L'État libéral, créé en Angleterre par la glorieuse révolution, s'appuie à l'origine sur le suffrage de moins de 5 % de la population adulte mâle. Les travailleurs gagneront, au XIXe siècle des droits syndicaux, le suffrage « universel », etc. Au XXe siècle, les femmes obtiendront, elles aussi, le suffrage « universel » et il n'est pas étonnant que le XXe siècle soit aussi celui où l'État prend en charge ce qui relevait traditionnellement de la femme : la santé et l'éducation.

En troisième lieu, j'aimerais signaler le développement, depuis les années 1980, de trois transformations concomitantes de l'État. Premièrement, le développement de l'État de droit qui, fondé sur la crainte justifiée des abus des pouvoirs législatif et administratif, a conçu une série d'instruments pour limiter ou contrôler ces pouvoirs : Cour suprême, ombudsman, etc. Deuxièmement, la « managérialisation » de l'appareil administratif de l'État. L'État ne fait plus appel à des diplômés de science politique spécialisés en administration publique, mais recrute, comme aux États-Unis, parmi les étudiants en *management*. Enfin, la mondialisation qui fait que l'État intervient de moins en moins comme protecteur de la société et de plus en plus en faveur de l'entreprise privée. Il y a sûrement un lien entre ces trois phénomènes concomitants.

Enfin, Daniel, tu affirmes que le nationalisme a créé la solidarité qui était jadis assurée au Québec par le catholicisme. Tu as raison. Mais il me semble aussi que le vide créé par la déliquescence de l'idéologie catholique a aussi été comblé par l'américanisation culturelle du Québec. Cela n'est pas clairement perçu, particulièrement par ces nationalistes d'allégeance péquiste, souvent portés à se lancer dans les bras des États-Unis par répugnance pour le Canada.

James Thwaites

Voici quelques commentaires ou plutôt d'autres aspects à ajouter à notre réflexion. Un premier sujet est la Cooperative Commonwealth Federation (CCF), Parti social-démocrate (PSD) en français, et son impact à partir de 1932. Cela est vrai, même si on est convaincu que son impact au Québec a été moindre qu'au Canada anglais. Un deuxième sujet consiste en l'évolution des écoles de pensée en « management », et leurs effets sur les lieux du travail et sur les relations patronales-syndicales. Il y a également divers aspects particuliers du « management » à explorer, à titre d'exemple en planification stratégique. Prenons uniquement le travail de Henry Mintzberg à l'Université McGill qui a su réorienter la pensée établie dans son domaine depuis des décennies par des chercheurs comme Igor Ansoff, et a pu mettre l'accent sur l'être humain dans l'organisation. Un dernier commentaire concerne le facteur du « hasard » et du pragmatisme dans l'évolution du syndicalisme, car l'évolution du syndicalisme est également le produit de réactions et de réorientations face à des problèmes et à des contextes particuliers. Quelques exemples viennent à l'esprit : l'intervention de l'État en temps de guerre ou lors d'une crise donnée ;

l'intervention de l'Église catholique romaine préoccupée par la condition ouvrière, la paix sociale et la stabilité ; la révolte de la base syndicale contre la direction syndicale pendant les années 1960 pour favoriser d'autres formes d'action ; la confrontation avec l'État employeur lors de la centralisation des relations du travail dans les secteurs public et parapublic au Québec ; la vague de la participation et du partenariat dans l'entreprise ; l'accent placé sur la formation professionnelle dans le contexte de la mondialisation.

DANIEL DAGENAIS

Je voudrais revenir sur le syndicalisme et sur l'exposé de Jean-Marc Piotte. Il y a quelque chose de délirant dans le phénomène de l'extrême-gauche au début des années 1970, au début des années 1980. Rappelez-vous : « Il faut abattre l'État bourgeois », « l'État rouage de notre exploitation », « L'école au service de la classe dominante », etc. L'année du premier gouvernement du Parti québécois, qui accouchera d'un programme de réformes sociales considérable, en 1976, il y a a 10 000 personnes sous la bannière marxiste-léniniste au premier mai ! Il y a quelque chose de complètement fou là-dedans, notamment le décollage par rapport à la réalité politique. Il faudrait analyser cet extrémisme de gauche des années 1970 à la lueur de ces caractéristiques bêtement sociologiques plutôt qu'à partir d'un a priori droite-gauche ou trop général pour révéler quoi que ce soit. Les caractéristiques suivantes m'apparaissent significatives à vue de nez : l'extraordinaire décalage de ces mouvements-là avec la réalité politique, pas juste au Québec ; c'est vrai en Italie avec les Brigades Rouges ; c'est vrai en France avec le PCMLF ou les Tel Quelliens. Le bilan net de cet extrême-gauchisme, si on met de côté « l'expérience enrichissante » qu'ont vécue ses membres, est : zéro. Il faudrait sonder la biographie de personnes comme Charles Gagnon (felquiste dans les années 1960 ; marxiste-léniniste dans les années 1970) ou de Réal Mathieu, felquiste dans les années 1960, marxiste-léniniste dans les années 1970 et « terroriste » contre les Second Cup dans les années 1990 !

Le caractère délirant de ce mouvement est aussi illustré par sa fulgurance : cela a duré 10 ans puis s'est autodétruit !

Une autre caractéristique serait la « polyvalence » des voies de sortie : tu vires féministe, ésotérique, ou tu vires chef du Bloc québécois ! Il y a une « connectivité » surprenante entre tous ces mouvements : féminisme, ésotérisme, marxisme-léninisme, etc. Pour comprendre ces années, il faut, je pense, leur prêter une dimension pathologique, qui n'est peut-être que l'envers du système : quand le système devient inaccessible, on se met à délirer à son sujet et on veut le « détruire » et « recommencer à zéro ». Les choses qui s'annoncent dans les commencements fulgurants y sont alors plus visibles que dans les passages à l'acte qui les banalisent. Les années 1970 seraient-elles les années de la fermeture du système ?

Denys Delâge

Revenons à la triade : liberté, égalité, fraternité, sans oublier que s'y surajoute un quatrième idéal, celui du droit au bonheur. Ces quatre idéaux de société sont présents de manière très explicite dans notre littérature dès la période coloniale française avec les écrits des missionnaires, ceux du père Charlevoix tout particulièrement. Ils s'inscrivent dans un temps long de notre société et il importe de voir comment les rapports entre ces quatre termes ont évolué au cours de notre histoire. Au XIXᵉ et au XXᵉ siècles s'est posée régulièrement la question de l'origine de l'infériorité économique des Canadiens français. Les Canadiens français ne jouissaient-ils pas formellement des mêmes libertés que les Anglo-Saxons ? Les réponses ont oscillé entre l'incapacité des Canadiens français à assumer la réussite que permet la liberté à cause d'une mentalité retardataire et l'incapacité de réussite à cause d'une infériorité politique et sociale collective, ce qui a conduit à privilégier la fraternité et l'égalité. Ce débat a toujours cours chez nous et nous reporte à un trait caractéristique de nos origines coloniales qui nous distingue radicalement des Américains : la permanence et la centralité de l'État. La Nouvelle-France est née sous la monarchie absolue de Louis XIV. Par la suite, le régime britannique a installé un gouvernement fort et oligarchique pour s'opposer à l'expérience démocratique et républicaine des États-Unis où s'est incarné le plus fondamentalement le principe de liberté.

C'est pour cela que, s'inscrivant davantage sous le paradigme de l'égalité et moins sous celui de la liberté, le débat sur la société civile apparaît chez nous, et contrairement aux États-Unis, davantage sur le mode de la participation ou de l'animation sociale sous le couvert et la protection de l'État plutôt que sur le mode de l'autonomie et de la responsabilité des citoyens protestants qui gèrent leur société comme personnes responsables et, autant que possible, indépendamment de l'État.

Ce qui me semble constant dans tout le XXᵉ, au Québec, c'est la défense de la communauté des valeurs et du sens devant la désintégration qui résulte de la modernité. La dérive et le dogmatisme des années 1970 tiennent certainement en partie au recul de l'Église catholique. Les nouvelles idéologies radicales perpétuaient la certitude du sens tout en proposant, sur le mode du sacrifice au nom d'idéaux supérieurs, la reconstruction de la fraternité et de la communauté. Jean-Marc Piotte a écrit de belles pages là-dessus. Cette hypothèse de la nostalgie de la communauté vaudrait d'ailleurs tout autant pour la gauche marxiste-léniniste que pour les créditistes.

GILLES GAGNÉ

Je voudrais revenir brièvement sur ce que disait Stéphane Kelly en terminant son intervention quand il appelait à un retour du politique pour faire pièce à l'abandon de toutes les capacités d'orientation aux mains de la « technocratie ». Le thème est déjà assez ancien mais la question ne laisse pas d'être centrale encore aujourd'hui. Et bien que je sois en gros d'accord avec sa mise en garde, je me demande malgré tout s'il ne faudrait pas revenir plus attentivement sur l'évolution du technocratisme. À voir les choses aller, je redoute en effet que nous en venions à regretter le déclin de la technocratie au profit de ce que l'on appelle, faute de mieux, le « managérialisme ». Dans sa première forme, entre Saint-Simon et

Veblen, le technocrate a été perçu comme une figure positive du monde moderne. Il annonçait alors la tendance à placer le savoir-faire au poste de commande. Contre les propriétaires absents, Veblen en appelle aux techniciens pour diriger la production ; c'est celui qui sait fabriquer une machine à laver qui fonctionne vraiment qui doit diriger l'entreprise et non celui qui sait comment tirer les meilleurs profits de la vente de ce bien. Les fonctions de financement ou de comptabilité, disait-il, sont des fonctions accessoires et ceux qui en ont la charge doivent être subordonnés aux producteurs et ils le seront forcément à mesure que s'affirmera le caractère technique de la production moderne. Les « techniciens », bref, annonçaient selon lui la fin du capitalisme depuis le dedans du capitalisme, son passage sous une nouvelle « direction ».

Avec le *New Deal,* une nouvelle figure du « technicien dirigeant » se développera, à l'intérieur de l'État et un peu selon le même principe ; c'est à ceux qui sont chargés de l'exécution des nouvelles politiques interventionnistes qu'il revient aussi de les concevoir, dira-t-on, l'applicabilité et l'efficacité des mesures envisagées devenant alors des critères dans la formation d'une volonté politique éclairée. Et c'est depuis lors que l'on redoute la tendance des techno-bureaucrates à imposer leur volonté aux élus, eux qui sont chargés par la démocratie de susciter et d'exprimer la volonté populaire. En conjoignant ces deux avatars du même animal, Burnham parlera alors d'une nouvelle classe dominante.

Or, ce qui est remarquable jusque-là, c'est l'ambiguïté qui régnait encore autour de la question des finalités, comme si la terre d'élection de la technocratie restait celle des moyens : encore aujourd'hui, le technocrate est souvent pensé comme un rationaliste wébérien, un expert qui connaît la meilleure manière d'atteindre une fin donnée, et il reste à ce titre un type social hautement légitime. Notons en passant que c'est là une évaluation que les sociologues ont tendance à partager, du moins dans la mesure où ils sont eux-mêmes spontanément wébériens quant il leur faut se prononcer sur l'orientation de leur propre « expertise ».

Les choses vont prendre une nouvelle tournure après la Seconde Guerre, comme on le voit alors avec la question de la recherche scientifique. Découvrant la haute valeur « stratégique » (c'est-à-dire militaire) de la recherche fondamentale, les Américains vont adopter un programme de développement scientifique et ils vont mettre en place une politique de la recherche universitaire qui sera ensuite imitée ou reproduite dans la plupart des pays développés. « La science, a écrit Vanevar Bush, est une frontière sans limite », et c'est l'aptitude des pays à rester à l'avant-garde de l'innovation scientifique qui déterminera à l'avenir leur place dans l'échelle de la puissance économique et militaire. L'effort de conscription de l'université qui a caractérisé cette période, effort mené à coup de subventions, de programmes d'infrastructures, de politiques d'achat du Pentagone, de découvertes cibles et d'importation de chercheurs étrangers (nobélisés ou nobélisables), était mené selon une vision centrale et par les moyens bureaucratiques de la raison d'État. Ce programme inversait la valence idéologique de la science moderne quand il en faisait l'instrument de la puissance plutôt que celui de l'émancipation et il était le lieu où la visée d'une « suprématie américaine » à maintenir et à développer grâce à la science et à la technique s'affirmait pour la première fois comme essence de la république américaine.

Cette période était aussi celle du règne de « l'homme de l'organisation » de type véblénien dans les entreprises américaines qui étaient alors en voie de se transformer sous leur houlette en championnes toutes catégories de l'investissement direct à l'étranger.

Bref, c'était sans doute là l'âge d'or du technocratisme proprement dit, un technocratisme qui ne reconnaissait plus, au-dessus de toutes les finalités qu'il imposait de son cru, qu'une seule finalité transcendante, celle de la suprématie nationale, un technocratisme qui rimait avec planification, coordination et organisation des moyens en vue de cette fin abstraite, lointaine, générale et englobante. *Mutatis mutandis,* telle était en gros, dans tous les pays, la légitimité technocratique : développer un État régulateur de toutes choses sociales, favoriser par des infrastructures une économie innovante, assurer une participation nationale décisive à la révolution scientifique et technique et susciter la formation d'entreprises géantes pour porter vers l'étranger la puissance de la classe des organisateurs.

Je parle au passé parce qu'il me semble que nous assistons maintenant à une inflexion de ce motif. Il me semble en effet que le managérialisme américain contemporain est en voie d'abandonner toute velléité d'organisation rationnelle de la puissance au profit d'une subordination du savoir-faire technocratique aux multiples puissances organisationnelles de la « société civile » (comme on le dit), l'État se réservant simplement droit d'étendre le « monopole de la violence » dans les directions qui conviennent le mieux aux forces dominantes de l'économie corporative. Si nous revenons à l'exemple de la recherche scientifique, il semble que les États se contentent maintenant d'une politique de la recherche qui, renonçant à tout contenu particulier et à toute orientation « stratégique », oblige simplement la recherche universitaire à se greffer sur les puissances organisées de l'économie du savoir. Ayant pour toute visée la reproduction élargie des puissances d'action sur la société, indépendamment du contenu spécifique de ces puissances, le managérialisme peut laisser tomber la doctrine de la valeur en soi de la « science et de la technique » qui caractérisait le technocratisme pour se mettre au service de tout agir organisé capable de reproduire par lui-même ses propres conditions d'existence. Bref, je crois qu'il faut faire notre deuil de ce qu'il restait du rationalisme moderne dans le technocratisme ; la doctrine managériale, c'est que la puissance est à elle-même sa preuve. Quant à la « suprématie nationale » de la droite américaine, elle pourrait très bien finir par se contenter de la suprématie de l'armée américaine et par laisser les organisations régner, indifféremment, sur toutes les sociétés.

FRÉDÉRIC BOILY

J'aimerais apporter une réponse aux interrogations de Daniel Jacques, exprimées plus tôt dans son exposé que j'ai d'ailleurs beaucoup apprécié, puisqu'il renouait en quelque sorte avec la philosophie politique. Vous avez parlé de la forme modérée des idéologies des années 1930 et vous vous êtes demandé pourquoi il n'y avait pas eu ici de fascisme ou même de nazisme. Or, en étudiant Lionel Groulx, je me suis aperçu que certains éléments intellectuels qu'on trouve chez lui sont aussi présents chez des auteurs d'avant les années 1930 ou de la fin du XIXᵉ siècle et qui ont contribué par leurs idées à l'avènement du fascisme (Maurice Barrès, par exemple). Mais il me semble qu'il manque certains éléments qui auraient pu faire basculer les idéologies des années 1930, comme Daniel Jacques l'a dit, dans l'extrémisme. Par exemple, le traumatisme de la guerre 14-18 a été très fort en Europe et a touché à la fois la population en général et les intellectuels en particulier. Beaucoup d'individus ont été traumatisés par la guerre. Or, si le traumatisme de la guerre de 14-18 a bouleversé la conscience européenne, il me semble qu'on ne trouve pas quelque chose d'équivalent ici. Par exemple, Groulx ne parle pas dans ses textes de la guerre de 14-18, hormis peut-être quelques brèves allusions. Or, en tant qu'intellectuel majeur de l'époque et qui lisait les auteurs français, il aurait dû, en théorie, s'interroger sur cette question. Mais il semble bien qu'il ne s'agit pas là d'un problème qui l'interpelle.

On peut également évoquer un autre élément à mon avis et c'est celui de la question de l'État et de l'étatisme. Les fascismes sont des régimes politiques qui valorisent l'État. Mais précisément, dans l'anthropologie catholique qui domine au Québec, la méfiance envers l'État est grande. Côté catholique, on est plutôt en lutte contre ce que l'on dénonce comme l'étatisation de la société. C'est pourquoi on trouve toujours un peu cette suspicion, de la part des intellectuels catholiques québécois, envers les mouvements politiques comme le fascisme et particulièrement le nazisme. Cette méfiance envers le nazisme est manifeste dans le journal, l'*Ordre nouveau*. En fait, on trouve même dans ce journal farouchement anti-communiste une critique du totalitarisme, c'est-à-dire du stalinisme et du nazisme compris comme appartenant à une même catégorie politique. Toutefois, cette critique du totalitarisme arrive seulement au moment du pacte Staline-Hitler, lorsque les deux dictateurs se serrent la main. Les rédacteurs d'*Ordre nouveau* croient que si Hitler et Staline se donnent une poignée de main, c'est tout simplement parce qu'ils sont embarqués dans le même bateau.

Enfin, j'évoquerai un dernier élément qui est la faiblesse du racialisme biologique au Québec. En effet, pour comprendre l'extrémisme européen et plus particulièrement celui en Allemagne, il faut parler du développement de l'anthropologie raciale, grosso modo entre 1850 et 1900, qui a été très important. Il existe un très beau livre sur ce sujet écrit par un anthropologue et un historien (Edouard Conte, *La quête de la race,* Paris, Hachette, 1995). Or, à ma connaissance, la biologie raciale est loin d'avoir connu un tel développement ici. Certes, les intellectuels québécois ou canadiens-français auraient tout de même pu s'abreuver à ces courants européens, sauf que le racisme biologique était en contradiction avec le nationalisme. En effet, comment Groulx aurait-il pu montrer l'existence d'une « nouvelle nation » à partir de la biologie raciale ? Car le racisme repose précisément sur l'idée d'un déterminisme biologique. En théorie, les Français venus en Amérique auraient dû encore appartenir à la race française. Si Groulx avait adopté la logique raciale, il lui aurait donc fallu montrer que les Canadiens français étaient différents, sur le plan biologique, des Français demeurés en France. Ce qui aurait impliqué, par exemple, de se procurer des crânes de Français du XVᵉ siècle pour les comparer avec ceux des Canadiens français, en montrer les différences et trouver des explications. Mais Groulx est dans une logique nationale, et il est plus simple et logique pour lui de dire que la « race » ne doit pas être comprise dans un sens biologique mais plutôt culturel. Voilà pourquoi le nationalisme de Groulx est peut-être extrémiste, mais il n'est pas un « crypto-nazisme ». Ces remarques m'amènent à penser que les idéologies québécoises des années 1930 ne sont pas sur une pente conduisant naturellement ou nécessairement vers l'extrémisme.

En ce qui concerne l'axe gauche-droite, j'aimerais proposer une façon de le raffiner en rappelant ce que le politologue Seymour Martin Lipset appelait le « radicalisme du centre ». Il s'agit quand vient le temps de situer le fascisme et le nazisme (et peut-être même le stalinisme) de parler d'extrémisme du centre. Il s'agit en quelque sorte d'élever une droite à partir du centre. Ainsi, le Front national de Jean-Marie Le Pen loge bien à l'extrême-droite, mais pas au côté de Hitler, ce dernier ayant plus à voir avec Staline dans une espèce d'extrémisme du centre. Cela permet de prendre en compte la modernité du fascisme. Cela m'amène à ajouter un dernier commentaire à propos de la modernité du nazisme. Il est vrai qu'en un sens le nazisme était moderne, Hitler n'étant pas contre la technique. Ainsi, il a été parmi les premiers politiciens allemands à faire campagne électorale en sillonnant l'Allemagne en avion et il était passionné par le cinéma (il aurait écouté King Kong à dix-sept reprises !) Mais, l'antimodernisme est aussi présent dans le nazisme. La révolution que le nazisme espérait, l'« homme nouveau » que l'on voulait créer était justement le contraire de l'homme bourgeois, qui lui était associé aux idéaux de la Révolution française. L'« homme nouveau » du nazisme était viril, belliqueux, obéissant et prêt aux combats les plus rudes. En ce sens, il était radicalement opposé aux idéaux des Lumières et à la modernité.

DANIEL JACQUES

Mais il y a un renversement de l'idée de révolution, la révolution conservatrice, puis la révolution de droite, ce sont des idées qui vont être très populaires à cette époque-là. Il y a une récupération de l'idée de révolution, à toutes fins utiles.

FRÉDÉRIC BOILY

En effet, et c'est pourquoi on peut parler de la modernité du nazisme, laquelle est peut-être même plus importante en ce qui concerne le fascisme italien. Pour terminer, il y a un ouvrage récent qui pourrait donner des munitions à tous ceux qui ne sont pas à l'aise avec l'axe gauche-droite et c'est celui d'un politologue américain A. James Gregor (*The Faces of Janus. Marxism and Fascism in the Twentieth Century,* 2000). À elle seule la couverture de l'ouvrage est très parlante puisqu'on y voit les visages de Staline et de Mussolini sur la même tête ; donc que fascisme et communisme ne sont pas aux extrémités du spectre idéologique. L'auteur montre comment les intellectuels occidentaux ont trop facilement intériorisé les schèmes d'analyse propres au marxisme, notamment l'idée que le nazisme est d'extrême-droite.

JEAN-JACQUES SIMARD

En ce qui concerne l'opposition droite-gauche, je me demande parfois s'il ne faudrait pas déplacer la perspective. Droite-gauche, cela suppose une position ferme autour d'un certain nombre de termes, alors que moi, par exemple, je prétends être personnellement à gauche tandis que mon cœur, lui, est à droite. Il me semble que le monde moderne, lorsqu'il a pris conscience de ce qu'il devenait, dans le vocabulaire rationaliste des Lumières, a presque immédiatement engendré une autre manière de voir les choses, sa propre autocritique, le romantisme. L'esprit des Lumières va nous donner largement l'opposition entre le collectivisme et le libéralisme telle qu'on la connaît encore. Mais le nationalisme aussi sort de la modernité, et là, on ne peut plus parler de droite-gauche, parce que le nationalisme nourrit aussi bien la critique du colonialisme (de gauche), que la glorification intolérante de la nation (de droite). On va citer Herder dans ce contexte-là, aussi bien comme prophète du droit des peuples à l'autodétermination que du nazisme. Je crois qu'en réalité notre rapport au monde moderne est resté depuis ce temps tiraillé entre une quête inassouvissable et nostalgique de spontanéité affective, d'authenticité originale, de communauté viscérale, qui a été exprimée d'abord par le romantisme allemand en réaction contre l'horizon universel de rationalité, liberté, égalité, dans la commune humanité (fraternité), tel que défini par les Lumières françaises. Depuis, on continue de se chicaner sur le même clivage : technocratie contre écologie, et ainsi de suite.

Deuxième point sur nos énervements : il faudrait quelque part, me semble-t-il, tenir compte de facteurs psychosociologiques comme le fait que nous ayons connu une mobilité économico-culturelle extraordinairement rapide depuis la Seconde Guerre mondiale, qui a fait éclater les horizons du possible, de l'affirmation personnelle, des aspirations et des désirs. Pour dire les choses brutalement : la plupart d'entre nous restons des « parvenus de l'émancipation ». Dès lors, il y avait dans les emballements de la jeunesse (Mai 68, Yuppies, gauchistes) un immense carnaval de théâtralité, ostentatoire et narcissique, voulant dire : regardez-moi ! je m'approprie les symboles de la grande tradition révolutionnaire moderne ! C'était du théâtre, une foire joyeuse et exaltée de parvenus de la liberté qui, ne maîtrisant pas tout à fait les codes du nouveau statut qu'ils prétendaient s'approprier, en jouaient les apparences, en groupe, d'une façon théâtrale. Je ne fermerais pas cette porte-là à l'explication parce les mouvements ont beaucoup dérapé dans des extravagances symboliques.

Dernière chose sur laquelle je m'interroge : je trouve qu'on utilise trop souvent les mots Québec ou Québécois pour désigner en fait les seuls Canadiens français. J'ai beaucoup de difficulté à comprendre l'antilibéralisme qui a pu se manifester au Canada français sans penser aux « Anglais », de l'autre côté. Dans la petite ville ouvrière où j'ai été élevé dans les années 1950, la vie marchait au double rythme de la sirène du moulin à papier des Price Brothers et de la cloche de l'église canadienne-française catholique. Il n'y avait pas grand-chose, dans « la société », qu'on ne comprenait pas par l'intermédiaire de cette dialectique. Pendant que l'on entretenait une politique « antilibéraliste » de patronage-clientélisme, de paternalisme autoritaire un peu médiéval ne touchant pas seulement le gouvernement mais la généralité des rapports sociaux dans le monde communautaire français, l'État provincial, lui, depuis au moins Taschereau, pratiquait une politique économique de libéralisme glorieux au bénéfice des « compagnies anglaises ». On ne comprend pas bien notre rapport au libéralisme, globalement, si on ne tient pas compte du fait que le Québec, cela veut dire aussi cette extraordinaire présence des dominants anglophones dans les affaires économiques. Vivre au Québec, appartenir à la société québécoise ne se comprend pas en dehors de ce tiraillement-là. Même chose pour le développement du syndicalisme : alors que dans les syndicats catholiques on retombait dans le paternalisme de protection, on ne pouvait quand même pas résister complètement à l'exemple que donnaient pendant ce temps-là les syndicats juifs, en particulier dans la confection, qui pratiquaient le syndicalisme de combat dès le début du siècle à Montréal ; à la longue, cela ne peut pas faire autrement que d'inspirer des mauvaises idées au bon peuple de « nos ouvriers ». Je trouve que, peut-être, on ne met pas assez l'accent sur cette sorte d'interactions quand on parle du Québec comme formation sociale.

DANIEL DAGENAIS

Je veux bien admettre que, dans la dialectique du rationalisme et du romantisme, le nationalisme du XIXᵉ siècle puisse être associé plutôt au second. Mais il me semble qu'il y a des indications assez claires sur le plan historique du fait que l'idée de nation a pris corps de manière beaucoup plus marquée dans le monde anglo-saxon. C'est d'abord en Angleterre que le vocabulaire prend forme et c'est dans cet univers-là, au fond, que la nation acquiert une première signification moderne avant d'être reprise par la France puis ensuite, plus généralement, par le romantisme. Je ne suis pas sûr de t'avoir bien compris.

JEAN-JACQUES SIMARD

Je parle du nationalisme ethnique, fondé sur la fidélité communautariste, sur un « entre-nous » particulier, par opposition à la fraternité politique, réfléchie. La fraternité, c'est universel, c'est une solidarité qui essaie d'incarner le « citoyen du monde » dans un pays donné. Au-delà du fait que l'idée de nation elle-même peut prendre des contenus variables en temps et lieux historiques, je crois qu'il y a une espèce de tiraillement dans la réflexion du monde moderne sur soi-même qui s'est exprimée d'abord par un débat implicite sur le fondement de la nation entre les Lumières de la Révolution française et la réaction du romantisme allemand, mais qui a continué depuis sous bien d'autres thèmes. La rationalité technocratique par rapport à la sensibilité écologiste, par exemple.

GILLES BOURQUE

Je voudrais faire trois remarques d'ordre général. La première porte sur les rapports entre libéralisme et antilibéralisme. On peut penser que nous sommes devant une forme de rapport constitutif des sociétés modernes, c'est-à-dire des sociétés démocratiques qui se sont incarnées dans l'espace national, entre le développement du capitalisme et celui de la démocratie, un rapport qui dans une large mesure est contradictoire. Ce dont on parle depuis le début du séminaire, c'est d'une certaine manière de réactions aux transformations du capitalisme qui se traduisent par une tentative de repenser l'État démocratique qui jusque-là avait pris la forme de l'État libéral classique. Par exemple, le corporatisme peut être vu comme une réaction des notables canadiens-français, à tout le moins de sa fraction cléricale au sens large et urbaine qui essaie de repenser la démocratie devant la crise et la monopolisation de l'économie capitaliste dont ils se sentent de plus en plus exclus. Dans le but de reprendre le contrôle sur la gestion de la société, il s'agissait somme toute de repenser la démocratie dans des structures corporatistes parallèles à l'État. Aujourd'hui, dans la perspective de l'économie sociale, on dirait qu'il faut inventer une démocratie participative qui fait de l'État un simple partenaire. Pour les créditistes, il s'agissait de transformer l'État en comptable. On peut affirmer dans cette perspective que l'antilibéralisme corporatiste et créditiste peut être vu comme une voie conservatrice, élitiste ou populiste, de réforme de l'État libéral. De la même manière, le syndicalisme représente l'initiateur du deuxième type d'antilibéralisme et de ce que l'on pourra appeler la voie sociale-démocrate. Le syndicalisme s'affirme à l'encontre du libéralisme classique et de l'État veilleur de nuit qui était un État du capital au sens strict. La conquête du droit d'association et du suffrage universel, les politiques sociales sont autant de réformes qui battent en brèche le libéralisme et qui préparent l'État-providence.

Ma deuxième remarque porte sur la nature et l'histoire de l'État-providence. Il me semble que l'on se réfère trop souvent à l'État-providence comme s'il s'agissait d'une essence, par définition sans histoire et dépourvue de contradictions, comme on le fait souvent d'ailleurs à propos de la Révolution tranquille et de ses suites. L'État-providence, par exemple, est-il par essence un État technocratique ? Ou, au contraire, l'hégémonie de la technocratie ne pourrait-elle pas être mieux expliquée dans le cadre d'une analyse plus fine du développement des contradictions inhérentes au providentialisme ? On sait très bien maintenant que l'État-providence est devenu un État technocratique, mais comme le disait Michel Freitag, il y avait au point de départ la volonté de développer l'économie nationale et de penser la société nationale sur la base des principes de la justice sociale. Ce qui se produit à la fin des années 1960, c'est précisément la rupture de cette espèce de contrat qui, à partir du régime de la convention collective, était axé sur le développement de l'économie nationale et l'élargissement d'une politique sociale redistributive. Rappelez-vous le manifeste de la CSN *Ne comptons que sur nos propres moyens* au début des années 1970. Qu'est-ce que ça disait ? Nous avons participé à la Révolution tranquille et que fait maintenant l'État, sinon financer les multinationales au détriment de la justice sociale ! Nous n'avons plus rien à voir avec cela. Il ne reste qu'à ne compter que sur nos propres moyens et à développer le socialisme.

C'est alors le début de la théâtralité dont parlait Jean-Jacques Simard. Il serait peut-être possible de mieux comprendre, entre autres phénomènes, le gauchisme des années 1970 au Québec comme dans toutes les sociétés occidentales, en faisant une histoire beaucoup plus fine de l'État-providence.

Troisième remarque. Je suis en quelque sorte un traditionaliste qui croit encore à la pertinence de la dichotomie droite-gauche. Il s'agit évidemment d'une démarcation essentiellement descriptive, mais il me semble que cela renvoie à un élément central et toujours essentiel de la modernité politique, c'est-à-dire la dialectique entre la liberté et l'égalité. Être à gauche, c'est privilégier dans cette dialectique l'idée d'égalité, alors qu'être à droite, c'est davantage centrer la réflexion et les combats sur l'idée de liberté.

STÉPHANE KELLY

Mais il y a quelque chose que je ne saisis pas. La plupart des participants du séminaire qui disent refuser le clivage gauche-droite sont des *jeunes* (c'est comme cela qu'on nous appelle...). Les plus âgés prétendent que la gauche, c'est important. La gauche, ce serait l'égalité. Curieusement, ce sont les plus âgés qui ont inventé les clauses orphelins, mais qui en nient l'existence...

DANIEL JACQUES

Si je comprends bien la question, il me faut répondre qu'il ne s'agit pas ici de prétendre que l'opposition entre la droite et la gauche n'a plus aucune pertinence théorique ou pratique, ce qui serait une formulation excessive de la thèse que je cherche à formuler. Il y a d'ailleurs des objets très clairement identifiables dans l'espace politique qui s'insèrent assez bien dans cette opposition. Je me propose plutôt de souligner son caractère incomplet et parfois inadéquat. Davantage, il me semble que les limites de cette opposition classique ne nous apparaissent clairement que depuis fort peu de temps. Le problème que je désire poser se situe donc essentiellement sur le plan théorique. Armés de ces seules catégories, on ne parviendra jamais à décrire correctement certains objets de notre univers politique. Le fait qu'il nous soit donné désormais de saisir les limites de cette conceptualisation établie montre bien que nous sommes délivrés de certaines des contraintes idéologiques produites par la guerre froide. Tant et aussi longtemps que notre compréhension des phénomènes politiques restait prisonnière de l'esprit de la guerre froide – soit l'antifascisme sur la gauche et la critique du totalitarisme sur la droite – on pouvait difficilement adopter un autre langage sur le siècle et envisager correctement certaines critiques du libéralisme qui furent, au milieu du siècle, totalement déconsidérées. Aujourd'hui, alors que les ennemis du libéralisme ne sont plus en mesure de le renverser, il devient possible d'examiner avec un autre regard ces formes exotiques de la politique moderne qui échappent au domaine de compréhension ouvert par l'opposition usuelle entre les catégories de droite et de gauche. Voilà pourquoi le problème dont il s'agit est principalement d'un ordre théorique.

JEAN-PHILIPPE WARREN

Simplement une question rapide pour faire suite au propos de Gilles Bourque sur l'évolution de l'État-providence au cours du siècle. Aussi pour faire suite à ce que vient de dire Gilles Gagné sur la transformation de ce qu'on appelle encore la technocratie en y mettant un sens inédit (et là-dessus, je ne peux pas m'empêcher de faire une petite parenthèse en rappelant que le premier livre qui a été publié sur la technocratie au Québec, intitulé *La technocratie par la démocratie industrielle,* l'a été en 1933, par un auteur qui ambitionnait d'instaurer au Québec un État corporatiste ! Dans un article qui date aussi de 1933, Raymond Tanghe dénonçait pour sa part dans la technocratie un communisme rampant).

Je voudrais adresser ma question à Florence Piron. Il est évident pour ma part que les catégories de droite et de gauche connaissent une confusion croissante. Cette confusion, elle existe tout au long du siècle, et nous sommes bien placés pour le savoir, nous qui jetons aujourd'hui un regard rétrospectif sur ce qu'a été l'antilibéralisme au Québec. On a parlé « d'extrémisme du centre », de « centre extrémiste », on a parlé aussi, pour caractériser les fascismes, de « modernité réactionnaire ». Bref, on a toutes sortes de mots maladroits pour nommer des réalités qui semblent nous échapper si on demeure enfermé dans l'ancienne polarité (à laquelle je continue de croire cependant, puisqu'elle a déjà sa réalité dans le réel). Je crois que cette confusion habite jusqu'à l'État québécois et l'État canadien actuels. La question que j'adresse à Florence Piron est toute simple. Est-ce qu'on peut être en faveur de l'État aujourd'hui, non seulement en faveur de l'État gendarme ou de l'État législateur, mais en faveur d'un État interventionniste et qui s'occupe d'organiser l'économie, et cependant faire le jeu d'un État néolibéral ? Est-ce que désormais, dans les analyses que tu as faites sur le nouveau management, on peut voir que l'État tel qu'il se transforme sous nos yeux, réconcilie la possibilité d'un interventionnisme et du néolibéralisme ?

FLORENCE PIRON

Disons que cette réforme décuple les moyens d'intervention de l'État, qui deviennent plus efficaces, plus économiques, plus efficients. Par exemple, le « e-gouvernement » semble être un moyen très efficace de régulation des rapports entre l'État et les citoyens, à un coût très faible. J'ai fait une entrevue avec une sous-ministre responsable de la modernisation de l'Administration québécoise et son rêve – son visage resplendissait de bonheur quand elle m'en parlait – c'était ce gouvernement électronique, gouvernement par ordinateur. Aux États-Unis, il y a déjà cinq États où c'est à l'œuvre. Or, tous les rapports entre le citoyen et l'État passent par des guichets. Du point de vue de l'État, c'est certain que cela permet de faire beaucoup de gestion efficace de manière économique.

MAURICE LAGUEUX

Je pense, comme Daniel Mercure, que cela aurait été utile de préciser, c'est-à-dire de caractériser le libéralisme dont on parle, ne serait-ce que pour mieux comprendre de quel antilibéralisme on parle. Il me semble que la première distinction qui s'impose est évidemment celle entre libéralisme politique et libéralisme économique. On a mentionné un peu le libéralisme politique, mais je ne sais pas s'il y a eu un antilibéralisme politique au Québec ; en tout cas, il aurait certainement peu à voir avec l'antilibéralisme économique, je pense. Par ailleurs, je voudrais relancer ce que disait Stéphane Kelly tout à l'heure à propos de ce qui semblait se rapporter au libéralisme économique, quand il distinguait le libéralisme qui concerne le petit capitalisme et celui qui concerne le grand capitalisme. Je pense qu'on peut faire ces distinctions, mais si on remonte à Adam Smith, c'est effectivement le petit capitalisme qui est en cause, parce qu'il n'y avait pas de grand capitalisme dans son temps.

Le libéralisme issu d'Adam Smith a été caractérisé, entre autres, par deux choses. D'une part, l'idée de laisser-faire et, d'autre part, l'idée de libre concurrence. Or, ce qui s'est passé – parce que, bien sûr, le libéralisme est d'abord une doctrine économique – c'est que les économistes pendant longtemps ont défendu et structuré cette idée de libre concurrence : l'économie, du moins ce qu'on appelait l'économie néoclassique, a visé à construire la concurrence de toutes pièces. Par exemple, pour ce qui est des monopoles, l'important, c'était de les briser, au nom de la théorie économique parce que la concurrence suppose qu'il n'y pas de monopole. Les économistes néoclassiques travaillaient à les éliminer ; même le keynésianisme, en un sens, consistait à créer les conditions du libéralisme de concurrence. Or, ce qui s'est produit ensuite, ça a été le développement du néolibéralisme dont je ne dirais pas qu'il est un libéralisme de grands capitalistes mais dont je dirais qu'il est un libéralisme qui a repris cette autre composante (ou cette autre notion) qui était présente chez Adam Smith, à savoir le laisser-faire. C'est dire que c'est un néolibéralisme qui, littéralement, s'oppose à toute cette conception d'un libéralisme axé sur la libre concurrence, parce que le laisser-faire et la libre concurrence sont deux choses complètement différentes.

Avec le néolibéralisme, l'accent est mis sur le laisser-faire, c'est-à-dire sur l'idée, par exemple, de ne pas se préoccuper des monopoles, sauf de ceux qui sont construits par l'État. On n'a pas à se préoccuper d'eux puisque ce qui caractérise ce type de libéralisme, c'est le laisser-faire. Mais malgré cela, du moins on l'espère, il y a une sorte de concurrence qui s'établit d'elle-même ; mais elle ne ressemble pas à la libre concurrence des néoclassiques. On a plutôt affaire à une concurrence où il y a des gagnants et des perdants, des plus forts et des moins forts. Alors, je termine là-dessus, je ne sais pas s'il y a toujours eu antilibéralisme au Québec ; en tout cas, depuis les années 1980, un antilibéralisme qui est un antilibéralisme économique, ou mieux un anti-néolibéralisme, est manifeste et c'est ce qui est en cause ici. Je ne sais pas si, avant cela, il y a eu un antilibéralisme parce que ce néolibéralisme qui est avant tout visé dans ce sens-là, quoique présent, était fort peu connu.

Par ailleurs, il y a eu un anticapitalisme ; je pense que le syndicat d'action, le syndicat de combat, c'est d'abord un anticapitalisme plus qu'un antilibéralisme, car ce n'est pas une doctrine en particulier qui est visée. En tout cas, ce sont des éléments avec lesquels on peut être d'accord ou pas, mais qui vont dans le sens de cet effort qu'on a fait pour caractériser ce contre quoi on en a : est-on antilibéral ou anticapitaliste ?

JEAN-PHILIPPE WARREN

Le corporatisme, lui, était capitaliste et antilibéral !

MAURICE LAGUEUX

Oui mais anti-quoi ? Il n'était pas un anti-néolibéralisme ; il était probablement antilibéral, un antilibéralisme politique. Sans doute, était-il contre le libéralisme économique aussi, mais contre un libéralisme qui n'avait pas cette caractéristique que le néolibéralisme a développée et qui met l'accent justement sur le laisser-faire. Je pense que le libéralisme qu'on pouvait combattre dans les années 1930-1940 était, en fait, le libéralisme de concurrence pure, un libéralisme qui correspondait à ce que l'économie d'alors, à ce que les économistes de ce temps, qui étaient des économistes néoclassiques, pouvaient défendre. On était déjà antilibéral, mais dans la mesure où l'on s'opposait à toute forme de concurrence, puisque même cette concurrence civilisée, celle qu'essayaient de mettre en place ces économistes néoclassiques, on s'y est opposé aussi. Mais je ne dirais pas qu'une telle opposition est identique à celle dont on parlait tantôt, parce que ce sont là des types d'antilibéralisme très différents.

DANIEL MERCURE

Je suis d'accord avec James Thwaites. Toutefois, concernant le libéralisme et la place de l'État, je pense qu'il faut être prudent quand on se réfère à Adam Smith. Ce dernier est conscient des limites du laisser-faire. À plusieurs endroits dans *Recherches sur la nature et les causes de la richesse des nations* il trace les limites de la régulation spontanée de la société et fait appel à une main un peu plus visible. Par exemple, il soutient que si la division du travail est trop poussée elle fera des travailleurs de parfaits crétins ; il souligne que le gouvernement doit prendre des précautions pour prévenir ce qu'il appelle « ce mal ». Ou encore, il insiste sur la dangereuse tendance des marchands et des manufacturiers à agrandir le marché et surtout à restreindre la concurrence, soulignant que leur intérêt n'est jamais exactement le même que l'intérêt de la société. Bref, l'idée d'une concurrence à surveiller afin qu'elle demeure libre est présente chez Smith, même si cela semble paradoxal.

En ce qui a trait au libéralisme contemporain, les choses me semblent plus complexes. Il faut peut-être faire une nuance entre le néolibéralisme au sens où James Thwaites en parle, c'est-à-dire comme doctrine qui accorde une grande importance au laisser-faire et, disons, la tendance ultra-libérale qui tente malgré tout de maintenir les règles de la concurrence. Si l'époque est au laisser-faire, il ne faut pas pour autant en conclure à l'absence d'intervention de l'État. Mais la demande de la part du capital en vue d'accroître la déréglementation est forte, de même que celle qui vise à augmenter les interventions sur la scène internationale. Un nouveau mode de régulation internationale des échanges économiques s'est construit lentement au-dessus de nos têtes. Puis la multiplication des ententes de libre-échange a tout activé et nous a mis en face d'un monde sur lequel nous avons peu d'emprise directe.

QUATRIÈME SÉANCE
THÉORIES ANTILIBÉRALES :
MARXISME ET TOTALITARISME

EXPOSÉ DE MAURICE LAGUEUX
SUR LE MARXISME

On m'a demandé de parler de la pertinence du marxisme dans un séminaire sur l'antilibéralisme au Québec. Je dois dire que je ne suis pas sûr d'être la personne la plus qualifiée pour traiter de ces questions, et ce, pour différentes raisons.

La première est que, contrairement à un certain nombre d'entre vous, je pense, je n'ai jamais été marxiste. J'ajouterais même que, pendant les années 1980, quand j'ai appris que certaines personnes pensaient que je l'étais, j'ai vraiment été estomaqué et je suis demeuré incrédule pendant très longtemps. Mais, enfin, ce n'est quand même pas là un problème sérieux : mon collègue Michel Freitag n'a probablement jamais été fasciste – il me corrigera au besoin – et cela ne l'empêchera pas de parler du fascisme dans un moment.

La deuxième raison est que, en principe, le colloque porte sur le Québec que je connais très mal de ce point de vue, parce que s'il est vrai que j'ai travaillé quand même beaucoup sur le marxisme, je n'ai pas vraiment travaillé sur le marxisme au Québec. Je me suis intéressé aux répercussions, au Québec, de certaines idées qui venaient d'ailleurs. Quoi qu'il en soit, je pense que la question se pose et qu'on a raison de s'interroger sur la pertinence du marxisme au Québec. En effet, même si on a fait valoir, avec raison, que le Québec avait été caractérisé par une certaine modération, par le fait qu'on y tend à se situer politiquement au centre, on a aussi parlé de l'extrémisme, des excès incroyables du militantisme des années 1970, lequel était nettement un mouvement marxiste. Or, ces deux observations-là semblent contradictoires. Pour ma part, je pense que les marxistes ont exercé une influence indirecte très importante. Ils n'ont pas tellement modifié la donne sur le plan politique, mais ils ont, en marge à vrai dire, exercé une influence très grande principalement au cours des années 1960 à 1980, au cours desquelles on peut parler d'un marxisme véritablement important au Québec. Je pense que tout a commencé, en fait, en 1962 ou autour de là, avec la fondation de *Parti pris* par certains de mes confrères de philosophie, à l'époque. Ce mouvement s'est propagé comme une traînée de poudre dans les années qui ont suivi ; il a envahi le mouvement syndical et, au cours des années 1970, il a exercé une influence très importante qui a commencé à s'affadir à la fin de ces années 1970 pour ne laisser que des reliquats pendant les années 1980. On peut probablement parler d'une résurgence, depuis 1995, résurgence qui, jusqu'à un certain point, peut être associée à tout le mouvement de contestation autour de la mondialisation et du néolibéralisme. Quoi qu'il en soit, ce n'est qu'en des termes très généraux et très sommaires que je viens de décrire ce qu'a pu être le marxisme au Québec. Mon but n'est pas d'en pousser plus loin l'histoire ou l'analyse, puisque je viens de dire que je ne connais à peu près rien de ce qu'il fut concrètement, mais je vais essayer quand même de montrer pourquoi tout cela a été possible. C'est que, même si je n'y ai pas adhéré, je suis loin d'être porté à dire que ce mouvement a été une folie ou une sorte de maladie. Je pense qu'il y a des raisons qui expliquent l'importance qu'il a pris. Je le pense tellement que, même si je ne pouvais y adhérer, à l'époque des beaux jours du marxisme, j'ai très souvent eu mauvaise conscience, en éprouvant cette espèce d'impression de passer à côté de l'histoire qui se faisait. Tout en ayant la conviction de ne pouvoir absolument pas m'associer à ce discours-là, il était très difficile de ne pas voir que c'était là que se passait vraiment quelque chose.

Il y avait donc des raisons à tout cela. Mais, puisque c'est la question posée, il faut se demander quelle est la pertinence de ce mouvement dans une critique du libéralisme. C'est donc la question d'où je pars. Est-ce que le marxisme peut contribuer efficace-

ment à la critique du libéralisme et principalement du néolibéralisme qui a pris forme un peu plus tard ? À cette question-là, je
pense qu'on peut répondre assez spontanément deux choses. D'une
part, on peut répondre oui, parce que c'est évident que le marxisme
nous a fourni un arsenal d'arguments contre le capitalisme libéral.
Un arsenal qui est composé, d'une part des contributions analyti-
ques de Marx lui-même et, d'autre part, de ce que toute la tradition
marxiste a ajouté à cela. Il y a là quelque chose qui est incontournable, pourrait-on dire. Le marxisme est effectivement un instrument important dans cette lutte ; en tout cas, certains le pensent
encore aujourd'hui. D'un autre côté, on pourrait répondre non à la
question, parce que critiquer le libéralisme, cela suppose quand
même qu'on propose quelque chose à sa place, et le marxisme
serait bien mal placé pour prétendre apporter une autre solution. On
a même souvent dit que, quand il a été appliqué, le marxisme a
produit les catastrophes que l'on sait ou, en tout cas, a entraîné les
déceptions très profondes que l'on connaît. Or, je pense que ces
deux réponses sont insatisfaisantes et je vais essayer de montrer
pourquoi, en commençant, ce qui me paraît plus facile, par la
deuxième.

Je pense qu'effectivement ce n'est pas une bonne réponse
d'évoquer le fait que le marxisme ait donné ces tristes résultats
quand il a été appliqué parce que, comme bien des marxistes l'ont
fait valoir avec raison, la pensée de Marx sur le communisme est
littéralement aux antipodes de ce qu'a été le totalitarisme bureaucratique. Pour s'en rendre compte, on a qu'à lire ce que Marx dit du
communisme, et on peut même signaler qu'en 1843 il a énoncé
contre la bureaucratie la critique la plus lucide et la plus dévastatrice possible qu'on pouvait, à mon sens, formuler à cette époque
où cette bureaucratie n'existait pas encore, du moins n'était-elle
pas au XIXe siècle ce qu'elle est devenue au XXe. On aurait donc
bien tort de voir dans le communisme assez peu glorieux qu'on a
connu une application de la pensée de Marx. Mais ce n'est pas
forcément là une bonne nouvelle pour les marxistes, parce que si ce
communisme ne fut pas une application de la pensée de Marx, ce
n'est pas parce que celle-ci a été mal appliquée, mais bien parce

qu'elle n'est pas applicable. Elle n'est pas applicable dans la mesure où elle est, comme bien d'autres théories du genre, une utopie. Quand Marx nous parle du communisme dans les termes que j'ai évoqués tout à l'heure, il nous présente une utopie, une utopie qui ne nous indique pas comment elle peut être appliquée. C'est à cela que je fais allusion quand je dis que le problème central, le problème le plus important pour une utopie de ce genre, est celui de la conciliation entre la planification et la participation. Vous avez là deux idéaux contradictoires qui sont poussés à bout dans la conception que Marx propose. Or, je pense qu'il n'y a pas de recette ou de réponse à la question de savoir comment réaliser cela. Aussi, sans vouloir défendre Lénine ou Staline, je pense qu'ils ne pouvaient pas faire autre chose, quand ils ont voulu construire un marxisme réel, que d'inventer de toutes pièces des trucs ou des moyens pour mettre en place ce régime, parce qu'il n'y avait pas de réponse sur ce point dans la pensée de Marx. Ce fait n'est pas étonnant, parce que pratiquement toute l'œuvre de Marx est, comme on sait, une critique du capitalisme. Seules quelques pages traitent du socialisme comme tel, un certain nombre de pages quand même, mais qui n'apportent pas, ou si peu, d'éléments particulièrement neufs ou instructifs à propos du socialisme.

Alors cela m'amène à ma deuxième réponse possible. Si la pensée de Marx était d'abord une critique du capitalisme, comme je le signalais à propos de la première réponse considérée, il semble qu'on a là une réponse à la question de savoir s'il peut constituer un moyen efficace de critique politique, s'il peut servir efficacement l'antilibéralisme, ce qui est la question centrale du colloque. Or, je voudrais dire maintenant pourquoi cette réponse-là ne me paraît pas non plus véritablement satisfaisante. Elle ne l'est pas vraiment parce que, même si Louis Althusser nous a rabâché les oreilles pendant plusieurs années en nous parlant de la « science marxiste », il est bien évident – et je pense que tout le monde s'en rend compte – que, si la pensée de Marx était une théorie scientifique remarquable au XIXᵉ siècle, comme bien d'autres théories scientifiques du XIXᵉ siècle, elle a subi les contre-coups d'une critique passablement dévastatrice et qu'elle ne peut pas constituer aujourd'hui l'instrument ultime qui pourrait rendre compte scientifiquement de ce que doit être une critique du capitalisme actuel. Bien sûr, quand ils n'ont pas simplement ignoré la critique adressée à la pensée de Marx, les marxistes ont cherché à adapter celle-ci : la théorie de la valeur travail a fait place à une discussion métaphysique portant sur le travail abstrait ; la loi de la baisse tendancielle du taux de profit a fait place à des considérations sur l'évolution à la hausse ou à la baisse des profits ; aux processus de décomposition du capitalisme, on a substitué une analyse des imprévisibles mutations du capitalisme et les thèses sur la lutte des classes ont été remplacées par une sociologie assez nuancée, mais aux conclusions beaucoup plus vagues sur l'évolution des classes sociales. Une fois reformulé par des générations de penseurs de toutes appartenances académiques, le marxisme a effectivement évolué dans ce sens-là, mais il n'en a pas moins continué à alimenter l'arsenal généralement utilisé contre le libéralisme.

Toutefois, la question qu'on doit se poser, celle que je me pose en tout cas à ce propos, est celle de son statut, celle de son étrange statut. À quoi a-t-on affaire, peut-on se demander, quand on parle de ce marxisme ? De quoi parle-t-on au juste ? À mon sens, on ne désigne pas, par là, la pensée de Marx, au sens, par exemple, où l'hégélianisme renvoie normalement à la pensée de Hegel. Cela peut être illustré très facilement par le fait qu'il y a, dans diverses parties du monde, des marxistes qui méritent vraiment le titre de marxiste, mais qui n'ont pas lu une seule page de la pensée de Marx. Ils peuvent même être parfaitement ignorants, mais mériter vraiment le titre de marxiste. On ne pourrait pas, par exemple, parler de la même façon d'un hégélien totalement ignare, qui ne connaîtrait ou qui n'aurait jamais lu une page de la pensée de Hegel ! Il y a là un fait assez singulier. Même si, pour ma part, j'ai consacré divers travaux à la pensée de Marx, il est tout aussi juste de dire que je ne suis pas marxiste, qu'il est juste de dire que ces militants qui ignorent la pensée de Marx sont authentiquement marxistes. Ils le sont parce que le terme « marxisme » ne renvoie plus à la pensée de Marx, qu'il n'est plus défini par son rapport à cette pensée, car ce qui le définit, c'est plutôt le mouvement sociologique qu'il a généré en quelque sorte, et qui occupe une place absolument unique dans l'histoire. Ce mouvement-là a, bien sûr, tiré parti des notions marxiennes qui sont devenues des slogans au service de sa cause : l'exploitation de l'homme par l'homme, le capitalisme sauvage, la lutte des classes, l'armée des travailleurs, le capital financier, les contradictions du capitalisme, etc. Évidemment, tout cela devait constituer le bagage intellectuel de ce mouvement. Mais on n'a plus affaire à la pensée de Marx comme telle quand on analyse ce mouvement (au sens sociologique du mot « mouvement »).

Or, je dis que celui-ci est tout à fait unique dans l'histoire. Je pense, en effet, que ce qui a fait la force du marxisme, c'est le fait que la pensée de Marx a pu convaincre des générations de penseurs et de militants que les deux plus grandes aspirations de l'humanité, l'aspiration à la justice et l'aspiration à la vérité (comprise au sens que la science donne à ce mot), que ces deux grandes aspirations, dis-je, pouvaient en quelque sorte être fusionnées. Il y a eu, tout au long de l'histoire, de saints personnages qui se sont voués corps et âme à assurer plus de justice, mais ils n'étaient nullement associés à la recherche systématique de la vérité au sens scientifique. Il y a eu aussi de grands penseurs qui se sont consacrés à cette recherche de la vérité, mais ils demeuraient relativement indifférents à la cause de la justice. Avant Marx, il est vrai, les premiers socialistes du XIXe siècle ont recherché cette espèce de synthèse qui consistait à mettre la science au service de la justice. Mais une telle entreprise n'était pas très crédible chez Saint-Simon et chez ses disciples. Avec Marx, elle est devenue tout à fait crédible, parce que, à la fin du XIXe siècle, le type d'analyse que Marx proposait constituait une première analyse des phénomènes sociaux qui pouvait franchement se donner comme scientifique. On pourrait certes nuancer et discuter cela plus longuement, mais il y avait de bonnes raisons alors de penser qu'on avait affaire à un socialisme scientifique. Or, il me semble que, dans le marxisme au Québec, cette dimension-là a été très présente. À *Parti pris,* cette conviction de faire œuvre pour la justice au nom d'une démarche scientifique et rationnelle était présente. On pouvait ainsi se convaincre que la cause était tout à fait justifiée.

Cette conviction a d'abord suscité un vif intérêt pour la pensée de Marx et a soutenu l'engagement de plusieurs à cette époque. En plus de cela, il se trouve que le marxisme était le seul mouvement qui avait réussi à provoquer des révolutions absolument phénoménales, des révolutions qui avaient l'air de réussir, en particulier en Chine. Du fait que presque le tiers de l'humanité réparti dans une large partie du monde passait globalement au marxisme, ces convictions se trouvaient d'autant plus aisément engendrées et justifiées.

Si, une fois admis, que le marxisme n'est rien d'autre que ce mouvement au sens sociologique, on se demande s'il peut contribuer efficacement à une critique du libéralisme, la réponse me paraît assez claire. La pensée de Marx comme telle ne peut pas se donner comme critique appropriée du libéralisme et encore moins se donner comme solution de rechange à cette doctrine. Par contre, le marxisme compris comme un tel mouvement n'a pas à être actualisé. Par définition, le marxisme est désormais le nom que l'histoire a donné à la critique radicale du capitalisme, quel qu'il soit. En fait, on a l'impression qu'il ne reste plus rien de la contribution propre de Marx à ce propos, sinon les quelques slogans dont je parlais tout à l'heure et on a même parlé de mort du marxisme. Mais aujourd'hui le capitalisme est, pour nombre de raisons, associé au néolibéralisme comme doctrine économique ; il est donc associé à un certain type de développement, tout comme il est aussi associé à la mondialisation, laquelle est plutôt un phénomène social qui se développe tout naturellement dans le cadre de ce capitalisme. Or, ces éléments se trouvent quelque peu fusionnés aux yeux de ceux, souvent des marxistes plus ou moins recyclés, qui reprennent du service pour en faire une critique radicale. Une telle critique, quelle que soit la façon dont on la définit, me semble prendre le relais de ce mouvement sociologique qui n'a plus tellement à voir avec la pensée de Marx comme telle, mais qui a beaucoup à voir avec ce qu'a été la critique la plus radicale du capitalisme.

REMARQUES DE FRANCIS DUPUIS-DÉRY
SUR L'EXPOSÉ DE MAURICE LAGUEUX

Je tiens tout d'abord à remercier Maurice Lagueux pour sa présentation que je vais me permettre de commenter assez librement. Nous avons déjà essayé de distinguer les types de doctrines, d'écoles, de courants, d'idéologies, d'utopies économiques... Nous nous sommes retrouvés, grosso modo, avec une première typologie qui distinguait l'économie libérale, l'économie marxiste-communiste et l'économie nationale, puis avec une seconde typologie qui distinguait la droite, le centre et la gauche. Maurice Lagueux, quant à lui, se demande – non pas dans sa présentation mais dans le texte que j'ai eu entre les mains avant le séminaire – s'il faut distinguer le socialisme du marxisme.

Maurice Lagueux

Si vous permettez, c'est que le titre a été changé : sur le programme préliminaire, le titre était « le marxisme et le socialisme » ; alors, dans le texte que vous avez reçu, je sentais le besoin en entrée de m'excuser de ne parler que du marxisme, mais puisque le programme officiel ne portait plus le mot « socialisme », je n'ai pas cru utile de reprendre cette précision.

Francis Dupuis-Déry

On peut tout de même se demander s'il faut distinguer le socialisme du marxisme, ou le marxisme de Karl Marx. Maurice Lagueux distingue pour sa part le marxisme théorique de sa

229

réalisation historique en U.R.S.S. ou en Chine. À toutes ces questions, Maurice Lagueux répond par l'affirmative, c'est-à-dire qu'il importe pour lui de faire ces distinctions. Il dit qu'il faut distinguer Karl Marx, l'individu qui était auteur et théoricien du marxisme, du mouvement social critique du libéralisme économique, c'est-à-dire du capitalisme. Pour Maurice Lagueux, tant que le capitalisme existera, sa critique économique existera, une critique qui déplore les conséquences économiques du capitalisme, soit les injustices et les inégalités que le capitalisme engendre. J'acquiesce, mais je dirais qu'il y a plus encore. Si le capitalisme enfante sa propre critique par ses conséquences économiques néfastes pour certaines personnes, le libéralisme politique lui-même engendre également sa propre critique mais pour des raisons plutôt philosophiques. Je m'explique : les concepts du libéralisme politique sont sujets à mésentente quant à leur définition mais également quant à leur contrôle, puisque le libéralisme lutte pour contrôler certains concepts qu'il a en partage avec d'autres idéologies. Prenons, par exemple, la critique anarchiste du libéralisme politique. L'anarchisme critique le libéralisme au nom de la liberté, de l'égalité, de la solidarité, du consentement, de l'autonomie individuelle, de la rationalité, etc.

On voit dès lors que le libéralisme mène un vain combat lorsqu'il tente de faire définitivement taire ses critiques en se présentant comme l'histoire achevée de la raison ou de la liberté. Ces concepts de raison et de liberté sont par essence sources de mésentente, de conflit, de critique. Si l'anarchisme est antilibéral de façon radicale, c'est que sa critique porte sur la définition même de concepts que l'anarchisme a en partage avec le libéralisme. Et la lutte entre ces idéologies est d'autant plus viscérale, d'autant plus violente, qu'ils participent du même mouvement. Selon Maurice Lagueux, on peut dire que le « marxisme » est un mouvement social qui critique le capitalisme d'un point de vue de la gauche. Voilà qui est réducteur, car les anarchistes diront : « nous faisons également partie de ce mouvement mais nous ne voulons pas être étiquetés de marxistes ». Mais au-delà de ces luttes de chapelles au sein de la gauche, le libéralisme, le marxisme et l'anarchisme participent au même mouvement de la modernité au cœur de laquelle ils constituent des courants qui s'opposent, qui essayent d'imposer leur monopole politique, leur définition des concepts, voire même leur définition de la modernité. Il n'y a pas une de ces idéologies qui puissent être dite anti-moderne.

Si on revient à cette dispute conceptuelle – qui peut s'incarner dans des combats sanglants – entre anarchistes et libéraux, on note que la critique anarchiste du libéralisme s'articule sur deux plans. Premièrement, il y a une critique philosophique des concepts et donc une lutte quant à la définition à donner à ces concepts. Puis il y a une critique de la réalité du monde libéral mais *précisément* parce que ce monde libéral est en décalage avec les concepts, avec les valeurs fondamentales, du libéralisme lui-même.

J'aimerais maintenant lancer deux autres remarques d'un autre ordre. Quand on essaie de présenter une typologie, gauche-droite ou libéralisme-antilibéralisme, les concepts se cassent les dents sur la dure réalité. Le libéralisme est présentement dominant en Occident, mais ce n'est pas un libéralisme pur. Pensons à ce que disait Victor Serge, au début des années 1940. Serge est une anarchiste en France au début du XXe siècle avant de participer à la révolution bolchevique puis de devenir un opposant de gauche au totalitarisme stalinien, ce qui lui vaudra d'être envoyé dans les goulags d'où il sortira vers 1935 grâce à une mobilisation d'intellectuels et d'artistes occidentaux. Victor Serge avait très rapidement constaté l'échec du communisme en U.R.S.S. Et plus provocateur encore pour quelqu'un de gauche comme lui, il considérait que les États-Unis avaient d'une certaine manière réalisé plusieurs des revendications des ouvriers du XIXe siècle, telles que le suffrage universel et les droits syndicaux. Victor Serge observe dans les années 1940, et je cite, que « le socialisme n'a pu croître que dans la démocratie bourgeoise ». Ce que nous dit Victor Serge, qui était néanmoins critique des États-Unis en particulier et de l'Occident en général, c'est que la réalité est plus hybride que ne nous le laisse croire notre découpage idéologique. Les typologies sont certes utiles, mais d'une certaine manière dangereuses.

Enfin, je veux conclure en notant que nous avons déjà beaucoup parlé de l'État. Nos analyses étaient état-centristes. Si l'on concentre ainsi notre attention sur l'État en Occident ou au Québec, force nous est d'admettre que les libéraux ont imposé leur domination depuis la Révolution tranquille. Du coup, il semble facile de déclasser les alternatives en disant que leurs tentatives ne furent pas très sérieuses, vaguement absurdes, voire pathologiques, et qu'elles relevaient du théâtre et de la mise en scène de soi plutôt que de participer à la « vraie » politique. Plusieurs d'entre nous ont dit que les groupes antilibéraux dont nous discutons étaient fondamentalement absurdes, ridicules, pathologiques.

Mais si on déplace le feu des projecteurs, on peut découvrir que dans la société libérale elle-même s'exprime ou se vit de l'antilibéralisme dans ce que l'on pourrait appeler des zones libérées de la domination libérale. Prenons comme exemple le mouvement anti-mondialisation, plus particulièrement sa frange radicale, où la politique se vit autrement qu'en accord avec les principes libéraux. Pensons à la CLAC, la Convergence des luttes anticapitalismes de Montréal, alliée à la Casa à Québec, soit le Comité d'accueil du sommet des Amériques. Ce sont ces groupes qui ont encouragé la convergence de plusieurs militants et de plusieurs groupes qui voulaient venir lutter ou exprimer leur désaccord au Sommet des Amériques, à Québec en avril 2001. Pour cette frange radicale, qui n'était pas partie prenante du Sommet des peuples (le contre-sommet officiel subventionné à même les caisses d'État), les groupes comme le CLAC sont autant de lieux politiques éphémères où la vie politique et les rapports entre les citoyens s'articulent selon des principes anarchistes et non libéraux. Les concepts tels que liberté, égalité, autonomie, etc., s'y incarnent et y prennent un sens nouveau. Du coup, ce sont les libéraux qui semblent entretenir un mode de pensée et d'agir ridicule, absurde et probablement pathologique. Ce sont les libéraux qui semblent se laisser aller à la mise en scène et au théâtre plutôt qu'à la « vraie » politique. Comment croire sérieusement, par exemple, à la représentation de la souveraineté de la nation qui est au fondement de la « démocratie libérale » ? N'est-ce pas là une pensée magique, aussi peu sérieuse que l'idée qu'un roi est le représentant de Dieu sur Terre ? Mais comme les libéraux ont le pouvoir, leurs discours et leurs mises en scène telles que les élections semblent généralement relever du rationnel et du raisonnable.

MAURICE LAGUEUX

Vous avez apporté des éléments intéressants à ce que vous avez appelé une typologie de ces diverses positions. Je pense que je suis tout à fait d'accord avec ce que vous avez dit à ce propos ; mais, moi, je n'ai pas voulu proposer une typologie, c'est d'ailleurs pour cela que, après avoir pris connaissance du titre officiel donné à mon exposé, j'ai fait sauter le petit paragraphe ou je m'excusais de ne pas parler du socialisme. Donc, sans proposer de typologie, je voulais simplement, comme je l'ai dit, apporter quelques précisions à propos de ce mouvement bien particulier qu'est le marxisme. Vous développez ensuite des considérations ayant trait au libéralisme politique et je pense que vous avez raison, mais, pour ma part, je m'en suis tenu au libéralisme économique. Mais là où votre critique me paraît tout à fait justifiée, c'est quand vous faites observer que les mouvements actuels de contestation radicale ne sont pas forcément marxistes. En effet, il y a aussi l'anarchisme qui est un mouvement tout autre et qui est également un mouvement radicalement critique. Mais, en voulant faire trop vite, j'ai omis de préciser quelque chose qui était toutefois dans mon texte, à savoir que si, comme je le disais, le marxisme est, par définition en quelque sorte, le nom que l'histoire a donné à la critique radicale du capitalisme, c'est à condition que, dans le cadre de cette mouvance, cette critique radicale se reconnaisse une filiation aussi vague qu'elle puisse être à l'égard de la pensée de Marx. Cette remarque était d'ailleurs en connexion avec cet autre passage où je parlais des slogans empruntés à Marx. Cela dit, tout ce que j'ai voulu faire effectivement, c'est de caractériser ce que j'ai appelé un mouvement ou une mouvance, qui est increvable, même si la pensée de Marx n'a pas la même vitalité.

EXPOSÉ DE MICHEL FREITAG
SUR LE TOTALITARISME[1]

Je voudrais commencer par transformer à peine le titre qui m'a été proposé pour l'exposé que je vais faire. Le titre proposé était « La défaite du fascisme historique en a-t-elle emporté toutes les formes ? ». Ce n'est pas par jeu que je le transforme un peu, c'est que je ne parlerai pas vraiment du fascisme, je parlerai du nazisme comme d'une forme totalitaire. Je me poserai donc la question de savoir si « la défaite des totalitarismes historiques du XXᵉ siècle a emporté toutes les formes du totalitarisme ». Il y a évidemment plusieurs volets à l'exposé que je devrais faire. Le premier, c'est quand même de caractériser ces formes de totalitarismes historiques et en particulier le nazisme qui me paraît être la forme la plus caractéristique, la plus évidente, la plus extrême du totalitarisme lucide, du totalitarisme pratique, concret, politique (même si politique ici veut dire : destruction du politique) pour, à partir de là, dégager quelques caractères tout à fait généraux du concept de totalitarisme et examiner dans quelle mesure ce caractère formel se retrouve dans les caractéristiques les plus générales de ce qui se

---

1. En révisant le verbatim de son exposé pour la présente édition, Michel Freitag en a utilisé le plan pour développer d'une manière plus systématique la thèse qui y est soutenue. On trouvera ici des extraits du texte qui est sorti de cette entreprise, extraits choisis par Jean-Philippe Warren et Gilles Gagné et placés en suivant l'ordre de son propos au séminaire. Une version encore développée de ce texte est paru dans Daniel DAGENAIS (dir.), *Hannah Arendt, Le totalitarisme et le monde contemporain,* Québec, Les Presses de l'Université Laval, 2003, p. 248-404.

met en place dans le contexte de la globalisation. Je présenterai alors ce qui se passe sous nos yeux dans les termes d'un nouveau mode de reproduction historique qui se substitue progressivement à la dynamique politico-institutionnelle de la modernité, nouveau mode de reproduction que j'appelle « décisionnel-opérationnel », mais que l'on pourrait désigner aussi comme postmoderne. C'est dans le cadre de cette transition, de ce passage, que je vais essayer d'interpréter la signification du totalitarisme sous deux formes : sous la forme du totalitarisme classique du XXe siècle, puis sous celle de la dimension totalitaire qui est inhérente au nouveau système tel qu'il se met en place. Il s'agira évidemment alors de mettre en évidence ces caractéristiques totalitaires tout en maintenant le contraste avec celles du totalitarisme historique du milieu du XXe siècle.

Deux grandes figures du « totalitarisme » ont marqué l'expérience collective du XXe siècle, celle de l'« hitlérisme » et celle du « stalinisme ». C'est donc bien naturellement autour d'elles qu'a été forgé le concept sociopolitique du totalitarisme. Mais il convient de se demander maintenant, alors que ces deux formes éminemment *visibles* ont disparu (l'une en 1945, l'autre entre 1953 et 1989), si elles n'en avaient pas trop exclusivement capté le concept, conduisant certains à en resserrer étroitement le sens autour de leurs manifestations les plus extrêmes (comme les camps d'extermination nazis, les purges staliniennes et le goulag), soit au contraire en permettant à d'autres de diffuser ce sens très largement autour de leur noyau (qui sert alors d'épouvantail), de telle sorte que tout ce qui, dans la philosophie, dans le droit et le politique, dans l'idéologie et dans la culture aurait pu de près ou de loin leur servir de trépied, d'inspiration ou de justification, de même que tout ce qui aurait comporté politiquement quelque analogie avec elles, ressortirait d'une même tendance ou d'une même complexion « totalitaire ». La question se pose cependant de savoir si, en fixant ainsi le concept du totalitarisme, que ce soit pour nous rassurer en l'isolant ou pour nous faire peur en le diffusant, ces deux représentations en apparence opposées des totalitarismes historiques ne servent pas depuis longtemps à l'occultation d'une nouvelle forme de totalitarisme *sans nom et sans visage* dont la forme et la dynamique opérationnelles seraient profondément inscrites dans les modalités de régulation les plus générales qui caractérisent la *mutation organisationnelle et systémique* des sociétés contemporaines, et qui se déploient en particulier dans le procès que l'on nomme la « globalisation ». Si une telle parenté (mais il ne s'agit pas de filiation !) peut être établie, comme je tenterai de le montrer sur un plan formel, alors le nazisme et le stalinisme appartiendraient bien *structurellement* à l'histoire contemporaine ; et cela non comme de pures aberrations désormais enfermées dans le passé, mais bien comme des révélateurs « exceptionnels » d'une crise profonde et d'un tournant décisif de la modernité et comme des réponses caractérisées en même temps par leur enracinement archaïque et par une impitoyable volonté d'en réaliser le « dépassement » à travers la maîtrise de tous les moyens « techniques » (matériels, organisationnels, idéologiques et psychologiques) de mobilisation de la violence. La question se pose donc de savoir comment ces manifestations d'exception s'inscrivent dans un mouvement à portée beaucoup plus large et comment, après leur échec retentissant et par-delà celui-ci, elles peuvent encore éclairer la nature et la signification de la mutation sociétale à laquelle nous participons présentement.

Mon objectif dans cet exposé est de mettre en lumière l'existence d'une dimension totalitaire extrêmement profonde dans la forme même de la mutation postmoderne, organisationnelle et systémique des sociétés contemporaines et de souligner son importance pour notre avenir civilisationnel non seulement occidental, mais désormais mondial. Et j'ajoute déjà que cette forme processuelle, dont je tenterai de montrer qu'elle est intrinsèquement totalitaire, ne peut (elle non plus) se passer d'un recours à la violence directe là où sa tendance à la suprématie sur l'ensemble des domaines de la vie reste confrontée à des modalités encore synthétiques de constitution de la société et de l'identité, de l'agir et de l'expérience humaine.

Est de nature totalitaire une puissance qui ne connaît, ne reconnaît et ne respecte aucune limite interne ou externe à son emprise sur la réalité. Je parle ici de puissance plutôt que de pouvoir puisque dans son concept sociologique, le pouvoir implique une légitimation, par quoi il se justifie, vis-à-vis des sujets qui lui sont soumis, par quelque chose qui est extérieur à lui et plus grand que lui, et à quoi il se tient lui-même subordonné. Entendu au sens sociologique, le pouvoir n'est pas sans limites, et il ne représente jamais l'instance ultime à laquelle obéit ou se soumet la réalité, et il ne coïncide donc pas avec elle. Cela signifie qu'il prend place lui-même dans la réalité et qu'il n'en est pas ultimement le maître ou le créateur. Je ne me réfère pas non plus à la violence pure, qui est toujours une perturbation exogène d'un ordre de choses donné, et dont la notion même implique la reconnaissance d'un tel ordre de choses : à la violence généralisée correspond seulement l'idée du chaos. Or, le totalitarisme peut être parfaitement cohérent et ordonné, comme l'a montré dans le nazisme sa forme extrême qui était celle des programmes d'extermination ponctuellement et minutieusement mis en œuvre. On y fit certes usage d'une violence sans frein, mais quelque chose y dépassait cette violence, qui était l'ordre auquel obéissait son application. Un régime ou un système totalitaire est donc un ordre totalitaire et non un pur chaos.

De ce point de vue théorique très global, le nazisme et le stalinisme représentent deux tentatives analogues, dans leurs conditions sociohistoriques relatives, leurs visées de domination sociétale « totale » et leurs « programmes » d'un passage direct d'une forme de société encore fortement ancrée dans la tradition (prémoderne) à une « post-modernité » essentiellement technologique régie selon des principes organisationnels et systémiques. Il s'agissait dans les deux cas d'un passage forcé cherchant à court-circuiter expressément toute la structure politique, institutionnelle et idéologique de la modernité par un « Mouvement » incarnant ou matérialisant un engagement « révolutionnaire » à caractère hyper-volontariste.

La crise de la société moderne, qui atteint les expressions idéologiques caractéristiques de son dynamisme agonistique, politique, dialectique, prend la forme d'une crise de civilisation qui dépasse la crise fonctionnelle du capitalisme, la crise politique-démocratique dont elle est porteuse, la crise culturelle et ultimement identitaire, esthétique et existentielle que génèrent la transformation continuelle et le brassage des conditions de vie. Ce sont les assises idéales non seulement de la modernité mais de l'« Occident » qui en sont touchées, et qui localement, vont être emportées par elle. Cette crise se manifeste, de manière convergente, à partir de chaque pôle du système idéologique moderne, et elle hérite de ces pôles les colorations différentes qui vont au début en caractériser les expressions, mais qui vont finir par se mêler dans un même gris où les « discours idéologiques », articulés entre eux, finiront par se muer en un seul « langage totalitaire ». Plus clairement et plus radicalement que les autres mouvements totalitaires, c'est le nazisme qui va opérer cette fusion, cette confusion, cette mutation des discours en langage, et du langage non pas en « action » au sens arendtien, mais en opérativité immédiate et monstrueuse, où l'efficace directe du « slogan », coïncidant avec la mobilisation de toute la vie sociale en un unique « rapport de forces » tourné contre une extériorité réelle ou imaginaire, va devenir mortelle (il s'agit donc ici d'autre chose que d'une simple « langue de bois » bureaucratique). Pas plus qu'il n'y a de programme politique nazi (il n'y a que des objectifs transitoires, continuellement relancés de manière stratégique), il n'y a donc pas à proprement parler une idéologie nazie, voire d'idéologie nazie. Le nazisme, pour l'emporter en Allemagne, s'est nourri de toutes les idéologies de crise, de tous les courants intellectuels, de toutes les forces sociales « déracinées » et « déboussolées », et particulièrement de cette attraction scientiste, fataliste, que les « classes moyennes » subissaient dans leur recherche d'autonomie et de sens. Mais il pourra jouer aussi de la nostalgie conservatrice des élites traditionnelles, ainsi que de l'espoir révolutionnaire d'une population ouvrière en explosion et qui, à travers le socialisme de masses, cherchait à convertir son déracinement et la précarité de sa condition économique et sociale en eschatologie irrationnelle. Le nazisme pourra détourner de leurs enracinements et de leurs objectifs propres et mobiliser dans son Mouvement tous ces courants qui ont pour principal point commun la dissolution de la dialectique qui pourrait les lier entre eux dans la participation antagoniste au développement de la modernité historique, morale, économique et politique. Il le fera en jouant adroitement, démagogiquement, autant au sens politique qu'au sens publicitaire, de leurs différences d'attaches et de leur confusion et c'est pour cela qu'il avait été si peu craint et pris au sérieux.

Le mouvement nazi va donc créer les articulations dynamiques entre toutes les positions devenues instables et ouvrir les passages entre tous les courants désorientés qu'il unira en une même turbulence. Comme l'a très bien noté Hannah Arendt, le nazisme ne propose rien, il ne fait que disposer de tout. Il y parvient à travers une étonnante capacité de traduction et une formidable maîtrise de la stratégie qui n'est elle-même que le reflet de l'incapacité stratégique de tous les acteurs sociaux qui allaient se trouver embarqués dans son jeu. Il offre l'espace organisé où s'opère la libération active de la différence de potentiel existant entre les pôles qui constituent la société moderne, lorsque sa crise structurelle détruit les fondements de leur cohésion. Et il saura remarquablement jouer de la propension de chaque protagoniste social à vouloir créer lui-même, en situation d'instabilité généralisée, ses propres courroies de transmission idéologiques vers ses couches sociales périphériques et même vers ses adversaires, cherchant à capter vers soi les populations qui – en leur instabilité « errante », « nomade », « métisse » et « migratoire » – pourront lui servir en même temps d'assises et de caisses de résonance, et qui ne s'y prêtent que par leur recherche désespérée d'attache, de lieu et de repères. Le national-socialisme (comme d'ailleurs plus généralement les fascismes) ne créera donc guère de thèmes idéologiques spécifiques ; il parviendra par contre à conférer aux thèmes développés par les idéologies de crise une portée sociale et une cohérence sémantique toutes nouvelles en les transplantant du terrain idéologico-intellectuel qui était originellement le leur, sur le terrain de l'action politique directe et de la pratique culturelle. Sur ce terrain les thèmes idéologiques deviennent des slogans et des images de propagande dont la vérité se trouve directement confirmée par les succès remportés par le Mouvement, et qui acquièrent immédiatement une valeur démonstrative. Alors qu'ils n'avaient sur le terrain proprement idéologique qu'une portée essentiellement négative, ils acquéraient ainsi, en tant que symboles expressifs d'un mouvement caractérisé avant tout par la visibilité de son organisation et de son action, une signification positive majeure. Du même coup le nazisme inaugure dans le domaine sociopolitique l'ère de la manipulation à grande échelle, qui a son complément dans la symbolisation, la ritualisation et la mythification directes de l'action prise en elle-même comme totalité signifiante, indépendamment de toute finalité extérieure (ou institutionnelle). Tous les thèmes élaborés par les idéologues de crise vont en effet être assimilés les uns aux autres dans le Mouvement, d'une part sur la base de leur commun rejet d'un système idéologico-politique bourgeois dont c'est précisément la cohérence intrinsèque (la rationalité spécifiquement discursive et opératoire) qui apparaîtra désormais comme vide de sens et purement « formelle », et d'autre part, en vertu de leur capacité commune d'affirmation d'un « Ordre nouveau » qui ne requiert justement aucune autre définition que d'être perçu comme l'antithèse concrète des abstractions politiques et institutionnelles libérales bourgeoises. Cette entité concrète-mythique peut alors être librement ressentie comme identique à tout ce qui, dans le flux concret de la vie sociale, dans les réseaux de rapports d'appartenance, dans les solidarités immédiates, se trouvait réprimé par l'abstraction du système idéologique et institutionnel moderne et cherchait expression et libération.

Dès lors, si l'on veut voir une relation directe entre les diverses formes de ce que je nomme les idéologies de crise et la pratique du nazisme, c'est précisément le caractère radical de ce passage à l'acte qu'il faut expliquer, ou du moins comprendre comme étant le vrai caractère distinctif du mouvement totalitaire. Il en va ainsi du biologisme, du scientisme, de l'utilitarisme opérationnaliste, qui étaient essentiellement des théories spéculatives nées, *post festum,* de la crise que le capitalisme avait induite dans les rapports sociaux et dans la philosophie idéaliste du sujet qui en légitimait les formes universalistes de régulation. Ces théories, ou ces doctrines, inspirèrent bien certaines politiques (par exemple les politiques eugénistes), mais leur formulation et leur développement restèrent « modérés », elles rencontrèrent en face d'elles une réalité qui résistait et leur échappait, et dont surtout le principe d'existence était reconnu. Ce ne fut plus le cas dans le nazisme et c'est en cela que réside son caractère totalitaire. Il en va de même s'agissant de l'application des théories de Marx dans le mouvement bolchevique. Ce n'est pas la théorie qui est surprenante (ou totalitaire), c'est la radicalité de son application unilatérale et effectivement révolutionnaire, et le non-respect absolu de tout ce qui ne s'y conforme pas immédiatement.

On comprend donc, en adoptant cette perspective pragmatique, comment ce qui peut paraître sur le terrain spécifiquement idéologique comme un syncrétisme plein de contradictions théoriques et doctrinales est susceptible de manifester au contraire une grande cohérence sémantique dans la pratique politique du mouvement nazi, puis même dans la pratique quotidienne et l'expérience culturelle des masses qu'il est parvenu à polariser. En moins d'une dizaine d'années (1923-1933) le nazisme parvient ainsi à faire converger dans son mouvement unifié – la « polarisant » comme la lumière dans un laser – l'effervescence même des mouvements intellectuels, des mouvements de jeunes, des mouvements esthétiques, des mouvements anticapitalistes, captant vers lui toutes leurs « orientations » et cumulant toutes leurs « ruptures ». Il parviendra à absorber en soi toutes les forces idéologiques en rupture de ban de la société allemande en en détruisant la forme pour n'en garder que l'énergie, brassant dans sa mobilisation toutes les forces sociales qui s'exprimaient encore elles-mêmes à travers elles. Le nazisme est un creuset dans lequel ne se verse aucune matière en fusion, mais seulement de l'énergie déjà libérée. Or, contrairement à ce que pensait Hannah Arendt en adoptant spontanément la vision conservatrice, cette énergie n'était pas inhérente aux masses et à leurs mouvements entropiques, c'était celle qui se dégageait des diverses forces sociales constituées, et que leur désorientation rendait disponible. Le nazisme a pu ainsi utiliser, sans les dissoudre, les forces et les motivations intégrées déjà dans la fonction publique, dans la magistrature, dans l'armée, dans l'université et plus largement dans le monde de l'éducation, dans l'organisation capitaliste en partie déjà largement corporative de l'économie, dans les mouvements de jeunesse, dans le mouvement syndical, et même dans les partis politiques, s'agissant particulièrement des partis du centre et de la droite dont il pu rallier une partie des idéologues et des cadres dirigeants et une large fraction de l'électorat sans avoir à les affronter directement idéologiquement et socialement, mais seulement stratégiquement. Ainsi, à l'intérieur de l'Allemagne, le nazisme a pu établir sa dictature totalitaire en gardant l'apparence d'une large autonomie de la « société civile ». À la différence du communisme soviétique et jouant de la situation de crise et de la menace de « désordre » qu'elle comportait, il a pu massivement profiter de la contribution pratique de toutes les forces constitutives de l'ordre établi et de toutes les compétences déjà modernes inscrites dans la société allemande, suspendant seulement leurs conflits structurels en « transcendantalisant » en quelque sorte ces conflits dans une même projection délirante sur une menace raciale (celle des Juifs), et en dépassant leurs contradictions dans un principe unificateur en même temps fantasmatique et immédiate-ment efficient (le Führer). C'est cette double substantialisation du moment de l'altérité et du moment de l'identité qui a représenté en même temps son ontologie propre et le mode formel de son action intérieure et extérieure.

On peut distinguer, analytiquement, trois aspects ou trois niveaux dans le procès par lequel l'« idéologie » nazie s'articule en même temps sur elle-même et sur son environnement à partir des thèmes fournis par ce que j'ai appelé les idéologies de la crise. Le premier de ces niveaux est celui de la synthèse qu'il va opérer à partir d'eux. Le deuxième est celui de l'élaboration d'une mystique propre, qui va animer dynamiquement ce procès de synthèse, et par laquelle la mystification se convertira en mythification globale. Enfin, le troisième niveau sera celui de la conversion opération-nelle routinière de cette mystique. C'est à ce troisième niveau que les analogies formelles entre le totalitarisme archaïque nazi et la dimension totalitaire du systémisme postmoderne seront les plus marquées.

À un premier niveau, le fascisme et le national-socialisme reprennent comme on l'a dit les différents thèmes développés par les idéologues de la crise, qui se trouvent être ainsi les grands pourvoyeurs idéologiques des fascismes, bien qu'ils viennent souvent avant eux chronologiquement, ou restent politiquement en dehors de l'organisation du Mouvement, ou encore se contentent de graviter sur ses marges, surtout en Allemagne. Ces thèmes, qui restaient relativement isolés dans leurs contextes intellectuels d'origine, le nazisme parvient à les amplifier en les inscrivant dans tout un système d'équivalences non pas tant idéologiques que pratiques, cela étant opéré en relation directe avec leur intégration comme symboles expressifs et comme slogans de propagande d'une action politique tournée d'emblée vers les masses « dépolitisées ». À ce niveau, la stratégie idéologique s'apparente donc fortement aux techniques du marketing, dont le nazisme s'est d'ailleurs ouvertement inspiré à son origine, ainsi qu'aux techniques modernes de la propagande électorale. Le nazisme se montre extrêmement pragmatique. Dans son ouverture aux masses, il pratique beaucoup moins l'endoctrinement idéologique (fût-ce sur des thèmes simplistes) que le terrorisme ou la « persuasion » ; on retrouve donc ici une fois de plus la parenté de certaines caractéristiques structurelles fondamentales du nazisme avec les traits spécifiques de la société contemporaine qui sont parfaitement symptomatisés par les concepts sociologiques et psychologiques dominants dans les théories de la communication. L'adhésion qu'il vise comporte donc une multitude de degrés allant de l'indifférence favorable de la périphérie, au militantisme fanatique du centre. Mais ce dernier lui non plus n'a pas un caractère spécifiquement doctrinal, en quoi il contraste avec le militantisme communiste. On a très justement remarqué que ce n'est pas un credo idéologique ou doctrinal qui caractérise les SS et constitue le fondement de leur engagement fanatique : leur idéologie au contraire reste communément « petite-bourgeoise ». Ce qui les distingue, c'est ce qu'on est obligé d'appeler une « mentalité », un esprit de corps comportant tout un système d'attitudes ritualisées, et cimenté par l'obéissance absolue aux « ordres » qui émanent tous en dernière instance de la volonté du chef.

Le deuxième niveau est celui de l'élaboration positive de la mystique du Mouvement comme expression immédiate de l'entité nationale-raciale. Les thèmes eux-mêmes encore une fois ne sont pas d'origine proprement fasciste ou nationale-socialiste. C'est leur articulation directe avec la critique du Système bourgeois et surtout leur agrégation dans la pratique ritualisée du Mouvement de masse qui leur sont spécifiques, ainsi que l'amplification sémantique qui en résulte. On a vu déjà qu'à cette image positive de l'entité nationale-raciale représentée dans son « destin historique » par le Mouvement, correspond directement la mystique de l'Ennemi substantiel, couplée à la concentration de toute l'initiative du Mouvement dans la volonté du Chef, du Führer vers lequel est du même coup transférée toute responsabilité. C'est autour de ce double catalyseur concret que forment la substantialisation fantasmatique du peuple dans le Führer et celle de l'ennemi dans la « menace juive » à caractère biologique (c'est autour d'elle que le mythe de la race aryenne acquit tout à coup une valeur concrète) que s'effectuent, respectivement, l'unification intérieure du mouvement et son articulation au monde extérieur. On a ainsi pu observer comment c'est toute la diversité des adversaires auxquels le Mouvement s'est affronté, tant idéologiquement que matériellement (le capitalisme cosmopolite, la démocratie libérale, le système parlementaire, le monde anglo-saxon, le monde slave, l'internationalisme marxiste, le communisme bolchevique, etc.) qui fut amalgamée en une unique substantialisation totalisante dont les Juifs, en fin de compte, formaient par contamination le trait d'union et le ciment ! La double substantialisation de l'ennemi racial juif et de l'entité « aryenne », dont le Mouvement personnifié dans le Führer mettait en scène l'antagonisme irréductible, représente bien ainsi le noyau du nazisme, c'est-à-dire son moment formel essentiel de dynamisation, son principe d'existence et d'expansion. Mais cette substantialisation doit elle-même être comprise structurellement et dialectiquement par l'analyse, qui n'a pas à prendre elle-même à son propre compte ses présupposés idéologico-fantasmatiques. Or, ce qui caractérise le plus profondément cette double substantialisation, c'est précisément la complémentarité non seulement structurelle, mais en quelque sorte « structuraliste » de ses termes. La dynamique qu'elle instituait était ainsi vouée à se prolonger, en se reproduisant indéfiniment au-delà de l'accomplissement effectif de la « tâche » que le Mouvement s'était donnée initialement comme sa justification ou sa raison d'être, et donc au-delà même de la « solution finale ». Tout ce qui manifeste son extériorité sur la base d'une hétérogénéité (d'une « auto-nomie ») à l'égard de l'identification substantielle qui représente le cœur du mouvement est virtuellement voué, cercle après cercle, à se trouver marqué d'exclusion.

La doctrine raciale, en effet, a pour principal impact ou effet d'absolutiser, en les substantialisant, les rapports que le Mouvement (ou le « système ») nazi entretient avec toute la réalité qui lui est extérieure, et cette extériorité a englobé de plus en plus, à mesure qu'il affirmait son emprise, tout ce qui était simplement extérieur à son centre énergétique. Hitler ira ainsi jusqu'à déclarer que les Allemands, comme peuple, ne sont qu'un ramassis de bâtards, ce qui les vouait virtuellement à ne servir eux-mêmes, ulti- mement, que de carburant au processus de combustion interne de plus en plus concentré et explosif avec lequel le système s'identi- fiait. Et il n'est même pas sûr qu'advenant la victoire militaire du régime ou du système à l'extérieur, les Allemands eussent fini par se révolter comme le firent les Juifs du ghetto de Varsovie.

Tout le système opérationnel des ordres donnés et reçus tend alors à fonctionner de manière impersonnelle à tous les étages inférieurs qui ne sont plus que des relais d'une volonté unique, dans la mesure où le Führer concentre en lui toute identité subjective et toute responsabilité. Une telle référence n'est plus normative, mais purement expressive, et par son immédiateté, cette expressivité tend à supprimer toute référence à une subjectivité identitaire réelle, particulière, située, pour se confondre avec une pure opéra- tionnalité, celle du système de domination personnifié qui s'impose lui-même comme critère absolu de réalité. Un tel système est la négation même de toute autonomie partielle, de toute institution- nalisation. Il représente justement l'extension généralisée de la volonté de faire coïncider le système de domination et l'ensemble de la vie sociale et à supprimer le principe même de l'extériorité institutionnelle et dialectique du pouvoir, c'est-à-dire sa nature proprement politique, au profit de l'extériorité substantielle et positive qui est propre à la violence nue.

Bien sûr, les institutions formelles subsistent, au moins partiellement ; les différences formelles entre les institutions sont en partie maintenues (État, gouvernement et administration, entreprises et parti, associations, etc.). Mais ces différences entre le politique et le socioéconomique, le public et le privé, le pouvoir et la domination, l'hégémonie et l'« influence » ou le « contrôle », n'ont de plus en plus qu'une fonction, qu'une portée, qu'une existence idéologique, les effets de l'autonomie formelle des institutions étant tous suspendus par l'application du *Führerprinzip*. Comme c'est aussi le cas dans la société contemporaine, le maintien de la façade institutionnelle devant le « terrain vague » (conceptuellement ou théoriquement parlant) de la manipulation organisationnelle et de l'autorégulation systémique ne représente-t-il pas l'idéologie de couverture par excellence d'un procès orienté lui aussi vers la mise en place de nouvelles structures de « gestion », c'est-à-dire, par-delà l'euphémisme, de domination directe ? C'est l'idéologie de la période de transition, alors que l'idéologie « organique » de la nouvelle structure en voie d'implantation n'est pas encore, dans notre propre réalité postmoderne, pleinement coextensive à la signification immanente des pratiques sociales dominées, manipulées, organisées, contrôlées, intégrées, planifiées, mais dont l'autonomie subjective n'a pas encore été vraiment dissoute.

Ainsi le national-socialisme n'aurait fait que pousser à l'extrême une tendance structurelle caractéristique de la transition des sociétés modernes à la postmodernité, tendance qui s'est précisément reflétée – sans être analysée d'une manière critique – dans la transformation du discours sociologique et politique. Les sociologies classiques (Marx, Durkheim, Weber) ont toutes été, à leur façon, des sociologies des institutions, reconnaissant l'extériorité des « contrôles sociaux » relativement aux pratiques sociales primaires, par opposition à l'intégration directe de ces pratiques dans les systèmes de contrôle. Or, la sociologie et la science politique modernes ont glissé massivement vers une problématique des organisations, des procédures de prise de décision et de contrôle, de la gestion performative, des systèmes instrumentaux d'input/output, des systèmes d'autorégulation cybernétique dans lesquels l'opérativité directe de l'information acquiert, à travers l'informatisation, une importance décisive et omniprésente. Or, si cette mutation « paradigmatique » des sciences sociales et particulièrement de la sociologie politique représente bien leur « idéologie » contemporaine spécifique, il est tout aussi évident que cette nouvelle configuration idéologique exprime, comme toutes les idéologies nouvelles, une mutation de la forme de la domination et de ses modalités effectives d'exercice (ou simplement d'accomplissement) dans les sociétés postmodernes. Bien sûr, on n'y assiste plus comme dans l'hitlérisme à la polarisation de l'énergie opérationnelle du système de domination entre un pôle identitaire substantialisé et une altérité absolutisée elle aussi substantielle : c'est que, d'une part, le nouveau système ne se pose plus sous l'égide d'aucune particularité, il se présente d'emblée comme l'universel, ou plus précisément comme le « global » qui en représente la nouvelle figure immédiatement effective ou positive ; c'est aussi, d'autre part, qu'il a pu jusqu'à présent pénétrer déjà largement dans la réalité pour s'y établir sans y rencontrer ou y susciter pour le moment l'opposition d'une altérité sociétale déjà fermement instituée à son propre compte, selon ses principes de légitimation et son identité sociétale propre, comme l'était encore la modernité à laquelle le nazisme s'est trouvé confronté en Allemagne et surtout au dehors. De plus, dans la présente transition, le système social n'est pas en crise (comme c'était le cas pour l'Allemagne des années 1920 et 1930), et l'altérité du communisme soviétique était minée par son inefficience interne et ne faisait pas le poids devant l'efficience du système « capitaliste-libéral-démocratique » de l'après-guerre ; pourtant elle avait quand même suscité, durant la guerre froide, un mouvement de mythologisation substantielle de l'« Empire du mal », auquel correspondait aussi une mythologisation de la « liberté » identifiée de manière non critique (et donc formellement contradictoire) avec la puissance des États-Unis qui la défendait dans le monde, et qui se trouvait comme substantialisée dans le déploiement géopolitique sans limites de cette puissance et dans une course délirante aux armements. C'est à une reprise de cette mythologisation qu'on assiste actuellement face au « terrorisme », la nouvelle figure substantialisée du Mal qui dans le contexte de la globalisation prend désormais une forme diffuse, mais dont la menace devient aussi dès lors fantasmatiquement omniprésente, rendant nécessaires l'omniprésence et la toute-puissance du « renseignement » et de la « police » comme moyens de réalisation de la « Justice infinie » !

Le troisième niveau est celui qui correspond directement à nos hypothèses quant à la nature sociologique et historique du national-socialisme et à la portée structurelle radicale des transformations « idéologico-pratiques » qu'il réalise. C'est toute une pratique routinière qui se met en place ici derrière la façade de l'agitation politique qui caractérise le procès de la prise du pouvoir, une routine où la totalité de la vie sociale se trouve progressivement encadrée dans le réseau des organisations et des appareils dans le fonctionnement desquels le Mouvement se mue au fur et à mesure qu'il élimine les résistances et étend sa domination. Cette routine est fortement ritualisée, et chaque pratique fonctionnelle s'y voit investie d'une dimension symbolique en vertu de laquelle elle se trouve immédiatement intégrée comme moment partiel de la totalité transcendante du Mouvement, et dont elle devient en retour elle-même un symbole expressif. Mais il ne s'agit aucunement ici d'une « institutionnalisation du Mouvement » conforme au modèle wébérien de la « routinisation du charisme », puisque au contraire le moment ordonnateur de cette routinisation est précisément la généralisation et l'intégration quasi compulsive de l'« obéissance aux ordres reçus » dans toutes les pratiques sociales qui, sous l'égide de la polarisation immédiate que crée l'application généralisée du *Führerprinzip,* prennent la forme d'actes de décision décentralisés. Le système crée en effet une mentalité de disponibilité généralisée à l'application inconditionnelle des mots d'ordre qui viennent du chef, du supérieur. Ainsi, l'énergie du Mouvement, loin de décroître en se fixant, se convertit continuellement en actes et en effets sans rien perdre de sa puissance et de son dynamisme. Cependant, comme cette mentalité de disponibilité totale qui caractérise le Mouvement s'est propagée depuis son centre effervescent vers sa périphérie, sa puissance en pratique a décrû dans la périphérie à mesure qu'elle s'accroissait au centre, pour s'y concentrer tout particulièrement dans l'organisation de la SS. Cela est attesté par le développement continu de la SS comme cœur du Mouvement et comme pilier vital du régime ; la SS non seulement supplante rapidement, dans l'action intérieure du Mouvement, la SA de la période initiale qui était encore attachée à une problématique prolétarienne de lutte de classes, mais elle va être de plus en plus utilisée dans la guerre extérieure en complément de la Wehrmacht et placée au-dessus d'elle militairement. De plus, la concentration se poursuivra à l'intérieur même de la SS au profit des services de renseignement de la Gestapo. C'est ici que le principe d'opposition substantielle qui caractérisait les idéologies de crise sur le plan du discours est effectivement mis en œuvre et réalisé directement et concrètement. Appliqué de manière intense au centre dynamique du système nazi, il cherche à s'imposer, par infiltration ou sous la contrainte « terroriste » et policière, dans tous les secteurs et à tous les niveaux de la pratique sociale effective, il en devient ainsi la structure sémantique et le principe régulateur ou opérateur essentiel, prenant partout la place qui était occupée par le système institutionnel et les idéologies antagonistes dans les structures sociales de type moderne.

Le rapport de domination qui régit toute société de classes s'intériorise (ou s'« internalise », en langage systémique) donc maintenant dans tous les segments de la pratique sociale concrète, en même temps que s'extériorise de manière absolue et substantielle le moment d'opposition – et que disparaît toute référence régulatrice à un principe idéalisé de totalité commun aux adversaires, qui par là deviennent des protagonistes. Ce principe de totalité, incarné dans le Führer et irradiant de son opérationnalité immédiate la substance même de tous les actes, a pour effet de porter chacun de ceux-ci directement en première ligne de la lutte totalitaire que mène contre son ennemi essentiel l'entité-Mouvement. C'est par cette lutte permanente et à travers elle qu'il se définit non seulement sur le front « politique » et sur le front militaire et policier, mais sur le front de la production et sur celui du travail, sur le front de la vie judiciaire comme sur celui de la culture, et enfin dans la vie quotidienne dont tous les modèles de régulation symbolique immanents se trouvent mobilisés par elle, ou bien alors détruits. L'opposition entre société civile et État se trouve maintenant effectivement annulée. L'idéologie tend à perdre toute extériorité à l'égard de la pratique et de son langage, à abandonner toute forme théorique, doctrinale ou discursive et devenant opérationnalité immédiate ; elle s'insinue partout dans la pratique sociale comme son sens essentiel immanent, vis-à-vis duquel toutes les autres significations particulières (celles du sens commun, de l'économie, de l'efficacité technique, de la fonctionnalité et de l'utilité, de l'intérêt, de l'expression esthétique) finissent par ne plus fonctionner que comme une vaste caisse de résonance, comme un immense réseau de correspondances et d'équivalences pratico-symboliques possédant un caractère radicalement « pragmatique ». De nombreux auteurs (Neumann, Bracher, Buchheim, Broszat et Krausnik, et bien sûr Hannah Arendt) ont relevé le contraste existant dans le national-socialisme entre le fanatisme pratique et la désaffection idéologique. Le national-socialisme table beaucoup plus sur les motivations culturelles « petites-bourgeoises » ou « réactionnaires » (traditionalistes) que sur une conviction doctrinale fortement élaborée comme dans le mouvement communiste. Il est essentiellement pragmatique et non dogmatique, d'où son efficacité dans une société très développée sur les plans technologique, industriel et organisationnel. L'idéologie proprement dite est remplacée par une mystique d'appartenance et de participation directement concrète qui n'est pas très éloignée dans sa forme essentielle de celle qui caractérise le rapport « branché » que la « majorité silencieuse » entretient avec le système dans les sociétés contemporaines et tout spécialement aux États-Unis, le côté mystique en moins puisque la mobilisation y a été remplacée par l'adaptation. Mais on verra qu'une tendance mystique n'est pas absente dans le

251

rapport nouveau qui s'établit avec les technologismes et les systèmes, qui s'émancipent ontologiquement de leur fonction instrumentale pour devenir objets d'une projection expressive d'identité, de type également « délirant ». On voit notamment la conscience subjective se projeter dans les systèmes informatiques et participer à leur ubiquité.

À ce niveau, le national-socialisme n'a bien sûr plus besoin d'idéologues mais seulement, comme on l'a déjà dit, d'organisateurs et de metteurs en scène, de gestionnaires et d'experts de la propagande – et comme complément généralisé de tout le reste, de police, à laquelle l'armée ne fait que préparer le terrain transitoirement. Les idéologues dont le discours avait ouvert le chemin aux transformations structurelles qu'il réalise vont maintenant perdre leur voix et décrocher, être éliminés ou se faire assimiler comme techniciens de la propagande (Goebbels et Rosenberg contre Niekisch ou Jünger), comme animateurs de la participation symbolique et rituelle, manipulateurs de mentalités, metteurs en scène de la totalité sur le théâtre de la vie quotidienne dramatisée par son intégration dans l'entreprise manichéenne du Mouvement et tout d'abord dans la guerre qui fut son prélude (et où heureusement il succomba, mais ce ne fut pas par effondrement intérieur, comme on l'a dit). Il n'y eut dans le national-socialisme aucun équivalent même approximatif des Procès de Moscou ou de Prague, et c'est « sans phrase » que les SA furent éliminés lors de la « Nuit des longs couteaux ». On comprend dès lors que l'effondrement « idéologique » du national-socialisme ait pu coïncider si totalement avec son effondrement militaire et organisationnel, c'est-à-dire avec la fin de l'emprise concrète du Mouvement sur l'ensemble de la pratique sociale. C'est aussi à ce niveau que, malgré toutes les différences de contexte et de contenu, le national-socialisme se trouve structurellement le plus proche des formes d'intégration sociale et des modes de reproduction qui se développent dans la société contemporaine.

Si on resitue l'analyse du nazisme dans le large contexte historique des transformations de la société capitaliste bourgeoise, on constate donc que ce mouvement totalitaire n'est pas caractérisé par l'énoncé d'une idéologie spécifique, mais par la subversion du système idéologique bourgeois, et que c'est elle précisément qui possède un caractère totalitaire. Le nazisme a exercé cette subversion de front sur les trois dimensions qui caractérisaient essentiellement ce système. En premier lieu, il s'en est pris au caractère constitutif de l'idéologie en général, c'est-à-dire à la référence transcendantale (non empirique), soit qu'elle réfère à une transcendance extérieure concrète comme dans la religion, soit qu'il s'agisse de la transcendantalisation du moment constitutif intime de l'identité ontologique et épistémique du sujet, qui fonde sa liberté. Or, c'est cette autonomie transcendantale, identifiée à la raison dans la modernité, qui non seulement confère au jugement subjectif une portée universaliste, mais qui légitime l'ensemble des institutions qui régissent la vie collective puisqu'en dernière instance, elles sont issues de son exercice. En l'absence de la reconnaissance d'un tel fondement transcendantal, le sujet lui-même, tous ses actes et toutes les normes auxquelles ils se réfèrent deviennent arbitraires et ultimement sans valeur propre. C'est alors non seulement l'ensemble des personnes humaines, mais toutes les finalités et toutes les formes de la vie sociale qui tombent sous la disposition arbitraire de n'importe qu'elle puissance extérieure, « par delà toute dignité et toute responsabilité » comme l'a écrit, non Hitler, mais vingt ans plus tard l'Américain Quentin Skinner. Il faut relever encore que seule une telle référence transcendantale est en mesure de polariser l'ensemble des pratiques humaines dans le champ d'un sens commun qui peut servir de référence et fournir un principe de totalisation aux affrontements de la vie sociale, et tout particulièrement, établir les limites de tout rapport de domination. La dissolution de toute référence transcendantale a aussi pour effet d'instituer, de manière solipsiste, chaque sujet particulier en détenteur ultime de sa volonté propre devenue incommensurable à toutes les autres, ce que le nazisme a réalisé au profit du Führer. Dans ce sens, c'est la critique radicale de Stirner, beaucoup plus que celle de Marx, qu'il a réalisée dans les faits.

Le nazisme a visé ensuite à une érosion complète du caractère systématique, discursif, spéculatif, des idéologies de crise dont il s'appropriait les thèmes, un caractère qui tenait à l'orientation même de la lutte idéologique dont l'enjeu se trouvait défini fondamentalement comme un problème de vérité, de justice et d'identité. À la vérité, le système nazi a substitué le principe d'efficacité puis d'effectivité ; à la place de la justice, il a développé une mystique du salut fondée sur la destruction de l'altérité ; et il a effacé l'identité collective nationale derrière une identification individuelle directe et fantasmatique au « chef » et à sa puissance.

En troisième lieu, il s'est attaqué à l'idéologie en tant qu'idéologie de légitimation sociopolitique où, à travers l'idée même d'un ordre rationnel et universel de la société (ou bien encore dans celle, traditionnelle, d'un ordre substantiel fondé sur Dieu) se trouvait établie, maintenue et justifiée la séparation d'une instance du pouvoir à travers laquelle la société pouvait agir sur elle-même de manière réflexive et critique sans que l'autonomie des sujets et des pratiques sociales ne soit abolie. À cette figure du pouvoir instituée dans le système politique de l'État, il a substitué l'inscription immédiate de la domination au cœur des structures opératoires concrètes, terre à terre, de la pratique collective, faisant de l'extension continue de son emprise directe son mode de fonctionnement normal, banal, au jour le jour. Supprimant toute référence transcendantale, le nazisme a produit, de manière radicale, ce qu'on peut nommer une absolutisation de l'état de fait, un état de fait qui est celui du déploiement sans frein de la puissance pure, un déploiement avec lequel il se confondait en tant que Mouvement. En toute circonstance, dans toute situation, face à n'importe adversaire, devant n'importe quel conflit ou problème, la solution nazie consiste dans la montée en puissance de la puissance. Il n'y a pas pour le nazisme d'autre perspective de résolution des problèmes humains que celle de la « solution finale ». Aucune entente, aucune synthèse, aucune finalité, aucune cohabitation humaine, aucune patience, aucune sagesse, aucun respect ne faisaient partie de son horizon parce que, tel le monstre dans le film des Beatles *Sergent Pepper Lonely Hearts Club's Band,* il avait englouti l'horizon.

Or, comme le laisse déjà soupçonner l'allusion faite au film des Beatles qui n'avait certainement pas le nazisme comme sujet, tout cela est beaucoup plus proche de la réalité contemporaine qu'il y paraît à première vue. Certes, la domination ne possède pas dans les sociétés contemporaines la virulence extrême qui fut la sienne sous le nazisme, et qui fit de celui-ci une forme « infantile » du monde postmoderne, surchargée de contradictions archaïques. Mais elle procède selon les mêmes modalités opératoires directes : elle tend précisément à se confondre avec les opérations dont la « société » ne représente plus que l'ensemble indéfiniment plastique et dynamique ; elle est organisation, contrôle et gestion, communication, information et décision ; et elle aussi produit, par nécessité structurelle, son envers : elle projette hors d'elle toute autonomie pour la convertir en une altérité inassimilable qu'il n'est certes plus question d'éradiquer brutalement, mais seulement de repousser, d'éloigner, de marginaliser, d'étouffer, bref, selon le nouveau terme, d'exclure. À moins qu'elle ne l'enferme dans ce qu'on appelle la « boîte noire » du sujet, qui n'a d'autre fonction que d'absorber en elle toute subjectivité en la soustrayant à l'exigence d'une reconnaissance, et permet d'établir le fonctionnement opérationnel du système dans son immédiate et exclusive positivité. Là aussi le manichéisme ontologique est réalisé directement sur la terre, directement à l'intérieur du procès opératoire. Le moment de l'idéologie coïncide désormais avec la pratique et le discours de l'inclusion opérationnelle et de l'exclusion substantielle. L'idéologie ne comporte plus un débat polémique sur un principe de vérité planant au-dessus de l'empirie sociale ; elle est devenue langage de fait, langage des faits et de la pratique opérationnelle, simple question d'efficacité et d'effectivité, et par conséquent aussi simple question de technique et de puissance. L'idéologie n'a plus d'objet, elle est elle-même l'opérativité immédiate de l'activité communicationnelle, informatique. Elle n'est plus discours sur la nature des choses, elle est devenue la nature même de la chose sociale processive saisie dans le bruit qu'elle fait lorsqu'elle fonctionne encore à la limite de la signification faite information, émission et réception, stimulus-réponse, signal, faute de parvenir à n'être déjà plus qu'un simple complexe d'opérations silencieuses et de symboles matérialisés, enfin véritable société

255

naturelle ou plutôt naturalité sociale comme les sciences sociales la rêvent depuis si longtemps. À ce titre, l'idéologie est tout aussi bien le langage de 1'« économique », des statistiques de la croissance et du taux de chômage, la prise de parole directe de la valeur dans l'inflation et tout particulièrement dans l'établissement de la logique spéculative en position d'instance ultime de régulation et de légitimation ; elle est aussi l'évidente nécessité interne, autoréférentielle, des actes de programmation et de gestion, d'organisation et de contrôle, le discours circulatoire des choses, les choses devenues paroles ultimes dans le langage de la circulation (Baudrillard), l'idéologie devenue invisible (Lefort) dans la société invisible (Touraine). L'idéologie a cessé d'être discours en se confondant avec la pratique en même temps que la pratique se confondait avec ses effets et que ses effets devenaient le réel. Alors tout converge, ontologiquement et épistémologiquement, vers la disparition du réel lui-même, et du même coup, du sujet lui-même, et par là je veux dire tels qu'ils sont donnés dans la réciprocité qu'instaure le rapport à l'altérité depuis que s'est déployée cette différence du sujet et de l'objet que le développement de la sensibilité, puis du symbolique, a institué comme cadre universel de toute expérience. Si le totalitarisme archaïque qu'était le nazisme signifiait la dénégation violente de la valeur fondatrice de l'expérience, la tendance totalitaire du monde postmoderne réside dans son effacement processif diffus et intime, systémique. Il ne s'agit plus de raturer, de biffer, de noircir le texte de la vie sociale et symbolique, d'en retrancher les noms, les pronoms, les temps et les lieux avec l'encre opaque de la violence directe et de la terreur : il s'agit maintenant de le surexposer, jusqu'à blanchiment, à la lumière qu'irradie en toutes directions la puissance d'agir lorsqu'elle s'autonomise dans son procès même d'accroissement, lorsque l'accélération de sa production énergétique devient sa loi immanente et que toute autre loi qui en restreindrait ou encadrerait l'expansion est abolie. Alors il n'est plus nécessaire de faire violence directement aux sujets individuels et collectifs, ni même aux choses, leur ombre s'efface simplement d'elle-même à mesure qu'elles perdent leur consistance et leur place propres, qui tenaient en leur capacité d'exister selon leurs lois et leurs normes propres.

*
* *

Comme il s'agit encore de distinguer, cette fois-ci historiquement, diverses modalités de constitution d'une cohérence d'ensemble et que le concept d'ordre, comme celui de structure, renvoie habituellement dans le langage commun à un arrangement de nature stable et réglée d'avance, alors que les formes qui régissent l'activité totalitaire sont de nature essentiellement dynamique et exponentielle, il me paraît préférable de parler, dans cette dernière section, de *système totalitaire*.

Déjà dans le cas du nazisme, la dimension systémique n'était pas absente, en particulier dans l'application du *Führerprinzip,* dans la processualisation du principe de la *Gleischschaltung* ainsi que dans la mise en œuvre de toutes les techniques de la gestion programmée et de l'organisation ; mais le poids de l'héritage archaïque a cependant maintenu le nazisme fortement engoncé dans des formes de fonctionnement encore largement bureaucratiques. Il faut dire aussi que l'ordinateur n'existait pas et que le traitement informatique représente l'outil par excellence de l'opérativité systémique, puisqu'il en permet précisément l'autonomisation et donc la « libération ». C'est pour la même raison qu'il n'est pas non plus déplacé de parler au sujet du nazisme et du stalinisme de *régimes* totalitaires, en soulignant par là que la puissance qu'ils déployaient se rattachait encore de manière privilégiée à l'instance politique et qu'elle se nouait encore autour d'elle dans sa condition de constitution et d'exercice, et cela malgré le fait que ces deux mouvements tendaient directement à la dissolution de cette instance en tant qu'instance particulière et réfléchie, et donc limitée et conditionnelle, pour la convertir précisément en un système autoréférentiel qui n'aurait plus été défini que par le déploiement de la violence, une violence affranchie désormais de son caractère politique qui réside dans la conditionnalité de son usage, laquelle maintient une

257

distance entre elle et son objet et par conséquent reconnaît encore principiellement l'autonomie ontologique de cet objet.

Dans cette partie consacrée à la dimension totalitaire inhérente aux modalités de régulation propres aux sociétés postmodernes et impliquée tout particulièrement dans la globalisation des régulations systémiques dont le lieu de synthèse processuelle est désormais l'« économie », cette dimension archaïque va s'estomper et virtuellement disparaître. Ce n'est donc plus spécifiquement en tant que « régime » que le totalitarisme contemporain pourra être reconnu et décrit, avec la facilité que cela procurait à l'analyse pour procéder à une assignation encore subjective de la violence qui restait le signe le plus visible d'un usage débridé de la puissance et d'une visée ultime de toute-puissance. Toutefois, comme je l'ai déjà relevé, cette dimension systémique, à caractère formel, ne s'impose pas par elle-même dans le monde contemporain, selon le mode d'une révolution culturelle-communicationnelle-informatique diffuse et cosmopolite, ou encore, plus particulièrement, sous les traits d'une simple mutation économique et technologique. On a vu que dans sa forme même, elle correspond à la mutation que la modernité politique et institutionnelle a subie dans le cours particulier qu'a pris l'histoire de la société américaine et que par là, elle correspond déjà à un modèle proprement américain d'organisation ou d'agencement de la vie collective qui, par bien des aspects essentiels, rompt plus avec la dynamique traditionnelle de l'Occident qu'il ne la prolonge ou qu'il ne l'achève. Si jamais, elle ne correspond donc pas tellement à la « fin de l'histoire » qu'au début d'une « non-histoire », d'une succession indéfinie de procès et d'événements dont le lien et le sens ne sont plus exprimables dans aucun récit, ni même en une pluralité de récits contradictoires ; le réel n'est plus « ce qui est », il est immédiatement l'ensemble des événements qui sont compris dans le « c'est comme ça que ça se passe ».

Mais il y a autre chose aussi : l'expansion partout dans le monde de ce modèle de régulation postmoderne est aussi l'effet d'une stratégie qui dans ses temps forts ou ses moments-clés répond d'une politique délibérée qui, de son côté, échappe encore comme telle à la logique systémique qu'elle entend non seulement promouvoir mais imposer. Cette stratégie est celle qui a été clairement suivie par les États-Unis depuis la fin de la Seconde Guerre mondiale, lorsque la suprématie de leur puissance est devenue manifeste même si elle fut encore masquée pour un temps derrière les justifications défensives qu'elle put se donner tout au long de la guerre froide face à la menace communiste qui supposément pesait sur le monde entier. Mais la stratégie de puissance des États-Unis n'a pas cessé de se renforcer depuis que cette menace n'existe plus, et il est devenu parfaitement clair que dans leur politique tout à fait consciente et volontaire, les responsables de la puissance américaine n'ont pas du tout l'intention d'envisager l'avenir géopolitique du monde ni selon la perspective classique de la recherche d'un équilibre des puissances, ni dans celle de leur propre dissolution dans les régulations systémiques qu'ils cherchent à imposer comme unique « loi » au reste du monde, mais seulement dans celle de la suprématie complète de la puissance constituée qu'ils détiennent déjà. Cela signifie qu'ils dénient a priori toute légitimité à n'importe quelle autre puissance de prétendre égaler la leur, voire simplement lui résister. Les États-Unis agissent de manière à empêcher à tout prix l'émergence d'une quelconque puissance ou alliance nouvelle qui puisse d'une manière ou d'une autre limiter la leur dans son mouvement indéfini d'expansion et établir de nouvelles normes réfléchies et donc politiques capables d'encadrer l'accroissement indéfini des procès systémiques autoréférentiels qui représentent le mode de l'intégration du monde dans le Nouveau Monde auquel ils s'identifient. Mais ils n'entendent pas plus se plier eux-mêmes à cette logique en renonçant à son profit à leur capacité de contrôle stratégique ou à leurs intérêts particuliers, quelle que soit la manière dont ils les conçoivent.

Si une telle stratégie de domination n'est plus masquée par l'écran de la guerre froide, elle se cache donc encore derrière l'identification formelle de la puissance géopolitique américaine avec la puissance d'expansion virtuellement illimitée des régulations systémiques. La possibilité d'une telle confusion possède une forme idéologique précise, qui est celle d'une identification, par postulat, de l'autonomie des systèmes avec le concept moderne de la liberté, telle que l'histoire américaine l'a progressivement naturalisée et rabattue, d'un côté sur la liberté de marché (devenue liberté d'entreprendre et liberté des entreprises corporatives – voir l'AMI) couplée à la liberté de consommation, et de l'autre sur la défense des droits des individus à l'égard des pouvoirs d'État, où la capacité législative et régulatrice des collectivités politiques se trouve virtuellement abolie. D'où la tendance, alors, pour l'ensemble des États subsistants, de tourner toute leur action vers des stratégies d'intégration et d'adaptation, en se convertissant ainsi eux-mêmes au fonctionnement systémique en y conservant structurellement une position subordonnée. Depuis qu'elle a été en Amérique purement et simplement naturalisée, la notion de liberté n'est plus sujette à aucun débat, elle n'est plus qu'un slogan utilisé lui aussi en fonction de son opérativité immédiate dans le champ politique stratégique, et c'est ainsi toute la politique de domination des États-Unis qui se présente comme nécessaire et immanente au nouvel ordre mondial « naturel » au service exclusif duquel elle prétend se placer.

En procédant à cette comparaison entre le totalitarisme archaïque et les implications totalitaires de la mutation sociétale postmoderne, il me faudra ainsi distinguer les deux aspects ou moments qui y sont impliqués, sans s'y confondre encore : il y a d'un côté sa *dimension systémique* proprement dite, qui en représente le mode essentiel et directement globalisant ; et il y a de l'autre son aspect que je qualifierai de *géopolitique,* et dont la forme, toujours encore relativement classique, est sans doute plus manifeste mais reste relativement circonstancielle. Cette dimension est donc moins spécifique du totalitarisme contemporain, elle lui est moins essentielle et ses manifestations et conséquences sont aussi moins radicales. En effet, la conséquence la plus radicale d'une domination américaine sur le monde, ce ne serait pas l'établissement d'une nouvelle impérialité américaine qui régnerait sans partage. C'est précisément que cette impérialité triomphante finirait par se confondre avec une réduction directe de toutes les pratiques sociales aux formes organisationnelles et systémiques de contrôle productif, et la soumission du monde objectif tout entier (hormis bien sûr sa dimension cosmologique !) à la puissance dé-finalisée et indéfiniment expansive qui leur est formellement immanente. On serait alors entré vraiment dans une nouvelle ère ontologique, celle qui serait dominée par une *ubris* qui n'est plus locale et délimitée, et encore subjectivement assignable, mais qui serait objectivement généralisée.

Je commence donc par examiner les différences entre les deux formes de totalitarisme telles qu'elles apparaissent lorsqu'on les considère à partir du niveau systémique qui est propre au mode de développement des sociétés contemporaines.

La première différence est que les tendances totalitaires du monde contemporain ne s'attachent plus à un *mouvement* sociopolitique qui se définit lui-même de manière identitaire, à travers un principe d'*antagonisme* dont les termes sont substantifiés. Une telle substantification n'est cependant pas absente dans le mode de régulation systémique, ses termes sont seulement ontologiquement inversés. Le « Mouvement » centralisé de manière hyper-subjective (l'identité raciale, le Führer) fait place à une dynamique diffuse de procès autorégulateurs d'apparence purement objective (l'économie, le développement des technologies, la subsomption du symbolique dans la prolifération « infinie » des communications informatiques directement opérationnelles). On n'est donc plus en présence d'une *posture subjective* de nature politique qui nie la réalité telle qu'elle existe par elle-même dans son altérité extérieure, mais d'une *subversion interne directe de la réalité* qui forme l'horizon de notre expérience objective, qui implique une intégration directe de l'expérience dans la réalité elle-même, en tant que son mode propre de fonctionnement, qui n'est plus réflexif mais réactif. Par là, je veux désigner la sollicitation continue de la subjectivité et l'absorption de l'activité humaine pratico-théorique dans l'opérationnalité systémique, dont elle n'est plus qu'un moment interne. La subjectivité finit par se projeter elle-même complètement dans cette participation systémique en devenant simple capacité opérationnelle en même temps que, pour elle, ce sont ces fonctionnements opérationnels qui deviennent le réel le plus concret, la source la plus immédiate de son expérience, qui fait écran à la présence des autres et du monde tels qu'ils sont en eux-mêmes et pour eux-mêmes. En outre, cette nouvelle réalité est entièrement constituée de mouvements continuels formant tous ensemble une agitation incessante de procès et d'événements qui exige une disponibilité adaptative de tous les instants, où le sujet est emporté comme simple support des mécanismes de *feedback* qui régissent la totalité des dynamiques dans lesquelles il se disperse incessamment en y participant. On est en présence ici d'une nouvelle forme d'aliénation qui atteint le ressort intime de ce retrait identitaire qui fonde la permanence du sujet à lui-même et pour autrui. Le modèle qu'évoque cette nouvelle condition de la subjec-tivité est celui du *gambler* pour lequel toutes les dimensions de son expérience et de son existence seraient continuellement *mises en jeu les unes contre les autres,* comme les actions en bourse. Et c'est bien ce modèle existentiel qui a été formalisé par la théorie de l'action rationnelle de Becker qui, toute absurde qu'elle soit ontolo-giquement et épistémologiquement, possède une inquiétante objec-tivité virtuelle ou prémonitoire si l'on comprend que la figure du sujet qu'elle dessine en la postulant ontologiquement s'inscrit di-rectement dans la réalité du nouvel univers systémique. Il faut donc bien voir que la théorisation hyper-subjective du calcul rationnel (impliquée dans les théorisations sociopolitiques néolibérales !), par son excès et son invraisemblance mêmes, assure directement la transition idéologique des théories « modernes » du sujet vers la théorie absolument positive et impersonnelle des systèmes auto-référentiels et autorégulateurs de Luhmann, et que ces deux appro-ches sont très directement complémentaires dans le moment historique de transition où nous vivons. Et il ne faut pas oublier non plus que de telles théories sont loin d'avoir une valeur purement descriptive et explicative : elles ont, elles aussi, une portée idéo-logique directement opérationnelle tant sur le plan « pédagogique » que sur le plan « institutionnel » puisqu'elles abolissent, pour l'une toute la réflexivité synthétique du sujet (qui est transformé en un centre de calcul qui opère continuellement les choix dictés par la maximisation de ses avantages comparatifs dans un contexte de variations principiellement imprévisibles des coûts et des prix), et pour l'autre toutes les références normatives et identitaires collectives qui supportaient l'idéalité des institutions sociales communes. Car si Luhmann applique nominalement sa théorie non seulement à l'analyse des systèmes contemporains, mais l'étend encore à l'interprétation des institutions traditionnelles ou classiques, celle-ci ne tient en réalité sa pertinence que dans un univers entièrement organisé et donc universellement stratégique. Un des domaines où cela est le plus visible est celui dans lequel tendent à fusionner ce qu'on nomme maintenant les systèmes de formation et d'éducation, d'un côté, et les systèmes de la production du savoir techno-scientifique, de l'autre. Et cette fusion est très explicitement réalisée par le biais du branchement direct de ces deux systèmes sur celui de la spéculation financière qui régit l'économie, ce qui implique l'importation elle aussi directe des modes de gestion, de programmation et de contrôle propres à une économie organisée sous l'égide d'un environnement spéculatif, dans le monde de la recherche scientifique et dans celui de l'éducation. Un autre exemple remarquable et inquiétant est celui de la culture médiatique où fusionnent dans leur plus petit dénominateur commun les « logiques » de la création et de la transmission culturelle (avec leur immense charge existentielle, normative et identitaire), celles de l'information telle qu'elle était définie à partir du présupposé politique de l'« espace public » et de la participation réfléchie des citoyens à l'orientation de la vie collective (la « praxis »), celle du divertissement entendu comme une activité « libre » et « ludique » des individus dans leur sphère privée (mais qui est devenu un supermarché de la consommation programmée des signes), et enfin, à nouveau, celle de l'économie comprise comme système de production et d'accumulation indéfinie de la valeur, mais où la valeur ne se constitue plus comme valeur des « biens » mais immédiatement comme production exponentielle des « signes de la valeur ». Or, c'est cette dernière qui est devenue l'instance déterminante de l'intégration globale de toutes les autres dimensions de la nouvelle culture communicationnelle et informatique. Ici aussi, le gigantesque système que sont devenus les médias absorbe en lui pour les mêler et les confondre dans sa propre matière première indifférenciée une multitude de « finalités » dont l'hétéronomie essentielle ouvrait et structurait le champ où pouvait s'exercer la liberté des sujets, et s'accomplir de manière réfléchie leur participation à la société. Toutes ces finalités s'y trouvent tendanciellement réduites à de simples « stimulations » et « motivations subjectives », dont seule l'« énergie mobilisatrice » compte pour le système et se trouve directement produite par lui (à travers la production publicitaire du désir et la manipulation directe des comportements).

Dans le fonctionnement systémique, tout se branche sur tout, comme dans la « mise en boucle » directe de la production et de la diffusion des messages médiatiques sur les cotes d'écoute et de celles-ci sur les politiques de grande puissance ; comme celle des sondages sur les programmes et les décisions des « appareils d'État » et les stratégies des entreprises ; comme celle de l'éducation sur les besoins de l'économie et les taux d'emploi, ou comme la recherche scientifique sur les taux de profit des corporations transnationales. À l'hyper-subjectivation fantasmatique des mouvements totalitaires « classiques » correspond maintenant l'objectivation comportementale directe, réactive, de toute subjectivité, qui conduit à sa mobilisation continuelle par et dans des procès interactifs impersonnels, dont le déploiement global prend désormais également une forme délirante parce qu'exponentielle. Le fonctionnement systémique ne se réfère qu'à lui-même en englobant la subjectivité qu'il intègre directement dans son mode opératif comme une fonction contrôlable tantôt de manière directe, psychologique, tantôt indirecte et probabiliste. Il ne s'oppose donc plus à rien puisqu'il met directement la main sur tout en « internalisant » son environnement aussi bien subjectif et social qu'objectif et naturel (ces deux dimensions se confondant dès lors pour lui dans une même « objectivité variable » toujours provisoire ou transitoire). Ce qu'on nomme la « réalité » se présente alors comme un ensemble de flux de variables factorielles liés entre eux de manière transversale, et qui se propagent continuellement sur l'interface sans profondeur où s'accomplissent les échanges entre le système et son environnement, comme le font des ondes à la surface de l'eau. La réalité n'est plus qu'interface, interface dont la dimension et la complexité globales croissent avec la vitesse exponentielle qui caractérise déjà le développement et le déploiement des technologies de production et de traitement de l'information digitalisée qui en forment le milieu opératoire.

Dans cette tendance dont il ne faut pas sous-estimer la puissance d'envahissement généralisé de tout ce qui possède une consistance propre, c'est donc le *mouvement de la réalité* (et pas seulement sa représentation théorique) qui absorbe en soi le moment subjectif en « déconstruisant » son caractère réflexif et synthétique et en abolissant sa position de retrait, comme il le fait parallèlement de tous les objets d'expérience. Il n'y a donc plus, comme dans le nazisme, de programme d'annihilation de l'altérité, mais une *dissolution interne du rapport entre identité et altérité* dans une « réalité processive totale » qui devient aussi une mouvance totale. Ainsi, l'opérationnalité immédiate de la mise en communication informative de tout avec tout tend à former un nouveau régime ontologique de « réalité irréelle » qu'on appelle alors « virtuelle », caractérisée par la suppression intime de la distance entre l'identité et l'altérité (plutôt que par l'absolutisation de cette distance, comme dans le nazisme) ; cela implique la dissolution de l'en-soi du sujet comme de l'objet dans la constitution d'un nouveau mode d'être qui n'est pas sans analogie avec celui du rêve, du fantasme et du délire – à cette différence près que ce n'est plus le sujet qui rêve, qui fantasme et qui délire (comme Hitler par exemple), mais que c'est plutôt l'ensemble de l'existant lui-même qui devient fantasmatique et délirant, alors que tous les êtres, tels qu'ils sont encore en eux-mêmes selon leur histoire et leur mode d'existence propre, paraissent dépassés, déphasés, débranchés, surannés, irréels en leur obstination obtuse, fermée, « bouchée » d'être et de rester ce qu'ils sont, en leurs places et selon leurs postures particulières. Le monde du « virtuel » en fournit l'exemple le plus révélateur, mais il faut voir que dans l'interposition du contrôle électronique et informatique entre toutes les pratiques et leurs objets ainsi que bientôt entre toutes les relations qu'entretiennent entre eux directement les objets eux-mêmes, et à travers le branchement de tous les systèmes de contrôle les uns sur les autres, c'est le « monde » phénoménal comme tel, c'est-à-dire l'horizon objectif tout entier de notre expérience, qui tend à devenir globalement un monde virtuel à mesure qu'il tombe sous l'emprise des régulations systémiques ou qu'il entre en elles pour s'y intégrer. Même la guerre, cette forme extrême d'affrontement de l'altérité, devient virtuelle. La guerre virtuelle fait certes encore des morts, mais comme ils sont tous de l'« autre côté », ces *casualties* s'inscrivent de manière parfaitement neutre et insignifiante dans la réalisation technique des objectifs programmés et parmi les « dommages collatéraux » qu'on ne décompte même plus. Même la mort personnelle, cet ultime moment d'accomplissement du principe de réalité subjectif, tend à devenir virtuelle dans les techniques de conservation du code génétique en vue d'une reproduction différée, la survie artificielle, etc. ; et même la naissance, à travers le clonage, les technologies de la conservation des embryons, la reproduction artificielle des séquences d'ADN et les fantasmes de *Jurassic Park* qui font désormais partie non seulement de notre imaginaire symbolique, mais de notre réalité technologique, de ses virtualités effectivement en cours de développement. Tout n'est évidemment pas encore possible, mais nous vivons dans une dynamique techno-scientifique dans l'horizon de laquelle tout pourrait l'être, tout devrait l'être, et tout finirait bien par le devenir ultimement dans la mesure où nous nous y adaptons et où nous l'intériorisons. D'ailleurs le possible, dans l'appel duquel nous nous engouffrons comme dans un vide irrésistible, est devenu le réel le plus proche, notre « voisinage » le plus immédiat (Agamben : « la singularité quelconque qui *voisine* avec la *totalité vide et indéterminée* », ou encore : « la singularité voisine avec la totalité du possible ».) Citons encore l'extension de l'« intelligence artificielle », le déploiement des « cyberespaces » et de la « cyberconscience » dans le monde merveilleux de la communication, tel que chanté par Pierre Lévy (et bien d'autres). Certes, ce *sont* ontologiquement et épistémologiquement des fantasmes, mais ces fantasmes, comme tous les autres que j'ai relevés, travaillent *réel-*

lement la réalité et *sont en train* de la transformer en une *réalité* fantasmatique, de la transsubstantier en même temps qu'ils nous transforment nous-mêmes en faisceaux et flux de particules réactives et compulsives, selon le modèle du « branchement des flux désirants » sur le « corps sans organes » dans l'*Anti-Œdipe,* qui représente une autre saisissante anticipation et promotion de la réalité délirante par la théorie délirante. Une telle réalité peut être décrite, de manière finalement équivalente, soit comme excès de réalité qui englobe et absorbe le sujet indéfiniment sollicité par sa proximité, son ubiquité, sa plasticité, son omniprésence et son actualité immédiates (voir Annie Le Brun, *Du trop de réalité*, et Baudrillard, *De l'obscénité*), soit comme une perte de toute réalité : l'« ère du vide », l'« insoutenable légèreté de l'être », la « transcendance noire » qui se mue en « transcendance blanche », l'opacité totale qui coïncide avec l'omnitransparence de tout à tout. Toutes les images deviennent réversibles parce que toutes les formes qui constituent le réel de l'expérience le sont devenues dans leur manipulation, « synthétisation » ou « computérisation » virtuelle. L'image ne représente plus autre chose, elle se montre elle-même, elle se diffuse et elle agit, et par là elle produit un horizon chatoyant de réalité dans lequel nous nous perdons plutôt que d'y trouver place. Ajoutons que dans tout cela, il est plus facile de faire la critique du déficit ontologique dans lequel se meut et que vante la théorie délirante, que de s'opposer effectivement à la mutation délirante de la réalité, puisque précisément celle-ci fonctionne sans déchirements ni contradictions de manière délocalisée, dénaturée et désontologisée.

La deuxième différence est que le système, comme l'espace einsteinien, *n'a plus de centre,* son centre est partout et il n'a donc plus spécifiquement de périphérie. Cela, notons-le déjà, n'est pas *encore* vrai sur le plan géopolitique dans la mesure où la superpuissance américaine représente l'épicentre de l'expansion de la domination systémique et où existent des résistances qui sont encore enracinées localement (dans un espace fixe, dans un temps déterminé, dans une culture et une identité particulières). Mais la logique du système est d'internaliser ou de circonvenir complètement ces résistances, notamment à travers les médias qui déjà sont partout en même temps et qui ont pour effet de renvoyer à l'inexistence ce qui n'existe pas en eux et n'est pas produit par eux. En effet, tout « environnement » est virtuellement mobilisé dans le système selon le mécanisme de l'internalisation « informatique » ou « informationnelle », et ce qui résiste en persistant dans son « quant-à-soi », les lieux et réalités réfractaires, tout cela tend à faire figure et à prendre place comme des blocs erratiques dans la masse mouvante d'un glacier. Leur hétérogénéité est soit complètement englobée, soit rejetée sur les franges comme une moraine résiduelle. (Heureusement – sous ce point de vue métaphorique – qu'il arrive aux glaciers de fondre, et aux moraines de faire sol et paysage !) Il ne s'établit donc pas de rapports dialectiques entre les systèmes et ces réalités qui lui restent exogènes : la relation entre eux est une relation de digestion et d'excrétion. Cela a remplacé la relation d'extermination, d'annihilation qu'avait pratiquée le nazisme. La hache, le couteau (et les chambres à gaz) ont fait place au tube digestif ; le « surhomme » est remplacé par l'hydre protéiforme de la « réalité quelconque » qui avale tout.

La troisième différence découle des deux précédentes : le système, en opposition au Mouvement, n'a *plus besoin de chef* puisque étant omniprésent, il n'est plus représenté ni re-présentable : il est immédiatement présentation de soi, et il n'existe que dans sa « présentification » continue. Sa « violence » n'est plus condensée nulle part, elle n'est plus engagée contre rien de particulier, elle est la puissance purement immanente de l'expansion, le simple déploiement irradiant d'une énergie. Cela non plus ne s'applique pas encore sur le plan géopolitique, et c'est pourquoi il est important de distinguer ces deux niveaux et les logiques divergentes qui les animent. La violence systémique ne se présente donc plus comme un rapport de domination, mais comme l'évidence d'une nécessité opératoire à laquelle aucun arbitraire subjectif ne peut vraiment être imputé ni même soupçonné. Elle est, pour emprunter encore une fois une image à la physique einsteinienne, comme un champ de force gravitationnel universel, qui se confond avec l'univers concret au sein duquel les « corps » particuliers ne sont que des

« plis » et des « moments de condensation » de l'espace-temps énergétique (Deleuze a encore une fois trouvé les bonnes images pour décrire cela, qui est évidemment à l'antipode de Hitler et de Staline). Mais le « culte de la personnalité » y a pourtant aussi son équivalent renversé, généralisé : c'est l'irrécusabilité de la décision experte, continuellement informée, où l'identité, la responsabilité et l'imputabilité encore singulières et personnelles des experts tendent à être remplacées par l'opérativité directe et impersonnelle des « systèmes experts » dont ils ne sont plus que les serveurs compétents mais anonymes. Nous sommes en présence, et virtuellement à l'intérieur, d'un procès d'abstraction *concrète* où la décomposition analytique de toute entité auto-consistante et la recomposition pragmatique-opérationnelle du réel sous la forme généralisée d'une production d'effets quelconques en flux continus ne se produit plus seulement « dans la tête » (c'est-à-dire dans le mode de description, d'analyse et de représentation qui est impliqué par les théories postmodernistes), mais directement dans le mode d'auto-production et d'auto-actualisation de la « réalité elle-même ». En effet, le fonctionnement systémique reproduit indéfiniment dans son propre procès de reproduction l'interminable foisonnement et la profusion indéfinie des « objets transitoires » ou « transitifs » (comme l'ARN-messager de la biologie) qui ne sont rien d'autre que ses propres moments internes d'échange et de transformations. Du même coup il n'y a plus de fondement et de sens à une négation pratique de l'existence de l'« autre » ; l'altérité est niée avant de se présenter comme telle ; il n'y a plus ni *altérité* ni *ennemi, mais seulement des perturbations* (des « plis ») dont le système gère les effets en les prenant sous contrôle. À la limite, il n'y aura plus dans le système besoin d'armées, puisque les armées agissent pour le compte d'entités sociétales définissables ; il y aura seulement des systèmes de police chargés d'éliminer les virus perturbateurs. Dans la théorie luhmanienne, toute réalité qui se présente encore avec son quant-à-soi dans l'environnement du système est un excès localisé de complexité et d'imprévisibilité relativement à sa capacité de traitement informationnel (ou informatique) ; la réduction de cette complexité environnementale par internalisation entraîne alors un accroissement de complexité dans le système lui-même, d'où aussi la tendance à une spécialisation fonctionnelle ou opérationnelle interne, qui conduit progressivement à l'autonomisation de systèmes secondaires puis tertiaires... dérivés, et cela sans fin puisque aucune norme d'équilibre global, transcendant les procès intégrés et continus d'équilibrage marginal, n'est plus reconnue. À travers cette prolifération ou ce bourgeonnement interne, ce sont alors les innombrables interfaces entre les systèmes spécialisés qui finissent par absorber dans leur tissu conjonctif spongieux les systèmes eux-mêmes : tout n'est plus tendanciellement que translation.

Le nazisme affichait ouvertement son mépris du droit ; mais c'est le concept même de droit qui tend à s'effacer dans le totalitarisme systémique, dans la mesure où l'écart qui maintient les normes à distance des actes qu'elles régissent s'y trouve aboli. Plus précisément, les normes y prennent la forme d'une simple codification et standardisation des informations que traite le système, et elles s'intègrent directement dans son fonctionnement comme procédures opératoires internes qui régissent ses relations à l'environnement. Ainsi les sujets de droit et les objets du droit se trouvent eux-mêmes directement intégrés dans le fonctionnement systémique en tant que variables informationnelles. Le système ne reconnaît plus des droits ayant leur assise en dehors de lui, il gère directement de manière « normée » (paradigmatique ou algorithmique) l'ensemble de la réalité qui appartient à son champ opératoire ou à son espace de contrôle. Tant les sujets que les objets de l'activité humaine deviennent pour lui de simples modalités toujours transitoires de son fonctionnement autoréférentiel, de simples lieux ou nœuds de transit dans la circulation généralisée de l'information qu'il gère aux fins de sa propre reproduction ordonnée. Le droit, dans la mesure où il subsiste encore comme système distinct dans la période de transition, tend à s'intégrer de lui-même dans les fonctionnements systémiques à mesure qu'il se convertit en procédures d'arbitrage pragmatique directement implanté dans les divers champs d'activité, et il se confond ainsi de plus en plus avec leur fonctionnement opératoire. Dans le « juridictionnel » et la « judiciarisation » généralisés s'estompe et s'abolit la distance entre le droit et la réalité qu'il régit, il devient la forme de « réalisation » continue de cette réalité, son *modus operandi* immanent. Il n'y a plus de droit en même temps que tout devient droit, que tout devient économie, que tout devient culture communicationnelle et informatique, que tout devient stratégie de puissance et de contrôle. Ce mouvement est lui aussi clairement théorisé par certains courants contemporains des études juridiques aux États-Unis, et bien illustré par les procédures d'arbitrage qui devaient contrôler l'application de l'AMI et avoir valeur de plus haute instance judiciaire mondiale.

Finalement, le fonctionnement opérationnel-systémique perd toute identité sociétale, civilisationnelle et historique (il inaugure comme on l'a dit la « post-histoire » !). La modernité, en son universalisme abstrait, était spécifiquement occidentale puisque c'est dans le développement civilisationnel de l'Occident qu'a été opéré le mouvement idéologique et culturel d'abstraction des valeurs et d'universalisation formelle des références transcendantales, et que ces valeurs s'opposaient aux valeurs traditionnelles quelles qu'elles fussent. Cette négation des valeurs substantielles traditionnelles au nom de valeurs formelles universalistes fut donc bien un achèvement propre à l'Occident, par lequel celui-ci s'opposait aux autres civilisations en les soumettant toutes à son défi. Mais il n'en va plus de même en ce qui concerne l'implantation d'une régulation opérationnelle-systémique, puisque celle-ci n'érige pas sous une forme abstraite des principes d'objectivité, de valeur et d'identité qu'elle chercherait à promouvoir pour se justifier : en son autoréférentialité, le fonctionnement systémique est *spécifiquement sans valeur et sans finalité,* sans identité et sans fondement, et il ne *requiert donc aucune justification.* Son mode opératoire n'est plus dès lors universel ou universaliste, il est seulement généralisant et globalisant. Il ne crée aucun surplomb réflexif et virtuellement critique, mais engendre des mouvements d'expansion indéfinie qui pourraient tout aussi bien se renverser un jour en un affaissement global incontrôlable. Ce nouveau mode postmoderne de régulation systémique n'a dès lors plus rien de spécifiquement « américain », bien qu'il représente empiriquement la globalisation d'un mode de vie et d'une manière d'être expansifs qui a effectivement été une caractéristique du développement particulier de l'Amérique. Pour utiliser un pléonasme, il représente le triomphe effectif du comportement « béhavioriste » sur l'action sociale et sur la praxis. En termes de valeurs, il est la négation et la dissolution (« post... ») aussi bien de l'Occident que de toute autre tradition civilisationnelle, et c'est pour cela précisément qu'il pénètre aisément partout et qu'il peut être adopté partout puisqu'il ne s'oppose à rien. Tout ce qui lui est propre, c'est l'efficience, l'opérationnalité, l'effectivité, et cela suffit à assurer et à justifier son fonctionnement effectif. Tout le reste y rentre de soi-même passivement, en abandonnant seulement sa cohérence particulière et sa force propre dans la recherche exclusive de la « performance ». Le principe d'efficience peut en effet, comme celui de l'intérêt qui l'a précédé, s'inscrire dans n'importe quelle forme et n'importe quel mode de l'agir individuel et surtout collectif sans jamais en heurter de front les modalités constitutives et les références d'orientation normative et de légitimation identitaire. Le mode opérationnel s'insinue simplement dans la texture intime de tout agir, pour se l'assujettir virtuellement comme comportement, puis comme simple algorithme reproductible par n'importe quel moyen techno-informatique. Il est tout simplement l'autonomisation de l'efficience en elle-même et pour elle-même, dans la réalisation de n'importe quel objectif, sans égard aux fins. Or, si c'est bien la société américaine qui, plus que toute autre, a cultivé le souci de l'efficacité, de l'organisation et de la régulation procédurale et systémique, elle sera débordée elle-même, en son identité sociohistorique particulière, par la généralisation du mode de régulation impersonnel et processuel dont elle a fait la promotion au nom de l'extension anonyme de sa puissance. Et elle finira par être absorbée en elle.

Pour résumer, disons que tous les aspects caractéristiques du totalitarisme historique qui se sont comme effacés dans la réalité systémique : la mobilisation extrême dans un « mouvement » volontariste, la substantification naturaliste de l'identité collective et l'absolutisation de l'altérité, la dynamique de la concentration de la puissance et de la pureté du mouvement vers son centre effervescent, sa personnalisation dans un Führer (un « guide suprême », un représentant du « prolétariat » qui se reconvertit en « père du peuple », etc.), l'exercice quotidien et banalisé de la terreur, tout cela, c'est justement ce qui représentait la dimension archaïque, volontariste, du totalitarisme nazi et largement aussi stalinien. Mais la critique ontologique à laquelle je vais procéder maintenant montrera que tous ces aspects ne formaient encore que des manifestations particulières, historiques, circonstancielles, de l'essence négative d'une *réalité totalitaire en soi* dont la *possibilité* est inscrite dans la contingence essentielle et l'ultime fragilité de ce qui est propre à l'existence humaine, à la vie en société et enfin, ultimement, au monde qui nous accueille et auquel nous appartenons, une réalité contingente que tout débordement illimité de puissance peut détruire. Par leur caractère exorbitant, toutes les manifestations spécifiques des totalitarismes « historiques » témoignaient encore de l'existence d'une extériorité qui marquait de sa limite la possibilité de réalisation effective de leurs programmes ; mais plus rien ne peut être exorbitant lorsque c'est la réalité elle-même qui est comme telle mise sur orbite (Baudrillard).

*
*   *

J'aborde maintenant, de manière seulement allusive, l'*aspect géopolitique* de la réalité contemporaine, un aspect qui par certaines de ses manifestations peut susciter plus explicitement que sa dimension systémique la crainte d'une résurgence du totalitarisme tel qu'il a été illustré par les régimes ou les systèmes nazi et stalinien. Mais les manifestations d'une telle *volonté de domination,* pour inquiétantes qu'elles soient, ne désignent pas forcément ce qui est le plus à redouter dans la réalité contemporaine, car la manière d'en percevoir la menace, d'y résister et de s'y opposer reste encore familière à l'esprit politique moderne (et aussi bien aux formes traditionnelles d'affirmation de l'identité), et nous sommes loin d'être *vraiment* tous déjà devenus postmodernes ! Comme cette menace se présente sous la forme d'un recours à la violence par une puissance volontaire (celle d'un État particulier et de ses services d'État, et celle des grandes corporations et organisations supranationales), elle suscite une résistance qui n'a besoin que d'assurer sa cohérence pour s'affirmer aussi elle-même comme une contre-force stratégique effective.

Les États-Unis ont accédé au cours du XXᵉ siècle à une position d'hégémonie géopolitique, et ils représentent désormais, après l'effondrement de l'Union soviétique, l'unique superpuissance mondiale. C'est donc sous leur influence déterminante tant au point de vue économique que politique, culturel et militaire que la logique de régulation systémique s'impose maintenant dans tous les pays, comme cela a été attesté par le projet de l'AMI qui visait à supprimer tous les obstacles politiques à la libre expansion de la logique financière spéculative qui régit les « investissements », en faisant toutefois exception pour les motifs de « sécurité », un argument dont les États-Unis se sont pratiquement assuré le monopole dans le monde (avec Israël qui se trouve à cet égard être leur client privilégié). Or, cette intervention des États-Unis sur l'ensemble des « affaires du monde », et leur engagement unilatéral en faveur de ce qu'on nomme encore le « libre marché » malgré les apories sociales et écologiques de cette forme de liberté qui met en cause l'avenir même de l'humanité, sont lourds d'une violence en même temps structurelle et stratégique, et celle-ci a impliqué, comme on le sait, l'usage récurrent de la force militaire, l'intervention planétaire des services de renseignement, la violation répétée du droit international et de la souveraineté des États, etc. La réaction des États-Unis à la suite de l'agression qu'ils ont subie le 11 septembre 2001 montre bien, dans la forme ultra-technologique de son déploiement et surtout dans le style du discours de légitimation qui l'accompagne (« justice infinie », appel à Dieu et démonisation de l'« axe du Mal », volonté d'éradication totale d'un « terrorisme » qu'on ne cherche pas à définir ni à comprendre de manière critique, etc.), qu'ils sont prêts à user de leur puissance sans en soumettre les conditions de formation et d'exercice à aucune instance supérieure, et qu'ils considèrent du même coup leurs intérêts et leur droit comme une justification absolue. Ainsi, les États-Unis veulent s'imposer unilatéralement comme « police du monde », et ceux qui s'opposent à l'emprise de leur système de domination ne sont plus reconnus comme des adversaires et des combattants, mais comme des criminels et des « terroristes » qu'il faut éradiquer par n'importe quels moyens. En bref, les États-Unis poursuivent de manière volontaire, persévérante et cohérente une politique par laquelle ils veulent s'assurer au niveau mondial une hégémonie fondée sur l'acquisition de la « toute-puissance » au triple plan militaire, technologique et culturel-communicationnel. Il faut insister ici sur le caractère volontaire et stratégique de cette visée de domination américaine : sous le paravent d'un discours libéral et naturaliste, elle est attestée dans d'innombrables circonstances depuis la fin de la Seconde Guerre mondiale. Le problème, c'est que les intérêts stratégiques de la puissance américaine « subjective » se confondent de plus en plus, parce qu'ils s'y projettent directement, avec l'extension sans limite des modalités systémiques et opérationnelles de régulation (économiques, financières, techno-scientifiques et médiatiques) à caractère « objectif », et qu'ils semblent parfois coïncider avec cette nouvelle modalité de régulation dans une même « logique » impersonnelle purement positive, que l'idéologie dominante présente comme une nécessité objective incontournable. Et cela est d'autant plus vrai que cette emprise systémique directe est issue principalement de la mutation que les formes politico-institutionnelles modernes de régulation des rapports sociaux, à caractère indirect, ont subie dans le cours de l'histoire propre à l'Amérique et que, du point de vue américain, celle-ci représente l'accomplissement « objectif » de l'universalisme qui sous-tendait dès le début tout le mouvement de l'histoire moderne, alors qu'elle en représente en réalité la négation ou plus précisément l'abandon, l'oubli et la dissolution. Mais derrière cette apparence, l'analyse critique doit s'efforcer de saisir la différence qui existe encore entre une logique systémique impersonnelle et la manière stratégique dont une puissance sociopolitique particulière s'est arrogé le pouvoir – présenté comme un droit – de l'imposer par tous les moyens parce qu'elle préfigure précisément la forme finale que prendrait sa propre domination globale.

Cela est pour dire aussi que la tendance contemporaine au déploiement d'une domination géopolitique totale de la part des États-Unis, à laquelle je viens de faire allusion, ne représente en somme qu'une forme de transition dans l'instauration d'une domination totalitaire directe à caractère systémique au niveau global ou planétaire, et que le recours à la violence explicite qui caractérise encore la première n'est essentiel que pour vaincre les résistances que suscite la seconde et pour ouvrir à celle-ci la totalité de l'espace social, en le déstructurant et en le neutralisant. Les « nouvelles frontières » de l'Amérique ne sont donc plus proprement géographiques, elles sont essentiellement économiques, technologiques, communicationnelles, informatiques et culturelles (s'agissant du mode de vie et du mode de consommation symbolique) puisque telle est la forme du nouvel espace exponentiel dans lequel se déploient les fonctionnements systémiques, quel que soit leur ancrage original dans des instances ou des modalités différenciées de la pratique sociale. Dans cet espace indifférencié de l'opérationnalité, tout ce dont la vie propre respirait autrement meurt d'asphyxie. La variété des systèmes ainsi que des médias généralisés d'information qui les différencient encore significativement et fonctionnellement (le politique, l'économique, le droit, la science, la culture, l'amour...) ne doit pas ici faire illusion : cela trahit seulement la particularité des points d'ancrage originels encore fonctionnellement et significativement différenciés des procès systémiques (un « écho de l'origine » analogue au bruit de fond cosmique qui nous parvient comme rumeur lointaine du Big Bang). Mais cette spécificité est progressivement abolie par l'expansion même des fonctionnements systémiques et la multiplication de leurs interconnections toujours plus étroites et de plus en plus « anonymes ». Nous sommes donc en présence ici d'une ambivalence fondamentale entre les « effets de forme et de système » et les « effets de volonté et de pouvoir », qui pose bien des problèmes de crédibilité à l'analyse critique aussi bien qu'à l'action de résistance. En effet, il est toujours plus facile et plus immédiatement probant, lorsque l'on veut résister à quelque chose, de voir encore dans tout acte (au sens aristotélicien du passage de la puissance à l'acte) et dans tout procès l'action d'un sujet (individuel ou collectif), pour imputer à celui-ci des finalités, des intérêts et des stratégies subjectives compréhensibles, et donc aussi une responsabilité assignable : ce sera celle des États-Unis, des corporations transnationales, des organisations supranationales, etc. Et il est aussi toujours plus facile, lorsque l'on va dans le sens du courant, de ne voir en toute chose que ce que Hegel nommait le mouvement de l'« idée elle-même », le concept substantiel de l'« Idée » comme support de la « logique » ayant simplement été remplacé par celui de l'opération-nalité systémique, communicationnelle et informatique, qui n'est plus ni formel, ni substantiel, mais seulement pragmatique. Et le fatalisme que cela comporte est tout aussi « vrai », indépendam-ment de l'optimisme euphorique ou du pessimisme catastrophiste qui marque le sens qui est subjectivement donné à un tel constat. Mais dans les deux cas, on a perdu de vue la dialectique qui préside *encore* à l'histoire. L'argument que je veux défendre ici, c'est que le pouvoir et la puissance « géopolitiques » ainsi que la dimension stratégique qui leur appartiennent sont non seulement effective-ment mis au service de l'expansion de la logique systémique (par-delà les intérêts nationaux, puisqu'elle se confond de plus en plus avec eux), mais que c'est grâce à ce fait de nature transitoire que cette expansion systémique peut encore être contrée et refusée. Pour une raison simple : tant qu'il s'agit encore d'un pouvoir constitué et d'intérêts situés, la domination de ce pouvoir et de ces intérêts particularisés laisse subsister d'autres lieux, réels ou poten-tiels, de pouvoir et d'autres synthèses possibles d'intérêts, et sur-tout d'autres engagements pour des valeurs. Les États-Unis et les intérêts qui se rattachent à leur domination visent, c'est évident, à la toute-puissance, mais ils ne pourront pas la détenir et l'imposer effectivement sans s'y perdre eux-mêmes : et alors ce serait effectivement la « fin de l'histoire », ce qui pour le moment n'est qu'une menace à laquelle on peut encore résister, et cela parce qu'elle a encore un lieu, une forme et un nom particuliers. Toutes choses égales par ailleurs, c'était aussi le cas du nazisme, et il a été vaincu. Une résistance à l'américanisation du monde n'aurait alors pas plus à rejeter les Américains que la victoire sur le nazisme n'a impliqué la suppression des Allemands. Et si, de par la nature du totalitarisme nazi, on ne pouvait guère compter sur les Allemands pour le vaincre, l'inclusion des Américains dans la résistance au totalitarisme systémique devrait sans doute être une dimension essentielle de toute stratégie de succès.

La question du totalitarisme est d'abord une question philo-sophique et plus précisément ontologique puisqu'il n'y a de sens à parler de totalitarisme que par référence à une idée de la liberté, et comme la liberté humaine n'est jamais elle-même sans limite, cela inclut une *idée* de la place de l'homme dans le monde, de la place de l'individu dans la société, des rapports entre les sociétés comprises dans leurs différences, ainsi que du sens de l'histoire, une idée qui réponde d'une manière ou d'une autre aux questions kantiennes : que sommes-nous, que pouvons-nous connaître, que devons-nous faire, et que sommes-nous en droit d'espérer ? Toutes ces questions ont un caractère transcendantal, et c'est seulement dans cet horizon transcendantal que définit l'idée de la liberté qu'une réalité peut être jugée « totalitaire ». Autrement, toute réa-lité n'est jamais que ce qu'elle est, et elle n'est jamais à la limite que ce qu'on en fait. Alors la puissance de faire, quelle qu'elle soit, devient sa propre référence et elle échappe par principe à tout jugement et à toute limitation extrinsèque. C'est pourquoi je commencerai cette synthèse critique en posant la question de la nature ontologique de l'« être » ou de l'« existant » que le totalita-risme menace. Et je ne limiterai pas d'avance la portée de cette question à la réalité humaine puisque j'ai déjà indiqué que le totalitarisme systémique sous la menace duquel nous vivons présentement ne tend pas seulement à détruire ou à dégrader la nature humaine, mais encore celle du monde de la vie tout entier. Or, il s'agit bien là, phénoménalement, de notre monde le plus objectif, ce monde réel où nous vivons et qui dans ses aspects onto-logiquement essentiels est lui-même un monde vivant (plutôt qu'un désert vide de toute vie propre, de toute « présence » et de toute « appartenance »).

Ainsi, par-delà les formes de la violence politique, la menace totalitaire la plus radicale réside dans la négation du *principe de réalité,* impliquant la négation de toute *altérité.* Un commentaire philosophique est nécessaire pour comprendre cela. Le principe de réalité ne s'exprime pas, comme les modernes l'ont généralement pensé, dans les énoncés : « l'être est ce qui est » (Parménide), et « tout ce qui est est nécessaire » (Leibniz). Il n'est pas la pure conversion redondante de la copule en affirmation ontologique, associée à un jugement de nécessité (ce que la logique formelle a eu raison de rejeter). Il porte sur quelque chose de plus riche onto-logiquement que ce qu'exprime le principe de nécessité, mais qui est aussi quelque chose de fragile. Tout ce qui se présente dans le monde comme existant réel et concret se donne en effet sous le mode du *particulier, et non d'une pure singularité indéterminée.* L'être est ce qui se montre « tel ou tel » non pas dans l'indifférence et l'indétermination absolues du *quodlibet* (Agamben), mais dans la forme concrète d'un « ceci » ou d'un « cela » toujours déjà déter-miné en un genre propre. L'être est ainsi toujours incarné dans un « quelque chose » dont la singularité existentielle adhère à une manière d'être déterminée qui lui appartient en propre tout en le rattachant ontologiquement aux autres existants avec lesquels il s'inscrit dans un même procès de différenciation et de reproduc-tion, un procès réel à la particularité (au « genre ») duquel il adhère ainsi en son être même, et dans les limites duquel s'est accomplie sa propre singularisation existentielle. Le « fait d'être » existentiel, qui est le seul que nous puissions rencontrer et connaître effective-ment dans le monde et en nous-mêmes, n'appartient donc ni à l'objectivité ni à la subjectivité en général, mais à ce qui possède en soi son mode spécifique d'être dans le monde (la différence fondamentale entre les êtres tenant alors à la réflexivité intérieure qui habite certains existants, que nous comprenons comme sujets par opposition aux simples « choses »). Ce qui se montre comme existant dans toute manifestation, ce n'est pas la généralité abstraite de l'« être » ou de l'« exister », ni la singularité pure du « fait » ou de l'« événement », c'est la particularité d'un existant qui possède son « fond » propre. Le plus petit commun dénominateur de tout ce qui existe, l'« être en tant qu'être » (ou encore la régularité de la loi universelle) n'a aucune détermination existentielle : ce n'est que le résultat d'une opération logique d'abstraction ; et tout ce qu'on peut en dire ne désigne pas ce qui est, mais n'appartient qu'à la structure logique d'une proposition, et cela n'effleure même pas l'existant qui se tient en la particularité de son « fond » propre. Si on enlève à chaque existant ce fond ontologique qui lui est propre, celui de la spécificité unique dans laquelle se tient sa singularité phénoménale, il n'y a plus de réalité, il ne reste que son abstraction, sa recomposition dans le langage et la pensée. Ainsi, dans son fond constituant, ce qui existe échappe-t-il toujours au langage et à la pensée, qui n'en saisissent que l'apparence pour nous, telle que nous l'appréhendons et reconstruisons depuis le dehors de lui.

Le singulier pur, ce qui ne se rattacherait en son être à rien de particulier, n'existe pas, pas plus que l'universel pur. Or, ce que postulent les philosophies de la déconstruction et ce que réalise la réduction systémique de la réalité, c'est que tout n'est que singularité, moment éphémère d'un pur « événement ». La singularité pure ne se rattache à rien, elle n'appartient à rien, elle ne fréquente rien (elle « voisine » dit Agamben, car il faut ici chercher soigneusement ses mots !) ; elle forme la « multitude indéterminée » des événements sur la surface sans profondeur, la pure latéralité de l'opérationnalité informatique, et sur cette surface, elle ne dessine pas des objets, mais forme ces ondes ou ces vagues mouvantes qu'on nomme indices, taux, tendances, flux, algorithmes. Ainsi se réalise la dissolution effective du particulier, de tout ce qui existe sous l'emprise de rapports constitutifs déterminés et perdurables, de tout ce qui est en soi de nature synthétique (c'est pourquoi il n'y a plus que des produits de synthèse, ce qui signifie que le moment de synthèse leur est extérieur et qu'il est arbitraire à l'égard de leur existence).

En appliquant le principe (négatif) de contradiction, la logique classique ne saisissait que l'*universel de la proposition*, ce qui tient dans les règles de sa construction langagière ; mais d'autre part, par la logique hiérarchique de l'implication ou subsomption de l'individuel dans l'espèce et de l'espèce dans le genre proche, puis ensuite la participation de tous les genres à un *universum* concret (le cosmos, le monde objectif), elle reconnaissait non seulement la singularité des « faits » et des « événements », mais la particularité ontologique des « choses » et des « êtres ». Elle n'abolissait pas le nom. Appliquant la logique du langage à la « nature des choses » *depuis l'extérieur,* elle laissait donc, dans l'acte même où elle les rendait disponibles à la pensée, les choses être ce qu'elles sont en leur existence propre, de sorte que leur intimité essentielle nous restait finalement cachée, inappropriable. Par contre, les logiques opérationnelles, ensemblistes et informatiques (algorithmiques) produisent l'« objet » en son être même, supprimant toute distance entre son être en soi et son mode d'appropriation par nous, qui devient immédiatement productif ou créatif. Accouplées aux technologies « matérielles » (physiques, chimiques, biologiques, psychologiques), un accouplement qui représente leur essence même puisqu'elles sont les logiques de la production pragmatique de n'importe quel résultat prévisible, elles disposent dans l'« objet » qu'elles produisent du fond même de la « chose », de ce qui en tant que chose lui appartenait en propre. Cela signifie que la chose est dissoute dans l'objet, en même temps que l'objet se trouve réduit à un objectif ; la réalité se résume en un pur produit ou un pur effet contrôlable. Il n'existe plus, du point de vue de ces nouvelles logiques opérationnelles, ni « objet donné », ni « quelque chose » derrière l'objet, tout se déploie à la surface des opérations. Ainsi les technologies sont l'application productive, ou plutôt créatrice, des logiques opérationnelles, et celles-ci ne sont que les règles qui régissent l'application efficiente des technologies. Elles ne permettent pas la manipulation du réel depuis l'extérieur (depuis « nous », avec nos intérêts ou motivations), elles procèdent à la production directe, immédiate, de l'être propre du réel comme surface immédiatement disponible à toutes les opérations de transformation, et du même coup elles cessent aussi d'être « nôtres », puisque, en même temps qu'elles dissolvent le monde à ce qui tombe immédiatement sous notre disponibilité, nous nous dissolvons en elles à mesure que s'abolit notre propre distance à la réalité. Leur emprise objective devient immédiate coïncidence non seulement de la pensée et de la réalité (et non plus leur adéquation dans la représentation), mais encore de la pensée avec l'acte qu'elle anticipait et dirigeait, et de cet acte avec son résultat pragmatique. Et ce résultat, finalement n'en est plus un puisqu'il est devenu le moment « premier » dans la chaîne des opérations de transformation autorégulée, le moment du choix arbitraire de n'importe quel objectif pratique auquel ne correspond que l'algorithme qui régit son procès de production, et c'est cet algorithme qui contrôle ensuite de l'intérieur tout le procès de production de la réalité par le jeu de l'autocorrection cybernétique, du *feedback*. Les logiques opérationnelles, telles qu'elles sont appliquées dans les technologies (informatiques), produisent l'unité immédiate et première du sujet et de l'objet dans l'acte, en même temps qu'elles réalisent l'effacement de l'acte dans le résultat. Dans cette nouvelle « forme productive », il n'y a plus vraiment « réification du sujet », il y a absorption conjointe du sujet et de l'objet dans le procès opératoire qui abolit leur distance, qui annule le rapport constituant entre identité et altérité, que cette dernière soit un autre sujet ou simplement une chose extérieure. Et c'est en cette suppression de toute distance et virtuellement de toute résistance que réside l'essence du nouveau totalitarisme systémique, dont la nature éclaire rétrospectivement celle des totalitarismes archaïques puisqu'elle l'accomplit effectivement. En effet, sa « logique » ne s'applique plus seulement, de manière unilatérale, à l'exercice de la puissance d'un sujet sur un autre qui se trouve nié dans la domination totale qu'il subit ; elle saisit la subjectivité agissante en même temps que celle qui lui était soumise, elle s'approprie la puissance de domination en même temps que tous les objets qui tombent sous celle-ci. Elle s'approprie ainsi elle-même, de manière purement « objective », toute volonté, tout orgueil et toute *ubris*. Elles sont « incarnation » sans corps et sans esprit de l'*ubris*.

L'universel abstrait moderne reconnaissait encore le particulier en le surplombant, alors que le fonctionnement global systémique postmoderne absorbe en soi tout particulier. Ne serait-ce pour le contrôler ou le détruire, le système ne reconnaît donc plus rien qui puisse lui résister en opposant à son immédiate opérativité la particularité en soi de son existence, c'est-à-dire son être propre. Dans ce sens, l'opérationnalité systémique est toute-puissante. Bien des choses lui résistent, mais le système ne les reconnaît pas ; elles ne lui sont pas vraiment étrangères, mais indifférentes, insignifiantes, nulles et non avenues, à moins que leur résistance ne prenne une forme active et alors aussi politique en s'attaquant elles-mêmes au système et à sa domination. Mais l'opérativité auto-référentielle, dès qu'on la laisse aller, entraîne tout ce qu'elle « fréquente » dans sa logique et sous son contrôle, elle « mobilise » tout dans l'arbitraire de son mouvement et de sa capacité généralisée de transformation, avec laquelle elle s'identifie. En elle, la métaphore n'est plus une opération symbolique puisque la puissance de la métaphorisation est immédiatement inscrite dans sa réalité comme opération productive et transformatrice, comme procès réel de métamorphose. Il n'y a plus, partout et en tout, que la productivité infinie des signes informatisés, une puissance quasi magique dans laquelle les sujets individuels et collectifs se sont longtemps projetés, mais qui leur a échappé pour se réaliser directement à son propre compte dans la profusion indéfinie ou la matérialité exubérante des « signes » efficients, sans détour réflexif, sans lieux ou « support » synthétique perdurant en soi. Certains pensent qu'il n'y a là rien de nouveau sinon la réalisation d'un rêve ancien, mais justement il s'agissait alors seulement d'un rêve ou d'un fantasme, et sa réalisation effective, directe, quotidienne, continue est maintenant précisément délirante.

Cette remarque ontologique doit être complétée par le constat que l'ontologie qui était sous-jacente à la science moderne comportait déjà une dimension virtuellement totalitaire, puisque tout ce qui existe réellement s'y trouvait rapporté à un principe ou à une instance de déterminisme ou de régularité universels. Seulement, comme la science moderne demeurait essentiellement cognitive, elle ne se saisissait ainsi virtuellement que de la totalité des *représentations* objectives du monde, et elle laissait à la technique et aux intérêts pratiques particuliers que celle-ci servait le soin d'intervenir effectivement sur l'en-soi des choses, de manière à les plier circonstanciellement sans les nier ontologiquement, au service des fins humaines particulières auxquelles elle ne s'identifiait pas elle-même immédiatement. En même temps qu'elle respectait ainsi l'extériorité donnée du monde objectif, elle reconnaissait par ailleurs l'autonomie normative et expressive du sujet. Elle nous laissait donc libres d'un autre rapport pratique, sensible, esthétique, synthétique à ce qui existe, et tout particulièrement libres de dialoguer directement avec les autres sujets sur les fins et les valeurs de la vie et de l'organisation sociale. Or, c'est cette extériorité du monde objectif et cette liberté normative du sujet que tendent à annuler le technologisme et le technocratisme contemporains lorsqu'en devenant systèmes opérationnels autorégulés, ils se saisissent directement *à notre place* de tous nos rapports intersubjectifs dont ils s'approprient l'ensemble des médiations (comme c'est le cas avec la substitution de la communication informatisée à l'échange symbolique), de même que de tous les objets communs de notre expérience (puisqu'ils les engendrent, comme on dit, « dans notre dos », produisant tout autour de nous un environnement entièrement artificialisé). La « vérité », la « valeur », l'« identité » et le « sens » de ce qui existe aussi bien dans le monde objectif que dans l'univers intersubjectif tendent à se réduire, pour le système, exclusivement aux transformations virtuellement illimitées qu'il leur fait subir en les inscrivant dans le champ de sa capacité opérationnelle qui non seulement s'est affranchie de notre jugement et de notre volonté, mais dans laquelle ce jugement et cette volonté se sont objectivés en dehors de nous, pensant et agissant à notre place (voir Arnold Gehlen), et comme nous ne disposons plus d'aucun autre lieu de retrait où nous pourrions fixer notre identité pour définir nos fins et nos valeurs, il est bien illusoire de penser que ce soit encore pour nous si nous acceptons, collectivement, l'essence virtuelle du système comme environnement. Et c'est cela qui est l'essence du totalitarisme contemporain : notre propre « virtualisation » dans l'espace systémique exponentiel où le possible désormais illimité engloutit le réel en devenant notre horizon ultime de réalité.

Puisque dans la forme systémique, la volonté de toute-puissance s'est directement objectivée sans plus passer par la volonté d'un sujet, elle n'a plus besoin (sauf transitoirement) d'être incarnée comme dans le nazisme dans un sujet fantasmatique, lui-même représenté dans un « chef suprême » délirant. On assiste plutôt à la démission de toute volonté subjective, morale et politique, laquelle se mesure nécessairement à la résistance d'une altérité : c'est la « réalité processive » elle-même qui devient ainsi « irréelle » et « délirante ». À l'évidence, le terrain a été extraordinairement bien préparé par ces philosophies qui, de Nietzsche jusqu'à Derrida, Deleuze et Agamben, ont œuvré à la déconstruction du discours, du sujet, du monde substantiel. Pour elles, il n'y avait ni sujet synthétique, ni objet auto-consistant, ni pensée régie par des formes signifiantes communes. Le procès de l'histoire n'avait, ont-elles proclamé, ni sujet ni fin. La pensée philosophique a ainsi participé à la dissolution idéologique de ce qui est, et elle a préparé ainsi la « réalisation » pratique du nihilisme auquel avait conduit la crise de la modernité. Mais il faut reconnaître aussi qu'elle a senti venir ce nihilisme dans la réalité, comme annihilation effective de tout ce qui est. C'était donc aussi une pensée prémonitoire, qu'il fallait écouter par-delà son propre horizon de sens, qu'elle construisait souvent de manière narcissique, exhibitionniste, surréaliste, auto-complaisante et irresponsable. Cette négation du réel qui coïncide avec la pensée déconstructiviste est bien illustrée par le déploiement de la réalité informatique « virtuelle ». De manière plus dangereuse, l'approche purement technologique de la réalité a envahi aussi le politique où le *contrôle* s'est substitué au *pouvoir* à mesure que les systèmes de gestion opérationnelle directe remplaçaient les institutions modernes qui régissaient encore la pratique par le sens et les valeurs transcendantales qui y étaient investies. Elle a aussi envahi, de manière virtuellement tragique, le monde de la vie tout entier, sous la forme devenue presque banale des manipulations génétiques qui n'obéissent de plus en plus, comme tout le reste, qu'à la seule logique financière : le très long cours de la vie soumis au très court terme de la spéculation sur les valeurs boursières assistée par ordinateur ! La preuve la plus forte de cette menace est donnée par les luttes qui se livrent autour de la « propriété intellectuelle » dans l'ensemble du champ de la recherche, et où l'on assiste à une démission croissante de la recherche publique orientée vers d'autres finalités que l'accroissement illimité du profit. Et tout le monde sait ce qui est en train d'advenir de ce que nous appelons désormais l'«environnement» (en utilisant un terme systémique qui dénote à lui seul la profondeur de notre complaisance), mais qui n'est rien d'autre que ce que les êtres humains ont toujours appelé le *monde* – et peut-être donnaient-ils ainsi voix également aux animaux et à tous les êtres vivants qui faisaient non seulement partie de ce monde, mais qui, «depuis toujours», en faisaient aussi à leur manière eux-mêmes l'expérience.

Dans tous les cas auxquels je viens de faire allusion, il y a un mouvement en même temps diffus et massif vers le totalitarisme : vers la construction et la mise en jeu d'une toute-puissance de nature non pas énergétique (selon le modèle aristotélicien de l'*energia* propre à chaque être et de la *dynamis* qui les relie), ni non plus mécanique (ces deux modèles restent inscrits dans un principe supérieur de l'équilibre ou de l'invariance globale) mais ontologique, comme *ubris* : celle-ci ne désigne plus désormais, comme chez les Grecs, une perturbation de l'ordre du monde, mais une emprise virtuellement totale sur la nature *spécifique* des êtres qui forment la réalité humaine et naturelle. Or, la spécificité de ces êtres (pour le non-humain) et leur identité singulière (pour les êtres humains) sont uniques et irremplaçables. La démesure dont il s'agit ici porte virtuellement sur la totalité de la réalité, rompant de manière radicale avec tout ordre ontologique préétabli.

Cette critique ontologique du totalitarisme systémique devrait ouvrir, à partir d'ici, sur un rappel des formes encore distinctes à travers lesquelles il se manifeste dans les différents champs de la vie collective, des champs qui doivent encore leur spécificité à l'héritage du passé, qu'il soit moderne et politique ou encore traditionnel et culturel. Le triomphe de la régulation systémique conduirait à une indifférence complète de ces champs objectifs, à leur perte de toute objectivité. Il n'y aurait plus de sens à distinguer encore l'économie du politique et de la culture, les objectifs multiples de l'action des technologies qui les réalisent, ni d'impliquer des sujets, pour leur en attribuer la responsabilité ou l'effet, dans les opérations cybernétisées de communication et d'information qui s'autorégulent en dehors de tout rapport de représentation participative. Il y aurait encore moins de sens de référer à des « droits » et à la « démocratie », pour ne pas parler de la justice et de la vérité, et encore moins, bien sûr, d'obligation et de responsabilité. Or, cela n'est pas encore fait ; le grand mélange dans l'indifférence totale n'est pas encore réalisé (c'est-à-dire que ses lieux d'impact n'ont pas encore été « déréalisés »), et dans cette mesure, le totalitarisme virtuel n'est pas encore vraiment accompli, il n'est qu'en marche. Il est encore temps d'y échapper, mais pour cela il faut reconnaître quel est son mode propre de domination, qui se confond avec l'extension indéfinie des formes d'autorégulation systémiques, celle du marché, celle de la communication et de l'information, celle du développement autoréférentiel des technologies, celle de la mode, celle de la sécurisation sanitaire et prophylactique, celle de la stimulation publicitaire du désir, bref toutes celles de la généralisation globale des logiques opérationnelles à caractère autoréférentiel, qui sont la négation de toute autonomie des êtres réels. Mais il faut reconnaître aussi la nature de ce qui rend la résistance et l'opposition difficiles : c'est que toutes ces logiques qui dissolvent en même temps sujets et objets, sociétés et monde, bénéficient de l'émancipation moderne du sujet individuel à l'égard de toute contrainte objective, qu'elle soit sociale ou naturelle, morale ou physique, symbolique, psychologique ou biologique. Or, cette aporie tient dans cette donnée ontologique unique que la libération de l'individu à l'égard de tout ce qui le contient en le contraignant à être « quelque chose » de déterminé dans son être propre libère aussi le sujet de sa subjectivité elle-même. Affranchi de toute nécessité, le sujet cesse d'être soi-même et disparaît dans les flux et reflux, les métamorphoses d'une totalité non totalisante à laquelle il n'appartient plus, à laquelle il ne s'oppose plus, mais qu'il est devenu en se confondant avec elle et son expansion. Le sujet coïncide alors avec l'« Ensemble » de la « totalité vide et indéterminée » dans laquelle le mouvement vers la liberté s'est réalisé dans la libération du pur mouvement. Le jour ne se lève pas sur l'écran de l'ordinateur, et on n'entend plus sonner les cloches dans les espaces sidérés des fonctionnements systémiques. Autour de nous, les postmodernistes se réjouissent du désinvestissement du Sujet. Le problème, c'est qu'ils demeurent impuissants à formuler les limites du système actuel. Ils laissent en plan la question de savoir comment les identités flottantes, comment les lieux défaits de l'intégration symbolique, parviendront encore dans l'avenir à fixer les frontières d'un monde commun qui puisse perdurer, à établir les normes ou les principes permettant de faire de la nécessité d'habiter une planète unifiée un projet commun significatif. Ils ne répondent pas à ces questions-là. Pour eux aussi l'extension absurde de la visée moderne d'émancipation individuelle, le changement dans n'importe quelle direction assimilée au progrès, et la puissance de faire n'importe quoi sont devenus à eux-mêmes leur propre fin, dont le sens libérateur nous échappe de plus en plus, mais dont la capacité de désarticulation et de destruction de tout ce qui existe selon une nature propre devient chaque jour plus évidente.

Comme le nazisme, la société postmoderne contemporaine voudrait faire un saut par-dessus la crise du sens, en abolissant le sens dans la fuite en avant d'une expansion de la puissance pure : « tout ce qui est possible, il faut le faire », tel est le slogan du technologisme. Aussi, dans son développement, cette puissance technologique et systémique autonomisée tend-elle à s'approprier le sens de la réalité, le sens des institutions sociales et politiques, le sens des formes d'expression esthétique, le sens de l'identité ; elle tend à s'approprier tout cela dans le déploiement de sa simple effectivité, de sa pure productivité virtuellement illimitée, qui sont devenues irréfléchies, et donc « insensées ». Ce mouvement sans frein et sans limites, cette nouvelle forme globale de l'*ubris* devenue purement objective, la philosophie nihiliste ne l'avait qu'anticipé, mais cela est en train d'être réalisé, et il appartient à l'humanité de l'empêcher.

Dans cette description du totalitarisme contemporain et de son contraste avec les totalitarismes archaïques, j'ai évidemment poussé l'argument jusqu'à sa limite, qui tient dans la forme pure du fonctionnement systémique. La réalité dans laquelle nous vivons ne ressemble pas encore à un tel tableau, et il est fort probable qu'elle ne lui ressemblera jamais complètement. Mais ce décalage heureux qui existe entre le modèle type et la réalité exige de faire l'objet d'une mise en garde en même temps qu'il est constaté. Ce qui diffère du modèle dans la réalité historique contemporaine doit son existence à la persistance massive des formes de régulation modernes, traditionnelles et même archaïques. Mais ces persistances sont menacées, au même titre que toutes les « espèces en voie de disparition » par le fait, tout aussi positivement évident, de la puissance et de la rapidité d'expansion des nouvelles formes de gestion organisationnelles et surtout des régulations systémiques. On n'a qu'à penser à l'impétuosité tout à fait formelle et impersonnelle avec laquelle l'informatisation de l'activité, de la représentation, de la communication et de la « pensée » s'est opérée depuis un demi-siècle – si peu de temps, une durée si courte dans l'histoire de l'humanité ! Il n'est pas nécessaire, pour penser théoriquement la réalité qui advient sous nos yeux, d'avoir constaté et vérifié empiriquement que tout ce qui est menacé de disparition a effectivement disparu ! Et il n'est pas sage non plus d'attendre que l'appauvrissement du « monde de la vie » nous crève les yeux pour réagir collectivement de manière pratique, c'est-à-dire encore politique et culturelle puisque ce sont les deux manières dont nous pouvons agir consciemment, volontairement et réflexivement, en un mot humainement. L'adoption d'une éthique de la responsabilité telle que définie et justifiée par Hans Jonas devrait représenter notre minimum *actuel* de conscience politique, pendant que tout ce qui entraîne le monde selon le réalisme irréfléchi de l'efficience pure va précisément dans le sens contraire.

Il existe cependant, heureusement, des marges considérables d'autonomie, aussi bien chez les personnes individuelles que dans les sociétés où nous vivons et qui restent encore déchirées entre la tradition, la modernité et le postmodernisme. Profitons de ces déchirements, de ces résidus et de ces inaccomplissements. C'est grâce à ces marges que nous ne sommes pas encore dissous dans un appareil régressif et, marginalement, aussi répressif à l'égard de tout ce qui ne s'y soumet pas encore ou refuse de s'y adapter. Il revient précisément aux acteurs et aux mouvements sociaux d'élargir ces marges, mais il faut qu'ils sachent ce qu'ils veulent, et que ce qu'ils veulent ou désirent ne soit ni illimité, ni privé de sens. Car le sens n'est jamais que le lien qui rattache le particulier au tout, la reconnaissance de sa place.

REMARQUES DE GILLES BOURQUE
SUR L'EXPOSÉ DE MICHEL FREITAG

J'aimerais poser deux questions sur ce qui me semble central dans la réflexion de Michel Freitag sur le totalitarisme.

Tu viens de dire, Michel, que le système, ou plus largement le mode de production décisionnel opérationnel, a « pour caractéristique de nier ontologiquement l'existence de toute altérité ». Dans le texte que tu m'as remis et qui a servi de canevas à ton exposé tu es encore plus explicite sur les effets ontologiques du totalitarisme. Tu écris que c'est seulement sur le plan philosophique que le concept de totalitarisme peut trouver un fondement solide puisqu'il désigne une « forme sociale dans laquelle se trouve systématiquement remis en question et virtuellement aboli ce qui constitue, au niveau le plus général, la nature de l'être humain, la nature de la société et le sens même de l'historicité ». Tu as par ailleurs très bien montré que c'est dans la crise de la modernité que l'on peut voir les conditions sociohistoriques d'apparition du totalitarisme. À partir de ce que tu as dit, on pourrait avancer que le nazisme et secondairement le stalinisme s'imposent comme une logique de la puissance issue d'une hyper-politisation qui finit par nier l'existence même du politique, alors que le mode de reproduction décisionnel-opérationnel qui tend à s'imposer se donne comme une logique de la soumission, résultat d'une hyper-économisation qui se nourrit de l'abolition progressive mais inéluctable du politique. Les logiques de puissance et de soumission sont bien sûr les deux envers d'une même médaille, mais elles n'en permettent pas moins de penser deux modalités différentes d'imposition du totalitarisme qui, toutes les deux, tendent à nier ontologiquement l'existence de l'altérité sinon, ajouterais-je, sous la forme empirique actuelle et infiniment extensible de la particularité. La première commence par la puissance et finit par devenir un pur système de dynamisation illimité d'une volonté qui détruit les structures politiques et colonise l'entièreté de la société. La logique de la soumission, quant à elle, opère pour ainsi dire subrepticement ; elle disqualifie puis abolit progressivement toute barrière ou tout contrepoids éthique, idéologique et politique susceptibles de contrevenir au déploiement du libre-marché et à la pleine domination des forces sociales liées au capitalisme financiarisé. Mais quoiqu'il en soit sur la question des distinctions possibles entre différentes formes du totalitarisme, il n'en reste pas moins qu'il faut convenir à partir de ton exposé que le totalitarisme est nécessairement lié à la crise de la modernité. Ma première question est donc la suivante : « Est-ce que toute sortie ou toute tentative de sortie de la modernité est nécessairement totalitaire ou à tout le moins présente-t-elle obligatoirement des traits totalitaires ou des tendances au totalitarisme ? » Dit autrement en ayant en tête la définition que donne Michel Freitag du concept de totalitarisme, toute sortie de la modernité peut-elle être pensée comme la fin de l'histoire ?

MICHEL FREITAG

Ma réponse à cette première question ne sera pas une réponse tranchée. Il y a une incertitude ontologique qui fait partie de la question et de la réponse : il n'y a pas de société humaine qui ne soit fondée sur le sens, la question du sens fait partie des concepts d'humanité et de société. Mais il n'y a pas de nécessité transcendante à l'existence de l'humanité et de la société, et cette réalité à laquelle nous appartenons pourrait disparaître, devenir ontologiquement autre chose, quelque chose qui ne répondrait plus au concept de la réalité humaine, sociale et historique. À ce niveau, c'est poser un peu, en la tournant dans un sens hypothétique, la question de Leibniz : pourquoi y a-t-il quelque chose plutôt que rien ? Et c'est la relativiser aussi, puisqu'on la rapporte à la modernité et à son mode d'historicité spécifique. Alors, pour la comprendre, il faut montrer que cette question du sens a déjà été incarnée de différentes manières dans la forme de la société, impliquant différents rapports à l'historicité. La question deviendrait alors : est-ce qu'il ne peut plus avoir après la modernité (comprise comme une forme sociétale et pas comme une période chronologique) d'autres modalités de construction sociale de sens et d'autres formes de rapport collectif à l'historicité ? Là, je répondrais déjà que je ne vois aucune raison qu'il ne puisse pas y en avoir d'autres, qui ne seraient ni le maintien de la manière moderne, ni un retour à la manière traditionnelle, et moins encore éventuellement à la manière primitive. Une par exemple qui représenterait la synthèse, reconnue comme telle, de ces trois modalités de socialité. Je dis reconnue comme telle puisqu'il y a bien déjà maintenant, dans le côté moderne de notre réalité contemporaine (et non dans son côté « postmoderne » ou systémique), une telle synthèse « refoulée ». Par là, je veux dire que si la manière primitive de constituer la société dans l'univers symbolique consiste dans l'intériorisation du sens commun par chaque membre de la société, et bien cela existe encore dans toute action significative ; et que si la manière traditionnelle est de construire verticalement des autorités responsables de cet ordonnancement du sens et de son imposition, et bien cela existe encore dans toutes nos institutions, même si le mode de constitution de ces « autorités » désormais institutionnalisées est différent dans les sociétés modernes et s'il y est sujet à des transformations réfléchies. La modernité comprend donc encore en elle les modalités antérieures de construction du sens, c'est-à-dire d'un ordre social et naturel signifiant. Si on définit la modernité uniquement par ce qui a spécifié son rapport antagoniste à la tradition : la raison formelle, l'autonomie du sujet individuel transcendantal, etc., alors on voit que la modernité n'a jamais été qu'un levier pour transformer la tradition, et qu'il y a en elle, dans son principe et dans son mouvement, comme une aporie : car si cette transformation de la tradition qu'elle opère était une destruction substantielle, alors il ne resterait plus de société, de monde commun, d'ordre signifiant commun : toute la socialité se réduirait au calcul instrumental des sujets indépendants, il n'y aurait d'autre ordre signifiant que celui de l'intérêt. Cela n'a jamais été qu'une tendance spécifique, qu'un engagement idéologique caractéristique, mais jamais la réalité sociale et sociétale effective. C'est à ce sujet que Habermas a fait état d'une dépendance irréductible à l'égard des « réserves non renouvelables de tradition ».

Je n'ai parlé jusqu'ici que de la modernité, et de son historicité orientée, émancipatrice. Qu'en est-il de ce point de vue de la postmodernité ? Alors, encore une fois, ce n'est pas une période, c'est un nouveau régime de régulation, disons systémique. Or, ici, il n'y a qu'à consulter Luhmann – ou à voir ce qui se passe globalement dans les nouveaux mécanismes de régulation dont nous observons l'envahissement progressif : des mécanismes « autorégulés », « autocorrecteur », « autoréférentiels », virtuellement « cybernétiques », etc. – pour être obligé d'admettre qu'il ne s'agit plus d'une régulation par le sens, tel qu'il est vécu par des sujets synthétiques, tel qu'il est construit et intégré dans des schèmes signifiants partagés, etc. Le déploiement de ces « mécanismes » pointe donc vers un mode d'existence collectif qui n'est plus régi par le sens, il pointe vers la destruction du sens en tant que mode fondamental, ontologique, de la vie humaine et de son intégration individuelle et collective. Il y a donc là un risque de disparition ontologique, ce risque est réel dans la mesure où l'extension de ces nouveaux mécanismes régulateurs est réelle, mais cela suppose qu'on s'y abandonne, cela suppose aussi que l'humanité soit incapable de dépasser l'aporie de la modernité autrement que dans cette négativité substantielle, dans ce nihilisme. Les issues sont hypothétiques.

En attendant, on pourrait toujours dire que le risque ontologique de dissolution du symbolique dans le systémique n'a rien de radical, ni même de sérieux. Tant que nous parlons, nous vivons dans le symbolique, et après tout on apprend encore à parler aux enfants. Tout le reste serait secondaire, « superstructurel », la « base » reste solide, évidente, incorruptible (comme l'or olympique !). C'est peut-être mal voir les choses. Bien sûr, on continue de parler, d'agir et d'échanger significativement. Mais ce parler, cet agir ou ce penser se déconnecte de nos conditions générales de vie collective, alors que jusqu'ici il s'y intégrait et les commandait, soit directement soit par détours qui étaient encore des détours de sens. Or, cette déconnexion se passe précisément au moment où ces conditions collectives de vie tombent justement sous l'emprise des régulations systémiques, et d'abord celles qui concernent l'économie, les technologies et la culture de masse médiatique, et que celles-ci vont toutes dans le sens (autoréférencialité oblige) d'une expansion illimitée des « procès sans sujets ni fins ». Ce n'est pas par fantasme que l'on commence à se rendre compte que cela fragilise toutes les cultures, et la culture en général, et puis surtout que cela menace même nos conditions effectives, matérielles, de survie dans le monde. Alors, dans un premier temps, on observe ce que Habermas, encore lui, nomme une scission ontologique et existentielle entre le « monde de la vie » et le « monde du système » ; dans un deuxième temps, on constate qu'il s'opère une « colonisation accélérée du monde de la vie par celui du système » (par exemple dans l'éducation, dans la politique, ou dans la substitution du pitonnage virtuel à l'expérience concrète de l'altérité du monde et des autres) ; et dans un troisième temps, on pourrait bien assister à une dissolution du monde de la vie dans celui du système, accompagnée d'un emballement délirant et autodestructeur du système lui-même, échappant à tout contrôle. Cela, ce n'est pas ce qui vient nécessairement après la modernité comme demain vient nécessairement après aujourd'hui et comme aujourd'hui succède à hier, c'est la direction effective dans laquelle est engagée actuellement une postmodernité systémique laissée à elle-même, et cela avec d'autant plus de force qu'elle se croit être et se présente pour l'accomplissement final de la modernité.

Or, pour le moment on ne fait pas grand-chose, et en tout cas pas tout ce qu'on pourrait et tout ce qu'il faudrait, pour s'y opposer, pour le contrôler, pour l'empêcher. Et pour cela, il faut commencer par comprendre de quoi il s'agit vraiment. Il n'est ni trop tôt ni trop tard pour « peindre le diable sur le mur », car l'« Empire du Mal », pour parler comme un autre, est déjà en nous, mais il ne s'agit pas du tout du même Mal, ni du même Empire, et encore moins du même « Axe ». Il n'y a aucune raison, ni morale, ni ontologique, ni « scientifique » pour accepter la fatalité du Pire et se désarmer à l'avance. Et pas non plus de bonnes raisons, pour les sociologues en particulier, de ne rien voir. Alors ma thèse n'est pas celle de Fukuyama, elle en prend précisément le contre-pied, puisque c'est justement ce que je perçois comme le Mal ontologique que Fukuyama place, avec Bush on vient de le voir, en position du Bien ultime et définitif.

La construction d'un système de sens qui englobe l'action fait partie de l'exigence et de l'existence anthropologiques. Toute l'histoire en témoigne jusqu'ici, précisément à travers la pluralité des modalités de cette construction de sens qui est en même temps une construction du sens, sa particularisation. Mais elle témoigne aussi, lorsqu'on regarde les modalités de passage d'une configuration globale à d'autres, du fait que cela n'a jamais été donné, qu'il a fallu le faire, et que cela n'a jamais été facile ni, en fin de compte, gagné d'avance. Il y a toujours eu une contingence, et le résultat a aussi toujours été contingent puisque la contingence n'a pas seulement été surmontée, mais réalisée, tout en recueillant en elle l'élément de nécessité ontologique qui définit le propre du genre humain. Mais cela n'a pas empêché non plus Neandertal de disparaître. La menace de domination de l'opérationnalité systémique est une réponse nihiliste à la crise de la modernité, une crise dont ces nouveaux mécanismes de régulation « déshumanisés » n'étaient pas responsables. Toute recherche de dépassement de ce nihilisme doit donc aussi passer, maintenant, par une critique de la modernité, de son unilatéralité formaliste, de son insuffisance ontologique, quoi qu'elle nous ait donné par ailleurs pour le progrès de notre liberté. Mais elle n'avait pas conçu les limites ontologiques de cette liberté, et c'est ce qu'il nous appartient de faire pour que ces limites ne nous tombent pas dessus sous la forme du totalitarisme systémique impersonnel dans lequel toute liberté substantielle – et pas seulement la posture formelle de la liberté – serait engloutie. Mais en dehors de toute idée ontologique, philosophique, métaphysique de ce qu'est l'humanitude, tout cela est insignifiant.

GILLES BOURQUE

Ma deuxième question porte sur les conditions sociohistoriques de la sortie de la modernité et surtout sur la possibilité de la contrer. Tu situes l'origine de la crise de la modernité et donc des conditions de passage à la postmodernité au moment de l'affirmation du capitalisme industriel et des multiples contradictions que ce phénomène génère en ce qui a trait au mode de reproduction politique et institutionnel de la modernité. Quoiqu'il en soit des débats que l'on pourrait avoir par ailleurs sur le moment d'apparition de la crise et sur la nature de son rapport au capitalisme industriel, voire même au développement de la démocratie représentative, il n'en reste pas moins que tu construis ton analyse de la crise de la modernité à partir d'une analyse serrée de la particularité du capitalisme industriel. Or, dans tes réflexions sur la situation actuelle et sur le mode de reproduction décisionnel-opérationnel, tu glisses subrepticement vers une critique du « système » et du primat de la technique. Or, il y a ici un hiatus qui nous fait perdre un peu le fil de l'histoire. Il me semble qu'il y a deux implicites dans ton discours qui mériteraient des développements beaucoup plus serrés. Très schématiquement je pense aux rapports entre l'évolution actuelle du capitalisme et de la démocratie. Il me semble qu'il faudrait revenir à une critique beaucoup plus serrée du développement du capitalisme lui-même et de ses effets sur le développement de la démocratie. Dans ton exposé, tu as présenté l'État-providence « première manière » comme une tentative de solution (non totalitaire, semble-t-il) à la crise de la modernité créée par l'avènement du capitalisme industriel. En assumant que cela a été un échec, qu'en est-il maintenant du capitalisme et de l'État, et surtout du rapport entre les deux ?

Le capitalisme financiarisé, comme l'appelle Alain Chesnais, échappe de plus en plus à la régulation politique caractéristique de la modernité en limitant et en soumettant les pouvoirs de l'État-nation, en même temps qu'il vide de l'intérieur l'exercice de la démocratie représentative. Ce qui se produit concrètement, c'est la soumission de la régulation politique à une régulation technojuridique qui opère à partir de l'appareil judiciaire et des exécutifs appuyés par la technocratie et les experts des corporations transnationales tant au niveau national qu'au niveau supranational. Si ce constat est juste il m'apparaît nécessaire, d'une part, d'approfondir la critique de la forme actuelle du capitalisme et, d'autre part, d'élargir la réflexion sur les conditions qui permettraient de contrer les tendances actuelles au totalitarisme. Dans cette perspective, il me semble qu'il est urgent de réfléchir aux formes institutionnelles et politiques susceptibles d'assurer la relance de la démocratie, la maîtrise du capitalisme et plus largement la relance de la modernité réinventée et réactualisée. Plus concrètement encore, il importe d'élargir le champ des luttes politiques qui permettra d'inventer et de créer ces nouvelles formes institutionnelles.

Ma deuxième question est donc celle-ci : la seule, quoique indispensable, critique du caractère systémique du mode de reproduction actuel suffit-elle à le critiquer et à développer la mobilisation qui permettra de le contrer ?

MICHEL FREITAG

Là, je te donne entièrement raison : c'est beaucoup trop abstrait, la critique du caractère systémique du « Système ». Ce qui est intéressant, c'est le procès d'instauration d'une régulation systémique, disons à l'intérieur du procès réel de développement du capitalisme, ou encore de l'État moderne. Et puis, c'est la manière dont le capitalisme tend à s'approprier, pour se les assujettir en les instrumentalisant, toutes les institutions politiques, de même que celles de la société civile et même les formes d'expression de l'identité. Non seulement il se les assujettit, mais il tend aussi à les dissoudre directement dans ses modalités propres de fonctionnement et de régulation, à mesure précisément qu'elles deviennent systémiques comme dans la régulation financière spéculative, et plus généralement dans les « lois du marché ». Et il le fait sans les remplacer par rien qui soit équivalent ou qui les dépasse en tant que cadres de structuration synthétiques et réflexifs de la vie sociale. Un exemple : l'institution du mariage se réduirait ainsi en un contrat entre des individus, un point c'est tout, et cela a d'ailleurs commencé. Donc il faut replacer l'analyse sur le terrain disons plus concret de la critique du capitalisme, dont la mutation en système n'est que l'aspect le plus formel. Le jour où cette mutation serait entièrement achevée, on ne pourrait même plus en parler, notre vie serait entièrement absorbée dans le système, ou plus précisément dans les fonctionnements systémiques, on n'aurait plus de distance. Il s'agirait alors vraiment d'un « procès sans sujet ni fin » comme on a dit, en pensant qu'il s'agissait d'une ultime libération – et ça l'est effectivement : une libération à l'égard de l'être. Et celui qui l'énonce, qui en fait la théorie positive, qui en énonce les règles de fonctionnement se place nécessairement dans la position du « dernier des hommes ». Il faut donc se dépêcher d'en parler avant, pour essayer d'empêcher que cela ne se généralise et ne devienne vrai.

Cela n'empêche pas que la tendance vers cette forme de mutation de la réalité soit réelle, et qu'elle suive, dans la réalité même, et toutes choses étant égales par ailleurs (les résistances, l'existence d'un irréductible social, culturel et psychologique, etc.), une logique de développement propre, une sorte de caractère automatique qui représente une force réelle dont il faut prendre la mesure globalement pour s'y opposer.

Mais pour répondre encore à la dimension *ad personam* que ton intervention pouvait comporter, je te dirais que j'ai moi-même proposé des analyses de ce procès concret dans plusieurs textes, où je ne me contente pas de faire l'exégèse du concept de système, ceci par exemple dans le texte collectif sur l'AMI, *Le monde enchaîné*. Bien sûr, pour saisir le sens du projet d'AMI, il fallait se permettre une certaine extrapolation, en comprendre la portée en tant que modèle. Mais le texte de l'AMI comportait en lui-même déjà une extraordinaire extrapolation lorsqu'il définissait de manière absolument unilatérale les droits du capital à l'encontre de tous les États, et par là de toutes les personnes existant autrement que sous la forme de détenteur de capitaux et d'investisseur. Il n'a pas passé, tant mieux, et même s'il avait passé, il n'aurait pas transformé la réalité *overnight,* il aurait encore fallu l'appliquer ! Et cela ne serait pas passé du texte dans la réalité comme une lettre à la poste ! Mais ce n'aurait pas été non plus un chiffon de papier, pas plus que n'importe quelle autre constitution, la Constitution américaine par exemple, ou la Constitution française de l'An Un. Il y a des constitutions qui marquent les siècles, et c'en eût été une dont la validité et la portée s'étendraient à l'ensemble de l'humanité !

Pour revenir à ma critique, j'ai dans ce texte appuyé la critique de l'AMI sur une analyse un peu précise des stades de développement du capitalisme, une analyse où je ne fais que prolonger celle de Marx. J'ai essayé de montrer que depuis Marx, on peut ajouter deux stades aux trois qu'il avait formellement décrits, des stades qu'il n'avait pas formellement pensés et à travers lesquels le développement du capitalisme allait culminer dans l'autonomisation du système financier mondialisé, « globalisé ». On peut discuter de la nature de ce caractère « global », n'y voir par exemple que l'effet de la domination géopolitique des États-Unis, ou encore montrer qu'il existe encore concrètement différents « types » de capitalisme, ancrés localement et historiquement. Mais cela n'exclut pas qu'on se penche aussi sur le sens de la tendance globale, formelle, celle qui s'exprime par exemple dans les « mises en réseaux » des organisations et des systèmes autorégulés, par exemple dans l'interconnexion informatique de toutes les bourses, dans la fluidification exponentielle des mouvements de capitaux, la multiplication des produits dérivés, etc. Et, en extrapolant critiquement les tendances, je ne souhaite pas avoir raison dans les faits : tout ce qui échappe à la tendance « logique », tout ce qui lui résiste, me fait plaisir, me donne courage et confiance. Par exemple, dans le capitalisme financier tel qu'il s'est développé maintenant, ce n'est plus la fonction financière qui est au service du capitalisme industriel, entrepreneurial, ou même managérial et corporatif : c'est de plus en plus le contraire. On le voit dans la fragilisation des corporations, même les plus puissantes, par la spéculation boursière. Il y a donc des raisons concrètes de chercher à identifier formellement une nouvelle phase, d'en saisir la logique, de voir où elle mène.

Mais où je te donne encore une fois raison, c'est que c'est au niveau le plus concret de cette analyse que l'on peut articuler une compréhension critique active, une résistance. Au système comme tel, dans son abstraction qui comporte virtuellement la toute-puissance et l'omniprésence, on ne peut pas (ou plus) résister. On ne résiste pas à Dieu, mais après tout, les hommes se sont donnés les dieux qu'ils voulaient ou qu'ils aimaient, ceux qui les servaient bien lorsqu'ils croyaient les servir. Si le Dieu du monothéisme, par exemple, avait été réellement ce qu'il Est, alors c'est le monde qui ne serait certainement pas ce qu'il est devenu. C'est un peu la même chose avec le Système : en ferons-nous notre Dieu, le laisserons-nous devenir Dieu ? Ou plus concrètement, laisserons-nous le Capital devenir Dieu sous cette nouvelle forme où il parvient à étendre virtuellement son emprise sur tout, en tant que simple logique ? Mais en parlant du Capital, il faut ajouter que dans sa divinisation (déjà décrite par Marx !), il est devenu protéiforme, il a déjà pris toutes sortes de déguisements, dans les technologies, dans les communications et l'information, dans la culture de masse, etc. Il faut faire attention de ne pas le saisir seulement dans sa forme la plus canonique : toutes les figures, tous les noms lui sont propres. Cela est plus juste que jamais s'agissant de la vraie « religion de sortie de la religion ». C'est une religion vraiment universelle, dans le sens qu'en elle l'universel devient immédiatement concret, c'est à dire « global ». Si elle s'implante, le culte qu'il faudra lui rendre sera alors lui aussi « total », il n'y aura plus en elle de distance vis-à-vis du Dieu, il nous habitera effectivement dans l'intimité de tous nos « choix », ces choix dans lesquels se résumera et s'épuisera notre vie. Et en passant, il n'y aura plus en elle de différence entre le concret et l'abstrait : alors profitons encore de l'abstraction (tant que « Dieu », tous les anciens dieux le permettent !).

DÉBATS DE LA QUATRIÈME SÉANCE

Simon Langlois

Tu décris bien, Michel, les systèmes de gestion, « ces systèmes de gestion qui transforment tout en leur propre produit », le mode décisionnel-opérationnel, etc. Je ne reviens pas là-dessus. Tu avances que ce système est aussi en émergence ou même déjà en place dans le monde libéral occidental américain. Mais je me demande cependant quelle est la place des acteurs, quelle est la place des mouvements sociaux, quelle est la marge de manœuvre que les individus ont pour contrer les effets négatifs ou encore les choses qu'ils n'acceptent pas dans ce système. Cette question en amène une autre sur le totalitarisme. Quand on parle du totalitarisme, je pense qu'on parle d'une part de la mise en place du système de gestion tel que tu le décris, mais aussi d'un système dans lequel la police et l'armée ont pour fonction de réprimer cette marge de manœuvre qu'ont les acteurs et les mouvements sociaux. On met le couvercle sur la marmite. Cela été le cas sous Staline, on le sait très bien. Il me semble que l'on devrait garder le mot totalitarisme pour caractériser cette jonction entre ces deux éléments. Peut-on dès lors parler de totalitarisme pour décrire ou caractériser le système de gestion dans le monde libéral ? Alors donc ma question, pour la résumer, serait : « quelle est la place des acteurs et des mouvements sociaux dans ce monde nouveau qui se met en place ? ».

MICHEL FREITAG

Le début de la réponse : en employant le concept de totalitarisme pour désigner les dimensions formelles du système qui se met en place, je n'en fais pas la caractéristique d'un « régime » de société, qui serait analogue en tant que régime aux régimes totalitaires de la première moitié du XXᵉ siècle. La notion de régime réfère au politique, et même si les régimes totalitaires nazi et stalinien dissolvaient le politique, c'est à partir du lieu central du politique, à partir de l'État qu'ils le faisaient, et c'est en occupant ce lieu qu'ils ont établi leur domination. Ils y ont installé le « mouvement » ou le « parti », mais ceux-ci s'appropriaient alors ce lieu même du pouvoir, et ils l'ont utilisé jusqu'à leur chute, jusque dans leur chute. Dans ce sens, nous ne sommes pas maintenant en train d'entrer dans un régime totalitaire, malgré quelques signes quant au rapport que les États-Unis entretiennent avec le reste du monde. Il ne faut pas les sous-estimer, mais il ne faut pas non plus s'y méprendre et ne voir que ça. Les totalitarismes « classiques » ont mis toutes les « institutions » à leur service, maintenant c'est plutôt le système qui, dans son extension, met une puissance politique, avec son régime spécifique, à son service. Ou encore il y a les deux, mais il y a une autonomie des deux mouvements, des deux figures à travers lesquelles s'impose une nouvelle forme de domination globale, l'une systémique, l'autre géopolitique. Je pense qu'il est théoriquement, analytiquement, important de saisir la différence de nature entre ces deux figures, même si elles interfèrent très directement l'une avec l'autre. Un peu de la même manière qu'il ne fallait pas confondre, aux XVIIIᵉ et XIXᵉ siècles, le capitalisme industriel avec l'Angleterre, même manchestérienne, ni même avec son impérialisme. J'essaie donc d'être théoricien, avec le décalage que cela crée vis-à-vis de la réalité, surtout en sciences humaines.

Maintenant, en parlant d'une logique systémique totalitaire, nous ne sommes pas encore entièrement dominés par elle, noyés en elle. Il y a toutes sortes de marges entre le mouvement de la réalité vers son intégration systémique et la réalité sociale, économique, politique, morale réelle et existentielle. Des marges qui ne se recoupent pas nécessairement. Quelle est l'importance de ces marges ? Je pense qu'elles sont considérables. Mais je ne suis pas versé dans l'analyse des mouvements sociaux, et c'est ce qu'il faudrait ici, je le reconnais, pour en faire une description plus précise. L'existence de ces marges est précisément révélée par l'existence si évidente d'appareils répressifs : ce qu'ils visent, c'est de supprimer les marges d'autonomie, de jeu et de contestation, de les absorber dans le fonctionnement systémique ou de les détruire. C'est d'accomplir, pour dire la chose en termes hitlériens, la *Gleischschaltung,* le branchement direct de toutes les formes de l'action humaine sur le système, en tant que comportements uniquement adaptatifs. À la limite, les marges sont pour le système des refuges du terrorisme. Le système ne reconnaît pas la consistance sociale propre d'un adversaire, et ses armées deviennent des forces de police, comme on l'a dit avec raison. Mais comme le système reste géopolitiquement polarisé, les marges dont la résistance lui apparaît d'abord parce qu'il ne les contrôle que de loin, celles qui lui « sautent aux yeux » si l'on peut dire, ce sont celles qui se présentent encore à l'extérieur non tellement du système lui-même que de son centre d'appui géopolitique. Les autres, qui lui sont intérieures, suivront éventuellement. Pour le moment, nous sommes dans ces marges intérieures sans être inquiétés directement : seulement, la réflexion que nous faisons ici maintenant ne se fait plus tellement dans le « système académique », cela ne se conforme pas à son modèle, cela n'a pas de « valeur » en lui. De son point de vue, c'est du « cause toujours ! ». Sur ce rapport entre le totalitarisme « archaïque » et la menace totalitaire contemporaine, j'avais commencé à écrire un texte que je voulais intituler : « De la Terreur au Meilleur des mondes ». Cela exprime un peu la différence que j'essaie de montrer ici. Mais il est vrai aussi que dans le Meilleur des mondes, il y a nécessairement toujours un peu aussi (et peut-être beaucoup) de « 1984 » en complément, puisque le Meilleur des mondes ne se construit pas dans le vide. Les deux aspects ne vont pas s'unifier totalement, parce que cela signifierait la fin de l'humanité telle qu'on l'a connue : il n'y aurait plus rien de collectif à réprimer, tout se laisserait tranquillement policer, à la limite de l'intérieur même de la conscience de chacun. Tout entrerait dans le consensus béhavioriste – sauf les « criminels ». La terreur était la condition structurelle des totalitarismes « archaïques » : ils n'existaient pas sans la Gestapo ou sans la Tcheka, etc. Pour les individus, ce n'est heureusement plus la même chose maintenant, mais pour l'humanité ce n'est peut-être pas mieux. Mais les habitants du système ne se soucient pas trop de l'humanité, ou encore du monde. Ils sont portés à se confondre eux-mêmes avec le système, et le système avec l'humanité et avec le monde.

SIMON LANGLOIS

Je me demande si on peut encore appeler ça totalitarisme ? Ce mot n'est-il pas ici trop fort ? C'est la même chose lorsque René-Daniel Dubois parle de fascisme. Ne risque-t-on pas de banaliser ainsi l'horreur qu'ont été ces deux systèmes ? Je me demande s'il ne faudrait pas inventer un autre terme.

MICHEL FREITAG

La raison que je vous ai donnée pour justifier l'usage d'un même terme, c'est que le terme ne se justifie pas seulement à partir d'exemples historiques, même s'il a été créé en référence à de tels exemples. On a bien employé ce terme pour désigner des régimes précis et localisés, avec leurs horreurs : les camps d'extermination, le Goulag, etc. Mais c'était bien déjà ce terme-là, totalitarisme, domination totale, et non un autre. Le terme, en devenant concept, a donc un côté directement sociologique, sociohistorique, qui en rapporte le sens à ces exemples historiques concrets. Il les « désigne » d'abord. Mais, comme une pièce de monnaie et comme tout symbole, il a aussi un autre côté, qui est implicite dans le premier sens mais qui se dévoile quand même déjà dans le choix du mot : c'est un sens anthropologique et philosophique plus général. En disant cela, je suppose qu'il n'y a pas ici de troisième côté, celui de l'épaisseur, qui permet comme dans la monnaie à la symbolique de « sonner et de trébucher » par elle-même ; mais cette épaisseur pourrait justement être ici le degré de violence physique. De ce point de vue, la différence serait alors un peu comme celle qu'il y a entre un gros lingot et une carte à puce. Quoique cela soit plus relatif si on regarde la réalité depuis l'autre côté, le côté qui s'y oppose en bravant son État-mentor, depuis le côté de l'Irak, de l'Afghanistan ou de la Palestine, par exemple. Votre question me ramène donc à celle soulevée par Gilles Bourque. La signification transcende la référence, elle se rapporte aussi à un système global de « sens », qui a une portée philosophique ou plutôt qui est la matrice de toute la dimension philosophique du questionnement que les êtres humains n'ont jamais cessé de poser sur leur condition pas seulement individuelle, mais collective, sociale, politique, civilisationnelle. Dans ce sens-là l'extension du sens « référentiel » originel du terme me paraît tout à fait légitime, et surtout, éclairant lorsqu'il s'agit de penser la relation entre la situation sociohistorique contemporaine et la condition humaine en général. Or, c'est dans cette mise en relation que naît la possibilité du jugement de valeur, s'il doit se distinguer des calculs d'intérêt. Il se pourrait qu'il ne s'en distingue pas, c'est une question de foi.

Mais il me faut aussi répondre à l'objection de manière moins globale, plus sociologique. Ce que le terme de totalitarisme désignait dans le nazisme ou le stalinisme, ce n'est pas l'horreur en soi, comme celle qui fut vécue au Rwanda. C'est précisément déjà son caractère systématique, sa banalisation routinière, quasi fonctionnelle. Hannah Arendt a très bien su le mettre en évidence dans son analyse du procès d'Eichmann. Dans cette analyse, elle ne s'attache pas exclusivement à l'horreur objective de l'holocauste, mais à sa forme subjective, qui touche au plus profond de sa condition de possibilité. Et cette forme subjective coïncide avec la dissolution de toute responsabilité subjective, de tout « sentiment », de toute « raison substantielle » incarnée dans un être synthétique personnel, réflexif. Le sujet devient simple « opérateur » d'un « programme », et c'est cela aux yeux de Arendt qui est proprement « totalitaire », lorsqu'on l'examine du côté de la société et de son rapport à l'identité subjective. Pour le reste, il ne manque pas de mots pour dire l'horreur brute, lorsqu'on ne s'interroge pas sur la raison ou sur la forme sociale, structurelle, de sa possibilité, sur ce qui représente non seulement l'événement de l'horreur, mais sa « nécessité », c'est-à-dire son sens au sens hégélien. Il se peut en effet qu'il y ait, sociologiquement sinon moralement, un sens au non-sens. Et puisqu'il y a destruction, la question de la nature de ce qui est détruit devient ici aussi importante à saisir pour la compréhension du phénomène que la forme de cette destruction (violente ou non, concentrée ou diffuse, rapide ou lente, globale ou ponctuelle, ou même cruelle ou « euthanasiante », etc.). Il s'agit bien sûr d'analogie – comme toujours – mais la justification de l'analogie est profonde, elle touche l'« essence » à laquelle se rattachent diverses « apparences ». C'est pourquoi je disais qu'il s'agissait d'une dimension philosophique, mais on ne peut pas l'éliminer en sociologie. Sinon, on n'y parlerait vraiment que de « choses » et de processus, jamais de la réalité du vivre humain.

Le système (l'opérationnalité systémique, je ne voudrais pas réifier) absorbe en lui toute volonté, il devient l'objectivation de la volonté, du jugement, comme le disait Arnold Gehlen. Dans le nazisme, toute volonté, celle des hommes comme celle des institutions, était absorbée et incarnée dans celle du Führer, c'était le sens du *Führerprinzip* qui n'était pas un principe idéologique, mais une règle ou une procédure immédiatement opérationnelle (via la Gestapo). L'analogie n'est pas superficielle, elle est essentielle d'un point de vue anthropologique. Mais en plus, elle peut se comprendre sociologiquement : ces deux « manifestations » se rattachent à la même transition de la modernité à la postmodernité, à la même crise de la modernité éprouvée de manière très différente, socialement et sociétalement. De plus, les différences entre ces deux manifestations peuvent être, de manière sociologiquement raisonnable et intelligible, rattachées à la différence des conditions sociétales et historiques où cette même crise fut éprouvée et où furent mis en œuvre aussi des moyens, des formes permettant de la « dépasser ». Tout cela pris ensemble me semble fournir une assez bonne justification.

FLORENCE PIRON

J'ai des choses importantes et difficiles à vous dire, mais j'ai confiance que vous allez me comprendre. Même si je suis tout à fait d'accord pour dire que le mot totalitarisme est beaucoup trop ambigu pour l'utiliser pour le présent, je suis tout à fait d'accord avec le fond de votre propos. Le management public, ça ne m'intéresse pas, mais c'est essentiel de comprendre ce qu'il fait, comment il marche, parce que c'est un de ces rouages qui construisent une espèce de conception bouchère (Pierre Legendre) de l'humanité. Les êtres humains sont du bétail, du bétail avec des besoins ; on leur donne des services, on les engraisse et les nourrit, on les rend productifs, etc., dans un système qui est de plus en plus efficace. Moi, si j'ai fait cette recherche, ce n'est pas par passion pour le management, au contraire, c'est à la suite de la lecture d'un livre de Zygmunt Bauman, *Modernity and Holocaust,* que vous avez probablement lu, où il montre le rouage essentiel de la bureaucratie dans la possibilité de la Shoah. Comment en particulier les bureaucrates, les fonctionnaires, avec la division du travail, l'organisation de la bureaucratie, étaient devenus indifférents à leur action, avaient perdu tout sens de leur action, et n'étaient plus que des rouages dans un mécanisme. Ensuite, cette indifférence s'est répandue comme forme de rapport à l'autre, et c'est ce qui a fait que les fous sanguinaires du nazisme ont pu faire ce qu'ils voulaient dans l'indifférence. Et donc moi, ce qui m'intéresse dans la recherche, fondamentalement, c'est de comprendre la production de l'indifférence encore à notre époque, l'indifférence qui marche puisque les gens sont indifférents, par exemple à cette fameuse loi qui pourtant est tellement décisive. Pour cela, je suis tout à fait d'accord avec votre intervention.

Mais mon deuxième point, c'est plus compliqué, et je sens que je vais faire bondir vos admirateurs, j'aimerais trouver une manière de dire tout cela. Je trouve que votre degré d'abstraction est blessant. Vous venez d'en parler un peu. Vous avez parlé du nazisme sans parler des Juifs, tout à l'heure sans parler de la violence de l'extermination, vous avez dit que les nazis, c'est la négation de l'existence de toute altérité, c'est l'extermination. Violence des corps, des âmes, des mémoires.

MICHEL FREITAG

C'est vrai, mais je pense que tout le monde le sait.

FLORENCE PIRON

Non, ce n'est pas vrai. C'est un vrai débat. J'ai étudié un peu la querelle des historiens en 1986, avec Nolte qui disait, oui, il y a du totalitarisme nazi, et puis il y a le totalitarisme stalinien, et puis vous savez comment il a continué à évoluer dans cette pensée en disant, au fond Hitler n'a fait que répondre à Staline, qu'il s'agissait de deux formes de quelque chose de semblable. Et donc l'anti-sémitisme qui est au cœur et qui fait toute la différence est quand même évacué de sa réflexion.

Je dirais peut-être qu'il ne faut pas assimiler le nazisme aux autres totalitarismes, mais vous parlez tout le temps des totalitarismes. Et ça me fait penser au langage nazi qui ne disait pas la violence des exterminations. Vous savez, les historiens se sont raccrochés sur la petite phrase du discours d'Hitler du 30 janvier 1939, dans lequel il évoque la possibilité de la solution finale. Alors tous les historiens sont là-dessus : « il y pensait déjà, non il n'y pensait pas parce qu'il n'y a aucun autre indice, oui il y pensait mais dans un langage codé, un langage abstrait ». Et il y a des débats entre les gens qui travaillent sur la Shoah. Comment en parler ? Est-ce qu'en parler d'une manière abstraite, ce n'est pas une blessure à la mémoire. Je ne vous accuse pas du tout de quoi que ce soit. C'est pour cela que je vous ai dit que c'est difficile ce que je voulais vous dire. C'est qu'il y a une façon de parler de ces événements qui est trop abstraite au nom de la connaissance, de la théorie sociologique, de l'abstraction, etc. et qui peut avoir des effets de langage : évacuer de notre langage au nom de l'abstraction, d'une connaissance, comme vous l'avez fait tout à l'heure, ça m'a vraiment dérangée, même si, par ailleurs, comme je vous l'ai dit, du point de vue de votre proposition, je suis tout à fait sensible à ça.

MICHEL FREITAG

Vous m'interpellez d'une manière un peu forte. Malgré tout, je vais essayer de répondre, pas pour me justifier vraiment. D'une part, c'est effectivement dans l'holocauste, dans l'extermination systématique des Juifs, que s'est manifestée à l'état pur la nature totalitaire du nazisme. Cela dit, je continue à penser que l'essence du totalitarisme nazi ne résidait pas dans la particularité du choix de la victime. Ce fut son noyau, mais pour comprendre la nature totalitaire du système nazi, on doit selon moi saisir que le choix de ce noyau juif dans la désignation « nécessaire » d'un adversaire substantiel et « absolu » fut relativement contingent et fortement opportuniste (utilisation de l'antisémitisme traditionnel, conditions particulières du développement du capitalisme en Allemagne, crise culturelle plus profonde exacerbée par le modernisme culturel et esthétique de Weimar...). Le racisme, ou le « racialisme », fut un aspect fondamental du nazisme, mais il aurait pu s'exercer autrement, et d'ailleurs il l'a fait aussi, par extension : la « pureté de la race » a conduit à la destruction de cinq cent mille handicapés, gitans, etc., et la haine dirigée contre le monde non seulement communiste mais slave a fait elle aussi, en dehors des considérations purement militaires, des millions de victimes. Et qui sait ce qui serait advenu en cas de victoire allemande sur l'Union soviétique.

Tous les Slaves ont été objet d'un même mépris et, dans le cadre de l'idéologie raciale, réduits collectivement au statut de sous-humanité, avec les conséquences que cela avait. La différence est très claire si on compare avec l'attitude des Allemands, de l'hitlérisme, avec les Français ou les Anglais. Le cas des Juifs est spécial, puisqu'ils formaient non seulement une sous-humanité, mais le pôle central du délire raciste, par rapport auquel les autres étaient secondaires et périphériques. Il ne s'agit pas là d'une simple condensation de l'antisémitisme traditionnel. Les Juifs furent la

figure même de l'alter ego, porteur d'une menace identitaire absolue et irrémédiable pour un mouvement qui construisait sa justification sur le thème de la race élue. Mais cette figure du peuple élu qui
en Amérique et dans certaines sectes protestantes n'était qu'une
métaphore religieuse s'est trouvée immédiatement substantialisée
dans le nazisme, à travers une théorisation biologiste prétendument
objective, scientifique. Cela a été facilité par l'assimilation, elle
métaphorique, du « sang » avec la « culture », c'est-à-dire par l'assimilation de la culture à une vertu émanent directement du sang,
de la biologie. Or, avec la politique d'intégration (relative, mais
réelle) des Juifs inaugurée par Frédéric-Guillaume III et poursuivie
ensuite, de nombreux Juifs étaient non seulement venus s'installer
en Allemagne, mais surtout avaient acquis une position préémi-
nente dans la culture allemande et dans son développement proprement moderne (je pense à la « culture de Weimar » ou à celle de
« Vienne fin de siècle »). Du point de vue de la culture linguistique
et littéraire, ils étaient devenus, en somme, plus Allemands ou
meilleurs allemands que les Allemands. Le biologisme racial a fait
fusionner de manière fantasmatique, l'une servant d'appui ou de
« preuve » à l'autre, cette problématique substancialisée de l'alter
ego avec celle de la « colonisation culturelle » appréhendée comme
une contamination.

Je ne nie pas que cela ait été un aspect très important du nazisme, mais je ne pense pas qu'on puisse réduire son totalitarisme
à cet aspect, le plus brutal. Je ne pense pas que le nazisme, comme
mouvement, se serait arrêté après la « solution finale », qui n'avait
d'ailleurs guère été publicisée en dehors des cercles les plus inté-
rieurs du mouvement nazi, mais était resté relativement caché au
reste de la population, qui devait bien savoir un peu quand même,
surtout avec ce qui s'était passé sur le front de l'Est. La « question
juive » a servi de tremplin au nazisme et en a révélé, plus radicalement que toute autre chose, la vraie nature. Mais je ne pense pas
que c'est en elle ou autour d'elle que se nouait cette nature même.

Je voudrais dire encore un mot sur le caractère bureaucratique
du nazisme. Je pense qu'il faut interroger cette application du
concept de bureaucratie au régime nazi. Sociologiquement, c'est

chez Weber que l'on trouve un sens clair pour ce concept : la domination rationnelle-légale, distincte idéal-typiquement de la domination traditionnelle et de la domination charismatique. Il est certain que le nazisme a utilisé à son profit l'esprit bureaucratique très développé en Allemagne, tel qu'il est illustré par le « fonctionnaire prussien ». Mais comme type de régulation ou de domination, la bureaucratie agit selon la loi, elle est un légalisme. C'est sur la transcendance de la loi que repose sa rationalité et sa prévisibilité. Or, dans le nazisme, cette conformité, disons un peu compulsive, à l'ordre légal en quelque sorte sacralisé a été transformée en obéissance à l'ordre compris exclusivement comme commandement ponctuel, le principe d'ordre est devenu équivalent à l'exigence d'obéissance absolue à l'« ordre donné », compris dans sa particularité absolue. C'est le sens du *Führerprinzip* : tout ordre vient du « chef », tout ordre doit être obéi quelle qu'en soit la justification ou la raison, selon une dépendance absolue du subordonné à son chef, et du petit chef en bas à la volonté du grand chef en haut, à travers les ordres reçus et transmis par tous les chefs intermédiaires. Leur hiérarchie elle non plus n'est pas « institutionnalisée » de manière stable, elle dépend constamment des ordres qui viennent de plus haut, et en dernière instance toujours du *Führer*. Or, ce qui est le plus significatif, c'est que le nazisme, voulant profiter de la compétence de toutes les institutions sans les détruire – comme a eu tendance à le faire le stalinisme au détriment de l'efficience – s'est contenté de les « brancher » (*schalten*) sur le *Führerprinzip* : c'est ce que désignait le mot d'ordre de la *Gleischschaltung* : du « branchement uniforme » de toutes les institutions, *dont aucune ne pouvait dès lors invoquer ses règles propres de constitution et de fonctionnement.* Cela a été appliqué à la magistrature et à tout l'appareil judiciaire, à l'enseignement, largement aussi à l'industrie. Curieusement, l'armée, la *Wehrmacht,* a relativement mieux résisté, mais finalement elle a partout été subordonnée à la SS et à la police. Mais il était plus difficile, vu l'usage massif qui était fait de l'armée, d'y abolir la tradition prussienne, bureaucratique. Il faut voir qu'à la longue, dynamiquement, la *Gleischschaltung* conduisait à éliminer toutes les autorités rationnelles-légales, proprement bureaucratiques, tout en utilisant ces autorités transitoirement, pour leur compétence. Mais ce n'était pas non plus la compétence ou l'efficacité comme telle qui devenait le principe de l'autorité, comme dans la technocratie. Les exemples d'irrationalité du point de vue de l'efficience abondent, presque autant que dans le stalinisme, mais il faut tenir compte de la différence générale du niveau technique. Vu à partir des modèles idéal-typiques de la bureaucratie et de la technocratie, le nazisme a créé quelque chose qui peut paraître intermédiaire, mais en réalité, il s'agissait encore de tout autre chose. C'est seulement dans la gestion de la terreur que le principe de compétence s'est appliqué sans frein. Ailleurs, le nazisme n'a fait qu'utiliser, sans leur accorder ni reconnaître aucune autonomie, les propensions ou les habitudes subjectives, individuelles et collectives, soit au respect de l'ordre et de l'autorité, soit à l'efficacité technique, au « travail bien fait ».

GILLES GAGNÉ

Il y a depuis quelques années des mouvements de pensée et des théories qui se déclarent favorables au passage vers le système impersonnel de la communication, du contrôle et de la technique décentralisée et qui, pour en finir avec la modernité, disons, soulignent les apories du monde moderne et se saisissent de la transition actuelle par son beau côté tout en présumant que sont solidement établis les aspects de l'héritage moderne qui leur conviennent. Bref, nous rencontrons tous les jours des doctrines postmodernistes qui s'ignorent et qui mettent tous les bons côtés de leur côté pour s'engager le cœur léger dans la fuite en avant. On se réjouit ainsi de la perte de sens parce qu'on comprend bien, dans le fond, que les régulations systémiques de l'agir et le fonctionnement des appareils se passent de l'intériorisation « d'un sens par l'acteur », ce qui permet de rêver qu'il nous sera possible de garder le sujet (de la liberté), mais de nous débarrasser de son assujettissement à un ordre symbolique commun. Nous voici donc en route vers la liberté totale, celle du singulier émancipé de la norme extérieure qui

s'impose à lui et qui, n'ayant plus à supporter l'ordre du
« collectif », pourra s'inventer sans contrainte.

La futurologie, dit Jean Gould, procède toujours de la même
manière : elle extrapole le changement qui l'intéresse jusqu'au
paradis dont elle rêve sans voir que ce changement pourrait exiger
aussi la destitution de ses raisons actuelles de rêver. Dans les
années 1950, *Popular Science* annonçait que l'on pourrait un jour
aller en voyage de noces sur la Lune. Les consommateurs éberlués
demandaient : « Sur la Lune, vraiment ? », mais personne ne
redoutait que le développement des « transports » ne fasse disparaître la pratique du voyage de noces. Sur la base de ce genre de
présomption quant à l'avenir de la liberté individuelle et de la
pérennité divine du *self* et de l'âme, nous avons donc un mouvement postmoderne pour qui l'autorégulation des systèmes de
toute nature s'annonce comme l'habitat tranquille, libre de toute
domination symbolique, des identités singulières, autoréférentielles
elles aussi.

Or, à écouter la critique que tu fais des possibilités actuelles
d'un totalitarisme doux, je me demande si les postmodernistes ne
pourraient pas retourner ton argument contre toi et dire que le
monde dont tu décris certaines tendances est justement la réalisation d'une ontologie du particulier. Selon une première hypothèse,
radicale, il leur suffirait pour cela d'abandonner l'individualisme à
la modernité et de célébrer dans chacune des puissances opératoires
(où s'accomplit selon toi la destitution des êtres particuliers par leur
intégration à des processus systémiques) autant de « sites » où se
reconstituent, à un niveau supérieur, des particularités à l'état pur.
Chacun des systèmes autoréférentiels serait alors une particularité
mise à l'abri de l'empire de l'unité. Selon une version plus douce
de ce « renversement » (l'une n'excluant pas l'autre), ils pourraient
te dire que la multiplication des capacités parallèles de contrôle
ouvre au sujet la possibilité de circuler entre des « mondes » indépendants, lui permettant de cultiver son jardin comme il l'entend, à
l'abri des « grands récits » collectifs tyranniques. Dans un cas
comme dans l'autre, ils prendraient appui sur ta critique de la
fermeture des organisations sur leur propre reproduction élargie

pour annoncer, précisément sous cette forme, le triomphe de la particularité.

MICHEL FREITAG

Là, tu touches du doigt, il me semble, la raison première de la difficulté qu'il y a à faire comprendre la différence essentielle existant entre une théorie critique de la postmodernité et une théorie postmoderniste. Maintenant, on dira que tout ça, cette différence, c'est purement subjectif : ou bien on aime ou bien on n'aime pas le postmodernisme. Mais il y a pourtant quelque chose qui n'est pas subjectif.

Bien sûr le système postmoderne récupère tout ce qui est particulier ; en opposition à l'universalisme moderne, il met en valeur le particulier, il fait mousser partout le particulier, la différence, etc. Mais il y a quelque chose qu'il ne récupère pas dans ce qui fait le particulier, c'est le lien du particulier à un autre, et par là à un tout. Le particulier est tel ou tel, il n'est pas n'importe quoi, et le n'importe quoi n'a plus rien de particulier. Le particulier naît de la solidarité des êtres dans leurs différences. La particularisation du particulier n'est donc pas sa seule condition d'existence, son autre condition d'existence est son rapport au tout, son lien maintenu avec le tout. Or, le propre du système, c'est de transformer tout en tout, de tout liquéfier, de tout dynamiser, de tout détacher en même temps de son genre propre et de ses rapports stables à l'altérité : le système cultive le particulier et le singulier, mais sous une forme orpheline (et donc aussi narcissique). Il n'opère ainsi pas seulement la dissolution du tout, mais d'abord celle du particulier, devenant lui-même une nouvelle sorte de tout indifférencié et fluide. Dès lors, le procès de dissolution du particulier qu'il opère pourrait bien être contré justement par l'affirmation des particuliers, de leur solidité propre venant des rapports autonomes qu'ils ont entre eux par référence au tout. Mais ce qui manque maintenant, c'est la capacité de rétablir ces relations à partir de ces lieux particuliers, ou pour le dire autrement, de rétablir des relations entre ce qui se particularise justement par l'appartenance à un lieu propre. C'était l'essence du politique. Mais il n'y a virtuellement plus de lieux, il n'y a plus que des passages, des tourniquets dans tous les sens. C'est cela que fait le système, réduire les lieux en passages. C'est pourquoi on ne peut pas s'opposer au système depuis l'intérieur du système, selon le mode du fonctionnement systémique. Il faut prendre appui sur des lieux, des natures propres qui existent encore, et il y en a plein. On se fera traiter de conservateur et de rétrograde, mais c'est seulement le point de vue du système, et lui n'est pas progressiste puisqu'il ne va nulle part, en aucun sens. Relativement à tout ce qui se tient encore en soi-même, en son lieu propre, le système procède par extradition, pour en soumettre à son propre tribunal le droit à l'existence même. Il ne se nourrit que de ce processus d'extradition (Habermas parlait de l'exploitation des réserves non renouvelables de tradition). Une extradition de la culture, de l'économie, de la morale, de toutes les identités. Mais à la fin, n'ayant pas de substance lui-même, il ne peut qu'imploser ou exploser.

Pour arrêter le mouvement du système, pour le harnacher à la réalité, il faut donc partir de quelque chose dont l'affirmation particulière doit retrouver le sens de l'universel qui le soutient, sa relation à tous les autres particuliers dans l'universel ou l'*universum*. Or, c'est précisément cela que les postmodernistes rejettent activement, catégoriquement : ils n'en ont que pour le désinvestissement du sujet, la déconstruction, les passages, les migrations, le mélange métisse de tout avec tout. Ils sont les apôtres de l'entropie universelle, qui se confond précisément avec le fonctionnement systémique. Mais ils croient être contre le système, car ils le conçoivent encore de manière archaïque comme le synonyme du pouvoir, de la répression, ils pensent que le système est un bloc sur des assises, et que tout ce qui dissout ce qui est solide est une libération. Enfin, je ne sais pas s'ils le croient, ils le font croire. Mais si on veut fixer et imposer des limites au système, il faut se tenir soi-même sur quelque chose de stable et de situé quelque part, pas sur des flux, des lieux flottants, des transits, des mirages, des spéculations. Par exemple José Bové se tient sur le Roquefort et le Camembert pour s'opposer au triomphe du hamburger systémique.

GILLES BIBEAU

Le marxisme disparaît au Québec à la fin des années 1970, mais pendant les quinze ans qui ont précédé sa disparition, il y a eu une série de groupes de tous genres, que nous connaissons. Il y a eu dans des départements universitaires des luttes très importantes, des analyses marxistes, des groupuscules marxistes, etc., toutes choses qui semblaient dans leur inspiration venir d'ailleurs. J'aimerais savoir pourquoi cela disparaît, ou plutôt, pourquoi cela se déplace, car ce n'est peut-être pas juste un épiphénomène temporaire. Je reviens à la très bonne étude que le philosophe Richard Rorty a fait sur la gauche américaine au XXᵉ siècle. Sa thèse c'est qu'au début, la gauche sociale, qui était réformiste et pragmatiste, n'était pas révolutionnaire. Cette gauche américaine, dans les milieux syndicaux, dans les milieux intellectuels, a ensuite été remplacée par une gauche culturelle. Une gauche qui lutte pour les droits et pour la différenciation au sein de la société, pour les droits des groupes porteurs d'une différence. Donc, on va voir une baisse formidable de la gauche sociale qui s'embourbe alors dans une gauche culturelle. Revendications qui vont aboutir dans les bras du multiculturalisme. On assiste à la montée, par exemple, des programmes pour rendre l'espace universitaire perméable, programmes qui se construisent sur la multiplicité des différences : des départements en *employeement studies* ou peu importe, des départements voués aux *studies* de toutes sortes mais qui à force d'affirmer l'égalité des différences finissent par exposer au grand jour leur indifférence. Donc là, ce sera une gauche culturelle qui viendra en quelque sorte détruire la pensée sociale de la gauche. J'aimerais avoir la position de Maurice Lagueux par rapport à la disparition du mouvement marxiste.

MAURICE LAGUEUX

Je ne répondrai qu'en partie, parce que je n'ai pas lu ce livre de Rorty. Mais, pour ce qui est de la première remarque que vous avez faites, il est vrai que le marxisme est, en un sens, quelque chose qui est étranger au corps du peuple québécois. C'est d'ailleurs pour cela que ce qui est apparu avec le début des années 1960, c'est le prolongement d'un ensemble d'idées qui se sont développées en Europe. Quand j'ai écrit un livre sur le marxisme des années 1960, on pensait que ça portait sur le Québec, mais ça ne portait que sur des idées et des manières de voir qui ont profondément influencé le Québec. Il n'y avait pas ici tout ce qui constitue une vraie gauche avec un parti communiste et tout ce qui l'accompagne. Il n'y avait rien de tel et c'est pour cela sans doute que ce mouvement n'a pas eu d'impact politique durable, qu'il n'a pas changé vraiment la politique ou les rapports de force. Pourquoi cela a-t-il disparu ? C'est pensable qu'il y ait eu un phénomène comme celui que vous décrivez, mais je n'aurais rien à ajouter là-dessus, puisque, d'une part, je n'ai pas lu le texte de Rorty et que, d'autre part, je ne suis pas du tout un spécialiste des mouvements proprement québécois. Mais je pense qu'il y a quand même probablement un ensemble de facteurs qui ont entraîné ces événements.

D'une part, justement parce que toute cette façon de voir avait des origines étrangères, les difficultés et l'effondrement des expériences marxistes à travers le monde ont été durement ressentis par les marxistes québécois. On avait misé là-dessus et ça a donné tout autre chose que ce que l'on pensait. Le fait de miser sur des éléments extérieurs a eu pour conséquence que des changements survenus bien loin du Québec (en Chine en particulier) ont eu un impact assez profond ici.

Ensuite les excès dont on a déjà parlé sont probablement pour quelque chose dans les raisons qui ont entraîné ce soudain effondrement du militantisme marxiste au Québec. Il faudrait sans doute dégager d'autres raisons, mais j'ai bien l'impression qu'il faudrait faire appel à une conjonction de phénomènes, ce qui ressemble d'ailleurs à la façon dont d'autres mouvements de pensée se sont brusquement défaits au Québec. En tout cas, il faudrait alors faire une place importante au fait que le zèle excessif des marxistes, dans l'enseignement en particulier, a créé une espèce d'écœurement dans les générations montantes. Tous ces facteurs sont à considérer, me semble-t-il.

GILLES BIBEAU

Ma deuxième question est pour Michel Freitag et elle porte sur le principe de réalité et sur la question de la tentation totalitaire de l'Occident. Pour aborder la question de la réalité de l'autre et des réalités autres, j'utiliserai une image : celle de l'enfant qui prend conscience tout à coup que sa mère est différente de ce qu'il est, qu'elle est un autre particulier. Je ne suis pas ma mère et je ne désire pas ma mère, et je m'en distancie. C'est une figure de l'autre qui va devenir une figure par rapport à laquelle je vais me structurer, soit dans la différenciation, soit dans la fusion. Par analogie, il me semble que c'est là que se situe le problème de l'Occident, sa tendance absolument radicale à poser l'autre comme le questionnant et comme étant son opposé. On le voit dans l'histoire coloniale, et tu as bien mis en évidence la constitution des États et de l'identité nationale sur l'horizon de la constitution des empires : comment nous étendons le territoire et comment finalement l'autre n'est là que pour qu'il devienne moi. L'étranger, je le transforme en moi-même par le processus de civilisation. Sa terre, ce sont des ressources naturelles que je m'approprie comme une extension de mon propre territoire national. Et c'est précisément ça, je crois, le problème de l'Occident. Nous aboutissons après cinq cents ans de modernité à cette vieille incapacité qui est peut-être la pathologie de l'Occident. Quand nous voyons l'Inde, nous voyons bien que ce n'est pas comme cela que ça se passe, en Chine non plus. Ça ne veut pas dire qu'ils n'ont pas eu d'empires, mais ce n'était pas les mêmes types d'empires que les empires coloniaux de l'Occident. Maintenant est-ce que ça suffit de prendre conscience de cela, de réfléchir à cette incapacité de reconnaître l'autre, pour infléchir cette tendance, et dans quel sens d'ailleurs ? Car nous restons partagés. Je rêve souvent de ces sociétés du sens, de ces sociétés où chaque personne s'identifie complètement à la loi du groupe et où parce qu'elle est parfaitement intériorisée, elle n'apparaît pas comme une contrainte et fait partie de la personne. Ces sociétés sont très, très attirantes et nous avons pour elles comme une sorte de nostalgie. Mais je rêve aussi, en même temps, à quelque chose de fraternel qui soit plus large. Quelle vision doit nous servir pour prendre conscience que la mondialisation, l'homogénéisation du monde, n'est que la forme extrême du colonialisme occidental mais avec de nouvelles « formules ».

MICHEL FREITAG

C'est encore une fois difficile de répondre. La question me prend moi-même dans une sorte de *double bind*. Je suis attaché à l'universalisme moderne, et en même temps j'en saisis l'aporie ultime, alors je regarde du côté du concret, du synthétique, du communautaire, et donc vers l'image des sociétés traditionnelles où la reconnaissance de l'autre est justement concrète, comme l'est l'identité partagée. Ce sont ces deux formes que je voudrais concilier, en « dépassant » leur opposition, pour résister à la dissolution postmoderne aussi bien de l'universalisme moderne que du particularisme traditionnel.

L'aporie principale de l'universalisme moderne tient dans son caractère individualiste abstrait : la seule altérité qui y est reconnue ultimement est celle de l'alter ego, la singularité immédiate du sujet en tant que tel ; non seulement une telle conception institue le sujet dans son ipséité en faisant abstraction de ses attaches culturelles et communautaires, mais sa mise en œuvre pratique, politique, tend à réaliser effectivement ce détachement sous la forme de l'individu solipsiste dont l'action à l'égard d'autrui se trouve progressivement régie par ce plus petit commun dénominateur normatif qu'est l'intérêt. Certes, comme le développement de la société moderne n'a pas pris en Occident, au tournant de la Renaissance, une forme culturelle cosmopolite mais celle d'un mouvement politique qui s'est trouvé comme catalysé par les autorités traditionnelles à la résistance desquelles il se heurtait, ce mouvement s'est spontanément divisé en une pluralité de procès de formation d'États territoriaux particuliers, dans lesquels la nouvelle forme de solidarité impliquée par l'action politique prenait la forme de l'identité collective nationale. Ces nouvelles entités sociopolitiques ont été impliquées entre elles dans toutes sortes de luttes et conflits, mais elles ont aussi été amenées à se reconnaître d'une part à travers leur participation à un même modèle de constitution politique, mais aussi d'autre part dans la diversité de leurs identités historiques, territoriales et culturelles particulières. Ainsi s'est formé en Occident un nouveau système de relations internationales, un « concert des nations » dans lequel, idéalement, se trouvaient conciliées la référence à un même universalisme formel et la reconnaissance des altérités substantielles particulières.

Mais il en a été tout autrement dans les rapports qu'à partir du XVIᵉ siècle, l'Occident a établis avec le reste du monde à travers son expansion impérialiste universelle. Il s'est imposé partout en conquérant en jouant non seulement de sa supériorité commerciale et militaire, mais encore de la légitimité qu'il s'était donnée en conférant aux principes idéalistes qui avaient orienté son propre développement une valeur immédiatement positive, sous la forme d'une loi de l'histoire par laquelle il se posait lui-même en champion d'une modernité représentant le seul avenir de l'humanité. L'altérité de toutes les autres formes de sociétés, loin d'être reconnue, se trouvait ainsi condamnée à disparaître dans le Progrès. L'attitude que l'Occident adoptait à l'égard du monde non occidental prenait ainsi un caractère totalitaire, qui fut d'ailleurs confirmé à maintes reprises par des pratiques que nous qualifierions aujourd'hui de génocidaires, en particulier dans la conquête des Amériques puis de l'Afrique. Plus tard, au cours du XXᵉ siècle, l'accession des pays non occidentaux à l'indépendance a pris partout la forme de l'adoption du modèle occidental moderne de l'État national, et c'est sous cette forme que s'est opérée leur reconnaissance dans le nouveau système international élargi auquel ils étaient admis à participer. Je parle bien sûr sur le plan formel, sans insister sur toutes les inégalités réelles, économiques, sociales et politiques qui se sont non seulement maintenues, mais globalement renforcées.

Il faut cependant relever que c'est maintenant précisément ce système, issu de l'histoire occidentale et de l'expansion hégémonique mondiale de l'Occident, qui est en voie d'être démantelé dans le procès de la « globalisation » où, sous l'égide d'une unique puissance dominante, le nouvel impérialisme organisationnelsystémique des corporations supranationales cherche à imposer directement sa suprématie à l'encontre de l'autonomie politique, législative et juridictionnelle qui était reconnue à tous les États nationaux, un seul d'entre eux s'imposant comme arbitre unique des règles du jeu qui doivent régir l'ensemble de l'humanité. Ce sont du même coup toutes les solidarités sociales concrètes qui s'étaient incarnées dans la forme des États-nations, et toutes les identités collectives qui s'y étaient construites ou y avaient trouvé refuge, qui sont menacées de dissolution, et cela aussi bien dans les pays occidentaux que partout dans le reste du monde. Face à cette menace sur la nature de laquelle je ne m'étends pas plus ici, une résistance est en train de se manifester et de s'organiser, elle aussi largement au niveau mondial. Pourtant, si les enjeux sont bien mondiaux, les bases concrètes aussi bien que les raisons de cette résistance restent partout attachées à des formes de vie locales et particulières dont c'est justement la particularité identitaire et existentielle qui se trouve menacée. Il ressort alors que les enracinements les plus profonds de ces identités concrètes ne coïncident pas nécessairement avec les entités étatiques nationales, mais peuvent avoir des bases historiques plus locales et régionales, ou au contraire s'ouvrir sur des aires beaucoup plus vastes et diffuses, qui correspondent au concept de la différence des civilisations. Alors que l'idée même de société est un concept occidental moderne, le sentiment de l'appartenance civilisationnelle semble être une caractéristique de toutes les sociétés traditionnelles dans lesquelles il se déploie très largement par dessus la diversité des formes politiques et où il réfère à des permanences historiques qui s'étendent souvent au-delà des siècles sur des millénaires.

Dans le cadre de cette référence non plus sociétale mais civilisationnelle, l'Occident retrouve lui-même une identité dont il redécouvre la singularité à mesure que l'universalisme orgueilleux qui en est issu est mis à mal par la décomposition de toutes les identités, y compris sa propre identité moderne, par le mouvement de la globalisation et l'extension généralisée des régulations systémiques impersonnelles. Les conditions semblent donc données pour une redécouverte mutuelle des altérités civilisationnelles comme formes fondamentales de participation à une commune humanité. C'est entre elles que l'opposition identitaire et normative à la globalisation systémique impose donc le dialogue et la coopération, plutôt qu'entre des États nationaux dont les particularités historiques et culturelles paraissent de plus en plus étroites et circonstancielles à mesure que leur échappe la prétention à la souveraineté. Au modèle de la « guerre des civilisations » qui résulte de la prétention d'une seule d'entre elles à posséder une valeur universelle, et donc à s'identifier avec la Civilisation comprise au singulier, on peut donc raisonnablement opposer le modèle d'un nécessaire dialogue des civilisations, dont l'enjeu serait la participation de chacune, selon ses valeurs fondamentales propres, à l'élaboration des règles qui doivent régir un développement commun (*commonwealth*) de l'humanité dans le respect et l'épanouissement de ces valeurs, et non pas dans l'éradication de toutes.

Au modèle occidental moderne de la réalisation de l'universel abstrait, il s'agirait donc de substituer l'idéal de la construction d'un universum concret, caractérisé par la recherche de l'harmonie entre la diversité des identités particulières qui le composent sans s'y dissoudre, mais en y conservant, non pas leur souveraineté, mais simplement leur autonomie relative. Un tel modèle n'est d'ailleurs pas étranger à l'histoire civilisationnelle de l'Occident, puisque c'est celui qui fut cultivé à la Renaissance. Il est évident qu'une telle harmonie dans la diversité n'est pas donnée, que sa recherche comporte des frictions et des heurts dont les instances de médiation devront à toutes fins utiles être inventée tant sur le plan politique que sur le plan culturel, puisqu'elles ne correspondent ni aux instances internationales fondées sur le principe de la souveraineté des États, une souveraineté qui est rendue évanescente par la globalisation, ni aux formes d'intégration culturelle (les instances religieuses, les formes d'éducation, les institutions qui régissent le développement des arts et des sciences, etc.) que chaque civilisation a élaborées dans son cadre de référence propre. Sans disparaître, ces cadres de référence spécifiques devront s'ouvrir les uns aux autres, comme cela a déjà largement été possible dans le monde savant des humanités et même des sciences humaines.

L'idée de civilisation, en son caractère pluriel, n'est pas comme celle de l'État liée à celle du pouvoir et du monopole de la puissance. Une même civilisation peut se diviser en de nombreux États, elle peut parfois aussi se rassembler sous un même empire. Son identité et sa durée transcendent néanmoins les rapports qui peuvent en elle s'établir avec le pouvoir. Une des conditions de ce dialogue entre les civilisations que j'évoque ici semble être que leur vie se dissocie par principe – et par règles contraignantes – des formes effectives de l'exercice du pouvoir, en même temps que ces formes de constitution et d'exercice du pouvoir se dissocient de leur côté de toute dépendance directe à l'égard d'une civilisation particulière. Des chemins s'orientant vers la constitution de formes supranationales du pouvoir collectif ont d'ores et déjà été ébauchées (dans le cadre des Nations Unies en particulier). De telles formes sont largement ouvertes à différentes modalités de division du pouvoir, en fonction notamment des divers domaines de juridiction qu'il appartient au pouvoir de sanctionner. Les différents domaines de régulation dont l'extension est désormais devenue mondiale (problèmes écologiques mondiaux, développement des sciences et technologies, en particulier dans le domaine du vivant, développement et surtout déploiement des moyens de communication de masse, etc.) peuvent fort bien ressortir d'instances de sanctionnement spécifiques. Pour le moment, la constitution de telles instances régulatrices et exécutives renvoie largement au pouvoir des États qui sont « fédérés » dans les organisations internationales et supranationales. On sait cependant que le jeu de ces institutions supranationales a été profondément faussé, relativement aux principes qui en soutenaient la création, d'abord par la division du monde en deux blocs et par la guerre froide, et maintenant par la domination d'une seule puissance, les États-Unis. Rien n'empêche de rêver que de telles distorsions soient passagères. Même les États-Unis pourraient après tout changer de politique, en même temps que d'idéologie ! Partant des États nationaux, mais pouvant intégrer aussi diverses alliances régionales, la création d'un système diversifié d'exercice des pouvoirs au niveau mondial peut donc apparaître comme une tâche certes difficile, mais souhaitable et réalisable.

Le vrai problème se présente alors comme celui de la définition des normes substantielles qu'un tel système de réglementation et de sanctionnement serait appelé à respecter et à mettre en œuvre à travers ses interventions. C'est à ce niveau, en somme constitutionnel, de légitimation que la participation des divers courants civilisationnels auxquels appartiennent les être humains, et entre lesquels il faut aussi reconnaître qu'ils se divisent normativement et identitairement de manière légitime, devrait être envisagée. Un tel conseil représentatif des civilisations, quel que soit son mode de constitution, ne serait pas un « parlement mondial » puisqu'il ne posséderait directement aucune puissance législative, mais plutôt une sorte de veto moral. Il pourrait également être investi, dans certains domaines, de la fonction d'une Cour suprême. Il ne posséderait en propre aucun pouvoir, mais peut-être pourrait-il exercer par son autorité morale une immense influence sur le cours des affaires dont dépend l'avenir à long terme de l'humanité, non pas seulement dans l'ordre de sa survie, mais dans celui de la réalisation de son être propre, dont le caractère symbolique n'est pas seulement d'ordre formel, mais comporte l'enrichissement indéfini d'un contenu substantiel qui n'existe que dans sa diversité, laquelle à son tour n'est rendue effective qu'à travers la pluralité des traditions qui s'y rencontrent et interfèrent entre elles librement, sans exclusion et sans menace. Or, et c'est peut-être le point le plus important de mon argument, ce sont maintenant toutes les civilisations, tous les contenus substantiels de la culture et de l'identité qui sont menacés de disparition par l'extension de la logique systémique non seulement sur l'ensemble du monde, mais de plus en plus sur l'ensemble des champs de la pratique et des domaines existentiels de la vie.

JEAN-MARC PIOTTE

Je ne serai pas la première personne à dire que Michel Freitag est brillant. Il est non seulement brillant, il est éblouissant, et si tu ne fais pas attention, si tu ne fermes pas tes yeux, tu es à un moment donné aveuglé. J'ai fermé les yeux et j'aurais deux commentaires critiques à apporter.

Le premier porte sur le concept de totalitarisme. Ma position est celle d'Arendt qui explique très bien pourquoi le totalitarisme détruit, dans sa spontanéité même, la liberté de l'individu. Dans un tel système, l'individu ne peut dire à personne (femme, enfant, collègue, ami) ce qu'il pense, car le danger est trop grand que cette parole soit transmise à la police et qu'elle soit interprétée comme condamnable : l'individu se retrouve alors dans des camps de concentration pour un temps indéfini. Cet individu, étant incapable de communiquer ses doutes à quelqu'un d'autre, en arrive à être incapable de penser, c'est-à-dire de dialoguer avec lui-même. Il est, dit Arendt, détruit dans son être même d'être pensant. Cette caractéristique distingue le totalitarisme de toutes les autres formes de tyrannie connues jusqu'à ce jour. Cette caractéristique explique aussi pourquoi, lorsqu'il y a des dissidents, il y a dictature, mais il n'y a plus de totalitarisme selon Arendt. Alors quand Michel, avec d'autres, affirme que le monde occidental est totalitaire, du moins dans sa tendance fondamentale, je pense alors qu'il fait ce qu'il reproche au système occidental : la négation du particulier et, dans son cas, la négation de la particularité du totalitarisme du XXe siècle. C'est ma première critique.

Ma deuxième critique s'adresse à ce que tu nommes parfois postmodernité et parfois d'un autre nom que j'ai oublié. Dans un de tes derniers textes qui porte sur le thème de la mondialisation, tu renvoies tes analyses entre autres à Burnham, à *L'ère des managers,* publié en 1944 aux États-Unis, puis traduit et publié en France en 1971. Puis, toute ta critique de la technique renvoie, si je ne m'abuse, à Heidegger. Je ne te dis pas que tu es un imitateur de ces auteurs. Tu es un des rares êtres que je connais capable de bouffer des concepts, de les digérer, puis de les ressortir dans ton propre langage. Je te félicite, moi je suis incapable de faire ça. Mais, en même temps, quand je vous lis, toi et certains de tes disciples, je vous trouve paranoïaques. Paranoïaques : pourquoi ? Vous décrivez le monde comme si les désirs des *managers,* des technocrates s'étaient réalisés. Comprenez-vous ? Tu dis, moi, je ne m'occupe pas des mouvements sociaux, de ce qui est à la marge de cette tendance totalitaire que je décris. Mais, en ne t'occupant pas de cela, tu ne t'occupes pas de la réalité. Parce que la réalité est pleine de contradictions. Marx, en étudiant le mode de reproduction capitaliste, n'étudie pas seulement comment la bourgeoisie voudrait voir la société. Il regarde comment les ouvriers réagissent aux bourgeois, analyse la réalité de la société capitaliste et voit qu'elle est pleine de contradictions. Mais vous autres, quand vous présentez la postmodernité, vous présentez le monde tel que le rêve les managers et les technocrates. Dans un de tes derniers textes, tu sembles reconnaître les contradictions du réel, en prenant note qu'il y a une jeunesse qui semble sortir de nulle part et qui lutte contre la mondialisation. D'ailleurs, il me semble – mais je t'ai peut-être lu un peu trop rapidement – que tu y affirmes qu'on est en train de sortir du mode de production postmoderne.

GILLES GAGNÉ

Je voudrais, en guise d'analogie et en réaction à ce que Jean-Marc Piotte vient de dire, évoquer un exemple qui lui est certainement familier et revenir sur l'entreprise de Marx. Marx veut saisir la « logique » sociale du capitalisme. Il veut montrer comment des siècles de luttes politiques, de mouvements sociaux, de transformations économiques et de développements institutionnels ont abouti à ce qu'il nomme le mode de production capitaliste pour saisir ensuite les tendances spécifiques que cette forme de mobilisation de l'activité humaine imprime à l'ensemble de l'évolution sociale. On pourrait dire contre lui, et on l'a dit maintes fois (tout le monde connaît cette histoire, Jean-Marc Piotte mieux que tout autre), que l'exposé de la « logique » auquel il procède alors néglige tout ce qui, dans la société, échappe encore au capitalisme, tout ce qui lui résiste, tout ce qui s'adapte à lui pour le subvertir de l'intérieur, etc., et qu'il se contente de tirer mécaniquement les conséquences de la tendance à transformer la vie matérielle des hommes en un moment subordonné de l'accumulation du capital. Or, il me semble que ce genre de critique revient à prendre l'exposé théorique d'une *forme* sociale pour une prédiction historique et à opposer à cette théorie ses prétendues erreurs en tant que prédiction. Montrer quelles sont les « conséquences », pour une société, de la capacité des uns de se saisir de l'activité des autres pour la contrôler, soutenir que l'agir humain devient essentiellement « activité productive » une fois qu'il est enchâssé en tant que « travail libre » dans la forme abstraite du commerce (acheter pour vendre) et que cet agir se présente alors comme un moment subordonné du processus de l'accumulation du capital, soutenir, en conséquence, que le fait de sentir et de voir, de tendre et de faire, de manier et de penser, d'inventer et de fabriquer, de transformer et de créer, devient l'intermédiaire général de la reconduction de la forme sociétale capitaliste où l'action se trouve ainsi saisie en tant que « moyen » (et cela, indépendamment de ce qu'elle continue à être, en elle-même et pour elle-même, aussi bien en dehors de ce processus qu'en son sein), exposer finalement, en des formules lapidaires, que le capital tend alors à être « seul sujet », son accumulation étant la seule chose, à portée sociétale, qui soit à elle-même sa propre fin, la seule, ultimement qui ne soit le moyen d'aucune autre finalité, exposer en cours de route quelles sont les orientations idéologiques typiques de cette capacité sociétale de saisir l'action d'autrui de même que les conditions institutionnelles et économiques de la différenciation sociale que creuse cette structure d'action sur l'action, faire cela, bref, ce n'est pas pour Marx faire une prévision quant à ce qui arrivera : c'est saisir d'une manière conceptuelle et synthétique *ce qui arrive* sous ses yeux.

J'admets que la chose n'est pas simple et que l'on pourrait soutenir, par exemple que Marx croyait à la réalisation « jusqu'au bout » des tendances qu'il décrivait puisque c'est de cette réalisation même qu'il attendait l'émergence fatale de nouvelles formes sociales (ce qui le dispensait, disait-il, de proposer des recettes pour les marmites de l'avenir). J'admets que l'on pourrait aussi soutenir, dans le sens opposé et comme le fait Piotte, que Marx visait plutôt à armer les résistances endogènes au « règne de la marchandise » et qu'il n'exposait la logique du capitalisme qu'en supposant que ces résistances allaient en modifier la nature. Mais là n'est pas la question ; puisque l'on reste dans les deux cas dans le *quiproquo* entre la saisie théorique des abstractions sociales objectives et le pronostic quant au déploiement historique concret des actions dont ces abstractions sont « l'idée régulatrice », il est indifférent de savoir si Marx lui-même, à son corps défendant ou spontanément, a cédé à la manie hégélienne de « déduire » l'histoire.

Cela dit, et pour revenir à l'autre terme de mon analogie, je ne vois pas en quoi la saisie conceptuelle du contrôle organisationnel de l'action reviendrait à soutenir que « le rêve » des managers s'est réalisé sans entraves et à prédire que l'avenir ne sera que le déploiement de ce rêve. D'ailleurs, je ne vois pas le rapport : à ce que je sache, ni les organisations planétaires ni leur capacité de subordonner à leur développement les formes antérieures de régulation de l'action ne sont un rêve et je ne vois pas en quoi l'effort de comprendre cette nouvelle logique d'action sur l'action sociale reviendrait à déduire l'avenir. Opposer la réalité des mouvements sociaux à la théorie d'une forme de domination me semble être une curieuse manière de discuter une théorie. Cela revient en plus à oublier que si les mouvements sociaux présentent parfois une si forte unité d'orientation en l'absence de toute coordination (bureaucratique ou autrement centralisée), c'est justement qu'ils prennent racine, chacun en son lieu propre, sur des expériences *particulières* d'une structure de domination *commune* et que l'effort de la théorie pour saisir cette structure commune *dans son principe* relève exactement du même ordre de la pratique sociale que celui où se déploient les mouvements sociaux : l'ordre de la connaissance de soi d'une société. Alors, où est le problème du « pessimisme » ?

DANIEL JACQUES

Il m'est difficile de prendre la parole après des interventions plus véhémentes et plus éblouissantes les unes que les autres. Je ne sais pas jusqu'où nous irons, jusqu'à l'épuisement peut-être, mais j'aimerais faire quatre remarques, en tentant d'être bref pour laisser place aux autres intervenants.

Mon premier commentaire s'adresse à Maurice Lagueux et concerne le marxisme. En vous écoutant parler de ce que serait devenue la mouvance de gauche aujourd'hui, c'est-à-dire un mouvement social privé désormais de pensée théorique, j'ai eu l'étrange impression que nous étions revenus aux discussions d'autrefois sur l'avenir et le présent du catholicisme. J'amène cette comparaison quelque peu polémique, parce que le catholicisme a été tenté lui aussi de devenir un mouvement social auquel ne se rattacherait plus aucun enseignement doctrinal. Un genre de pratique sociale sans attache spécifique dans une quelconque transcendance, une quelconque métaphysique. À l'époque actuelle, le marxisme semble jouer un rôle comparable. Je pense au livre de Marcel Gauchet, *Le désenchantement du monde,* dans lequel le christianisme est présenté comme la religion grâce à laquelle s'est accomplie la sortie de la religion en Occident. Alors, ma question, vous la voyez sans doute venir, est celle-ci : est-ce que le marxisme aura été finalement la politique de la sortie de la politique ? Il s'agirait, en somme, de la dernière tentative pour donner sens à la politique et dont l'échec aura ouvert la voie à l'abandon du politique comme tel, remplacé par ce qui serait tout au plus une organisation de la production dans un empire dominé par le droit.

Une autre petite remarque, cette fois, sur les propos de Michel Freitag concernant l'idée de nation et son utilisation à des fins, disons, impérialistes. Il me semble que cette thèse s'avère juste de manière générale. La nation, ayant été mobilisée pour des fins qui ne sont pas les siennes, mais qui appartiennent davantage à la logique impériale, a perdu une part considérable de sa légitimité au cours du XXe siècle. C'est un fait historique dont on ne prend pas toujours la mesure exacte, entre autres dans les analyses de la genèse du national-socialisme. Plusieurs, notamment parmi une certaine gauche européenne, ont jugé que la légitimité de la nation avait été compromise de façon irrévocable dans l'expérience du national-socialisme. Ce que montrent aujourd'hui certains historiens comme Winkler et d'autres, c'est qu'en réalité la politique nazie reposait sur un projet impérial. L'objectif poursuivi fut de constituer, au cœur de l'Europe, un empire assurant la domination des peuples germaniques. En associant, faussement, la politique nazie à un nationalisme, on en est venu ensuite à conclure que l'idée même de nation était désormais contraire à l'esprit de la modernité. Cette mise en accusation de la nation s'est poursuivie durant toutes les années qui ont suivi la guerre, nous privant aujourd'hui d'un instrument privilégié de résistance à ce que je qualifierais de politique de la production, c'est-à-dire une politique qui n'a pour objectif que de favoriser la liberté du commerce. Et pourtant la nation fut longtemps considérée comme étant le terreau dans lequel a pu croître la démocratie moderne. C'est en son sein que s'est constituée une éthique de la citoyenneté convenant à ce type particulier de régime politique. Dès lors que l'on abandonne celle-ci, on affaiblit le sol historique sur lequel ont été construites nos institutions politiques. Un auteur comme Habermas, tout à fait conscient de la difficulté du problème, n'échappe pas à ce piège, à la logique d'une telle lecture de l'histoire du XXᵉ siècle.

Je me permettrai une troisième remarque sur la distinction entre la tyrannie et le totalitarisme. La discussion ne peut vraiment progresser si l'on ne parvient pas à nommer correctement le phénomène que l'on veut examiner. Or, cette difficulté à nommer la réalité engendrée par la modernisation est caractéristique de la réflexion sur le sujet depuis déjà un bon moment. Nous avons ainsi, du moins certains d'entre nous, le sentiment qu'il y a quelque chose de nouveau qui se met en place, quelque chose qui échappe à la définition traditionnelle de la tyrannie établie depuis l'Antiquité. Déjà, dans la *Démocratie en Amérique,* Tocqueville fait face à ce genre de difficultés. Il a d'abord entrevu la possibilité qu'une tyrannie démocratique puisse se former dans l'avenir. La référence ici est bien sûr Napoléon. On constate ensuite, à la lecture de ses carnets, qu'il fut troublé par cette éventualité. Ce n'est que bien plus tard qu'il est parvenu à clarifier sa pensée sur la nature du véritable danger qui pourrait se profiler dans l'avenir. Il conclut alors que ce n'est pas une forme de tyrannie, mais bien quelque chose de complètement nouveau qui nous menace. Et ce qu'il cherche à nommer à la fin de son ouvrage, lui-même travaille avec les mots, c'est finalement le despotisme démocratique. L'idée fondamentale qu'il y a derrière cette expression est celle d'un régime impersonnel qui parviendrait à abrutir les hommes sans les violenter. Le phénomène envisagé par Tocqueville ne saurait donc être assimilé pour cette raison au national-socialisme. Dans ce cas précis, le pouvoir conserve un aspect personnel, à tout le moins identifiable, pour ne pas dire localisable, et impose sa loi par la force. Il fallait un Adolf Hitler pour faire fonctionner le régime nazi. Davantage, il s'est agi d'imposer, par la violence, un principe d'unité dans une société foncièrement divisée. Ce qui se dessine comme étant le danger qui pourrait se présenter à nous, ce n'est donc pas celui d'une société divisée qui se refuse à assumer sa diversité, mais davantage celui d'une société menacée par le consensus. Et la mécanique qui se met alors en place est une mécanique qui précisément n'a besoin d'aucun sujet. Alors, je comprends l'utilisation du terme « totalitaire » qui a été faite, au sens d'un régime totalisant, et il me semble que la référence est juste, mais, en même temps, on y perd une distinction capitale. Ce qui me paraît intéressant dans les analyses de Tocqueville pour qui veut comprendre notre époque, c'est qu'il a entrevu que les virtualités néfastes de notre régime de société pourraient résulter, non pas d'une quelconque réaction, mais tout simplement de la volonté des modernes eux-mêmes. Non pas de leur aliénation à un passé rétrograde, mais de l'aboutissement de leur désir quant à l'avenir. La société démocratique contiendrait en quelque sorte la possibilité d'une uniformisation ou d'une totalisation du monde qui irait à l'encontre de ce que vous avez nommé le principe de réalité.

Enfin, voici mon dernier commentaire. Il porte sur la question de la postmodernité et sur la catégorie de moderne qui s'y rattache. Vous avez mentionné qu'il y a eu un moment de rupture dans l'espace moderne. Vous avez aussi précisé que ce moment se situait au milieu du XIXᵉ siècle. Cela correspond, en gros, au développement du capitalisme industriel, lequel a conduit à une transformation en profondeur du travail. Or, l'une des conditions de possibilité de ce capitalisme industriel, c'est l'existence d'une certaine forme de technologie. Il faut, pour que cela se produise, que le processus technique ait été à l'œuvre depuis déjà un certain temps. Du reste, il a fallu que le projet d'une maîtrise du réel, par le moyen d'une technologie, ait pris place en Occident. Or, un tel projet présuppose à lui-même une certaine conception de la science, qu'on a appelé la science moderne. Il s'est agi de nous approprier la loi de la nature, ou la loi des choses, pour ensuite la soumettre à l'ordonnance de nos désirs. Or, cette possibilité historique, qui est inhérente à la science moderne, est présente d'emblée au tout début de la modernité. On la retrouve dans l'œuvre de quelqu'un comme Bacon, qui a écrit *La nouvelle Atlantide*. Davantage, déjà, dans les premiers moments de l'époque moderne, cette volonté de maîtrise s'oppose à une autre tout aussi moderne, représentée cette fois par l'œuvre de Montaigne, soit dans les *Essais*. Le projet consiste alors à exprimer la singularité de la vie et à témoigner de l'unicité de notre être. Une immense littérature prendre place à la suite de cette première exploration moderne du moi. J'en arrive donc à me demander si, au fond, dès l'origine, dans l'opposition entre Montaigne et Bacon, on n'a pas déjà quelque chose comme les éléments d'une dialectique moderne qui se poursuit aujourd'hui et dans laquelle nous nous situons toujours. C'est pourquoi je m'interroge sur le sens de ce que l'on peut appeler la postmodernité. Est-ce qu'on se propose ainsi de parler d'une certaine modernité ou d'une figure ultime de la modernité, ou bien s'agit-il véritablement d'une sortie en dehors de la modernité ?

STÉPHANE KELLY

Revenons sur l'antilibéralisme au Québec. Nous avons déjà diagnostiqué la fin du marxisme, mais il faudrait peut-être s'interroger sur le triomphe des marxistes sur le plan professionnel, à partir des années 1980. Je pense de façon plus spécifique aux marxistes qui assumeront en grand nombre des fonctions au niveau de la direction. Durant les années 1990, on a été témoin d'une *gouverne marxiste* dans la réforme de la santé, du système de santé, de l'éducation. Je pense que ce phénomène devrait nous faire réfléchir. Nous aurions intérêt à méditer le schéma proposé par Hanna Arendt dans *Les origines du totalitarisme*. Elle remarque qu'après la formation de l'idéologie, il y a la création d'un mouvement. En sciences sociales, quand on parle de mouvements, c'est généralement des choses positives, qui amènent du progrès humain. Après sa genèse, le mouvement s'infiltre dans l'État et cherche à monopoliser ses leviers.

Il me semble que ce schéma permet de saisir l'*entrisme* des ultra-gauchistes durant les années 1970 et 1980 dans l'État. Les adeptes du paradigme rouge ont envahi les appareils d'État, comme on disait jadis. Plusieurs sont devenus des dirigeants dans la société. On pourrait certes faire un travail de sociologie politique pour voir par quelles contorsions idéologiques ces gens-là en sont arrivés à vouloir diriger une société capitaliste avancée. J'ai fait ce genre d'analyse dans ma thèse de doctorat. J'ai tenté de comprendre comment des patriotes républicains se sont convertis au régime monarchique canadien. Parent, Lafontaine, Cartier étaient des convertis. Cependant, quand je réfléchis sur l'itinéraire professionnel de ces membres de l'extrême-gauche durant les années 1970, je suis incapable de les voir comme des convertis. La plupart de ces militants, lorsqu'ils relatent ces années, affirment « être restés fidèles à leurs principes ». En scrutant les slogans de ces militants, lorsqu'ils assument des fonctions directoriales, managériales, on observe qu'ils parlent souvent le même langage. Que ce soit dans le domaine de la santé, de l'éducation, des services sociaux, ils prétendent diriger des révolutions et faire avancer le mouvement de la société.

Ces militants agissent sous la bannière du « bougisme ». Cette expression a été forgée récemment par Paul-André Taguieff, dans son essai *Contre le bougisme*. Il y a une continuité dans la pensée et dans la pratique de ces militants. Ils ont pris le pouvoir dans beaucoup d'institutions publiques durant les années 1980-1990. Ils impriment depuis une influence considérable sur les réformes étatiques. L'action de ces militants m'inquiète. Il serait intéressant de réfléchir sur leur trajectoire, non pas dans une optique de dénonciation, mais pour comprendre l'histoire d'un mouvement. Ces militants sont entrés dans le système, non pas pour le réformer, mais pour le révolutionner.

Cela dit, je tiens à préciser que je garde en respect le marxisme comme courant sociologique. J'ai de l'estime pour les gens qui ont continué à travailler avec le marxisme d'une façon intelligente, souple. Mais il faut se pencher sur ces militants qui ont adapté certaines variantes du marxisme durant les années 1970 et qui, depuis, font des dommages considérables dans nos institutions publiques.

DANIEL DAGENAIS

J'aurais beaucoup de choses à dire, mais je me limiterai à deux remarques. Premièrement, je suis entièrement d'accord avec une caractérisation du totalitarisme comme celle que tu avances, Michel. Elle ouvre la porte à la compréhension d'un totalitarisme non politique, et notamment à l'imposition de fait d'un ordre global du monde qui n'a rien à voir avec la réalité des peuples qui habitent cette terre.

Cependant, il y a une spécificité des totalitarismes historiques que cette ouverture fait pour ainsi dire disparaître. La globalisation actuelle a déjà commencé à engendrer des réactions totalitaires qui, si elles ne sont pas entièrement accomplies, permettent néanmoins d'anticiper le pire. Il n'est pas du tout farfelu d'envisager une mobilisation de tout l'Islam contre l'« Occident », ou encore, éventuellement, à la faveur d'une grave crise économique liée au processus de « modernisation » en Chine, une réaction nationaliste-communiste contre les « modernisateurs » qui pourrait revêtir une violence inouïe.

Or, c'est en réaction à la modernisation (ou à ses contrecoups) que le nazisme et le stalinisme ont surgi. Il faut, à ce sujet, s'attarder à l'une des caractéristiques essentielles des totalitarismes historiques, à savoir le déchaînement de la terreur irrationnelle et puis anti-utilitaire. La seule manière de rendre compte du *délire totalitaire* est d'admettre le caractère pathologique d'une tentative de dépasser les contradictions de la modernité tardive *sans* être en mesure de se transformer (comme société). L'unification tardive de l'Allemagne (j'utilise ici une de tes thèses !), la négation de l'« être-Allemand » à laquelle a conduit la situation politique mondiale, c'est-à-dire la défaite militaire, le Diktat de Versailles, et par la suite, le fait que l'Allemagne soit le pays le plus durement frappé par la crise économique, a fini par engendrer un délire contre un ennemi imaginaire. Le Juif, en tant que parfait spécimen d'humanité « venu de nulle part », ressemble trop à l'envers de l'impossibilité d'être-Allemand, pour qu'ils ne soient pas connectés. Les Juifs représentaient une manière d'être un être humain venu de nulle part au cœur d'une société qui avait de la difficulté disons à devenir comme les autres en s'appuyant sur sa propre tradition. Et donc cette impossibilité d'advenir à soi-même du fond de sa tradition a engendré un délire contre un ennemi imaginaire. Il y a quelque chose de parfaitement analogue en Union soviétique. La Russie au début du XXe siècle est peut-être le pays politiquement le plus arriéré, le plus bloqué, mais c'est le pays aussi où les plus grandes usines au monde sont implantées. La plus grande grève au début du XXe siècle a eu lieu à Saint-Petersbourg, et non à Manchester, Liverpool ou Pittsburgh. Disons les choses ainsi : la société la plus arriérée politiquement (c'est-à-dire dans sa capacité à « se saisir » elle-même), doit affronter le problème le plus insaisissable (l'absence totale d'orientation sociétale du capitalisme impérialiste industriel) ou est traversée par la contradiction la plus avancée du système des sociétés modernes. Cette incapacité bien réelle de se transformer en une société qui va composer avec ça, fera advenir un ennemi imaginaire à la grandeur de cette impuissance, à savoir : « le saboteur ».

Il y a quelque chose d'analogue qui est envisageable de la part de l'Islam aujourd'hui comme il y a, me semble-t-il, une logique analogue à l'œuvre au Rwanda. La situation qui existait en Afghanistan avant que les bombardements américains ne renversent le régime des Talibans est à cet égard très suggestive : l'Afghanistan a non seulement goûté à la médecine de la « modernité » impérialiste, mais à celle de la puissance (l'U.R.S.S.) qui prétendait avoir « dépassé » les contradictions du monde moderne. Quand le dernier rempart de la modernité vous tue deux millions de personnes, fait deux millions d'éclopés et engendre cinq millions d'émigrants, alors « la modernité » devient « l'Occident » et on a envie de tout recommencer à zéro ! À zéro : c'est-à-dire, avant l'Occident. Et alors : à bas les statues ! Le dernier rempart de l'Occident. Au bout de ces commentaires, formulons une question : quelle différence fais-tu entre ces deux formes de totalitarisme, celui surgi en réaction à une « modernisation » impossible à re-saisir, et celui que tu envisages comme imposition d'un ordre global totalitaire ? Et dans la mesure où tu les distingues, qu'ont-ils en commun ?

DANIEL MERCURE

Qualifier notre époque de totalitaire, ça me paraît pour le moins discutable. La formule est séduisante mais elle me semble abusive, au-delà même de son désenclavement sociohistorique, ne serait-ce qu'en raison de la force de la société civile.

Mais l'intérêt de la formule, c'est de susciter une réflexion sur les formes contemporaines de contrôle, ce qui était le cœur du bel exposé de Michel Freitag. Il me semble qu'une des choses les plus importantes à analyser aujourd'hui, c'est l'émergence des nouvelles formes de manipulation symbolique qui nous entourent, celles qui renvoient par exemple à ce libéralisme managérial dont il a été question auparavant. Un libéralisme managérial qui remplace ce bon vieux libéralisme gestionnaire avec sa cohorte de technocrates au service de normes plus ou moins standardisées. On voit bien que cela est en train de se transformer, souvent selon une dynamique qui met en relief l'individu et la réalisation de soi. On pourrait dresser la longue liste du catalogue des techniques psychologiques qui sont utilisées dont la légitimité repose sur le principe de l'authenticité. Alors là, il y a quelque chose quand même qui se passe, qui est important, qu'il faut analyser et qui est probablement aussi plus subtile que les techniques totalitaires mises en relief par Arendt. Je pense aussi qu'en arrière-plan d'un discours sur l'émancipation des individus il y a de nouveaux rapports de subordination dans nos sociétés qui méritent une attention particulière. Ne serait-ce, pour reprendre une notion chère à Castell, que parce que la vulnérabilité sociale caractérise de grands fragments de la population. Être vulnérable, ce n'est pas être exclu, mais ce n'est pas non plus être entièrement intégré. On est vulnérable, on est dans une machine à contrat, dans le travail précaire, et là, du coup, dans des rapports de subordination multiples. La transformation de rapports de subordination dans les milieux de travail, dans les organisations découle beaucoup de cette vulnérabilité sociale. Et cette dernière s'inscrit dans ce libéralisme managérial dont l'État est aussi un des promoteurs indirects. Et puis s'ajoutent les nouveaux rapports entre le privé et le public, entre la sphère privée et la sphère publique. On a peut-être trop tendance à partir de la sphère publique pour descendre vers la dynamique privée. Alors si on renversait nos raisonnements et nos analyses, on se rendrait peut-être compte que la sphère publique n'a plus le primat qu'elle avait sur la sphère privée. Il me semble que ce qui relève de la vie privée devient de plus en plus un enjeu essentiel, et cet enjeu se retrouve dans l'espace public, le façonne. Autrement dit, cette nouvelle manière de produire l'espace public à partir de l'espace privé pose le problème des formes contemporaines de production sociale de l'individu.

DENYS DELÂGE

Ma question s'adresse à Maurice Lagueux. Ce qui est le plus fondamentalement obsolète dans le marxisme ne serait-ce pas justement le renversement de sa base qui était la raison ? Le marxisme ne s'inscrit-il pas dans la filiation des Lumières, dans celle des despotes éclairés, des spécialistes qui gèrent le social au nom du savoir et de la raison, au nom de la science de la société, pour imposer ces « Lumières » à des gens qui n'en ont pas nécessairement la conviction, mais qui devront se soumettre au modèle planifié ?

Par ailleurs, le marxisme ne garde-t-il pas sa pertinence dans son analyse de la contradiction entre la socialisation des moyens de production et leur appropriation privée, dans son analyse de la transformation de la nature en marchandise, et enfin dans celle de la transposition des luttes de classes aux rapports internationaux, ceux du tiers monde et du monde développé, ceux du développement et du sous-développement ?

MOSCA YANISSI

Oui, je voudrais intervenir sur la question de la définition du totalitarisme. Je pense que la difficulté à définir l'essence du totalitarisme et, à partir d'une telle définition, lui attribuer des caractéristiques qui lui sont propres, reflète un problème plus général, qui déborde de la présente discussion et que nous la constatons même dans la littérature. Cette difficulté à définir le totalitarisme se présente assez tôt et elle n'est probablement pas étrangère aux circonstances dans lesquelles ce terme a fait son apparition.

Ce néologisme été introduit en 1923 par Mussolini pour désigner la dissolution de l'individu, en l'occurrence de l'individu fasciste, dans l'État : « *... pour le fasciste, tout est dans l'État, et rien d'humain ni de spirituel n'existe et a fortiori n'a de valeur en dehors de l'État. En ce sens le fascisme est totalitaire, et l'État fasciste, synthèse et unité de toute valeur, interprète, développe et domine toute la vie du peuple* ».

Le terme a fait son apparition en sciences sociales au début des années 1950 pour désigner à la fois les régimes fasciste et nazi qui venaient de disparaître du paysage politique, et le stalinisme, qui était encore en vigueur. Certains ont souligné que l'introduction du terme en sciences sociales coïncide avec les débuts de la guerre froide, et de ce fait, semblait correspondre à une manœuvre politique pour discréditer le régime soviétique en l'associant au nazisme et au fascisme, les vaincus de la Seconde Guerre mondiale. D'autres se sont efforcés de définir le totalitarisme à partir de certaines caractéristiques, telles que l'élimination des opposants, la répression ou la négation de toute forme d'individualité.

Le problème que nous pose cette catégorisation basée sur la destruction des opposants et la répression, c'est que ces caractéristiques sont partagées par certains régimes dictatoriaux qui ne sont pas considérés pour autant comme totalitaires. Il paraît que le régime franquiste a proportionnellement autant de morts que le stalinisme et que dire pour certaines dictatures militaires, mais nous ne les considérons pas comme régimes totalitaires. À mon avis, le problème de la définition du totalitarisme réside dans le fait que le terme est venu en sciences sociales du champ politique et que les analyses du phénomène sont basées sur un terme politique. Ce qui indique qu'il est peut être nécessaire de revenir à une définition sociologique du phénomène.

MAURICE LAGUEUX

Je vais répondre sensiblement la même chose à Stéphane et à Daniel. Pour ce qui est de l'explication du phénomène décrit par Stéphane, il faudrait invoquer des composantes sociologiques : entre autres, beaucoup de ces gens-là n'ont pas été recyclés après leur abandon du marxisme, mais c'est, au contraire, à la faveur du marxisme, de leur engagement marxiste, qu'ils se sont insérés dans ces institutions où ce type d'engagement était bien vu à l'époque. Mais surtout, ce que je tiens à dire à ce propos, c'est que ce qui a pris fin avec le marxisme, c'est justement ce que j'ai décrit tout à l'heure comme étant une convergence, unique dans l'histoire, entre l'aspiration à la vérité et l'aspiration à la justice au sens où j'en ai parlé. On s'est rendu compte à un certain moment, à cause juste-ment des failles du marxisme, que tout cela était défait. Les personnes qui avaient été mues par une aspiration à la justice et une aspiration à l'égalité ont continué à défendre ces valeurs sur un autre mode et sur d'autres terrains, sauf que ce n'était plus dans un seul et même mouvement incarné par le marxisme, car c'est uniquement ce cadre-là qui s'était défait. Mais, par ailleurs, je n'ai pas dit que c'était la fin de ce mouvement puisqu'il s'est prolongé comme on l'a vu.

Or, la remarque de Daniel veut justement comparer cela avec ce qui se passe dans le catholicisme. On pourrait discuter du catholicisme comme tel sur ce plan-là, mais je tiens pour acquis ce que dit Daniel, à savoir que, dans le catholicisme, l'attitude des catholiques qui ne retiennent pas l'essentiel de ce qui est censé être le dogme ressemble assez à celle des marxistes. On peut certaine-ment comparer les deux phénomènes. Mais la différence, à mon avis, indépendamment d'une analyse plus profonde de la situation du catholicisme, tient justement au fait que cette dissolution, dans le cas du marxisme, tient, encore une fois, à cette séparation entre les valeurs sociales défendues et la doctrine qui pouvait être perçue comme une science. Je ne pense pas qu'on ait affaire à une sortie du politique au sens où, dans le catholicisme, on pourrait avoir affaire à une sortie de la religion ; mais on a certainement affaire à une sortie de cette possibilité de penser une politique sociale comme le corrélat d'une analyse proprement scientifique. Bref, la science on l'oublie, mais on continue, chez plusieurs du moins, à défendre à peu près les mêmes causes qu'auparavant.

Pour ce qui est des remarques de Denys, je me demande si l'aspect rationalité qu'il évoque ne pourrait être compris comme cela aussi. C'est-à-dire que ce qui est obsolète, ce serait le fait de croire que l'on peut fonder dans une science, issue des Lumières sans doute, la façon d'assurer une certaine justice sociale. Or, on s'est rendu compte que cet espoir ne tient plus guère. Par ailleurs, vous avez souligné le fait que dans ce qui reste du marxisme, il y a entre autres l'idée d'une socialisation des moyens de production et d'une abolition de la propriété privée. Sans doute, ce sont là des idées que continuent de défendre ceux qui se réclament de Marx, mais ce n'est pas ce qui fait le propre du marxisme. C'est-à-dire qu'il y a bien sûr dans ce qui reste du mouvement socialiste-communiste une mise en question de la propriété privée que l'on peut associer au marxisme. Mais ce qui a fait que le marxisme, le marxisme de Marx, était quelque chose d'original, ce n'est pas d'avoir condamné la propriété privée, mais c'est d'avoir intégré cette condamnation à un type de pensée de caractère scientifique. Or, il ne reste rien de cela dans le marxisme actuel. Cette question mériterait cependant une réponse plus nuancée et plus longue, mais c'est là tout ce que je peux me permettre de dire pour ne pas parler trop longtemps.

MICHEL FREITAG

Je n'ai pas interprété les différentes remarques qui m'ont été faites vraiment comme des questions, mais je les ai prises comme des éclaircissements que j'enregistre bien, mais auxquels je n'ai pas directement à répondre.

Parmi les choses que j'ai notées, il y a la remarque faite par Jean-Marc Piotte concernant les concepts de tyrannie et de despotisme. Il me semble que le concept de tyrannie reste utile pour autant qu'on rapporte typologiquement le noyau de son sens aux formes traditionnelles de société, celles dans lesquelles le pouvoir ne possède pas légitimement de capacité législative, mais seulement juridictionnelle, répressive et exécutive, à côté des privilèges qui lui sont reconnus pour agir de manière discrétionnaire. L'important est ici que la société ne reconnaît pas à l'autorité la capacité de créer le droit, les droits étant en leur substance détenus par les sujets eux-mêmes, en accord avec les coutumes qui s'intègrent elles-mêmes dans un ordre cosmologique et religieux transcendant et immuable. C'était encore le cas chez les Grecs, qui distinguaient clairement les lois (les *nomoi,* dont l'application est la *dikè,* la justice) et la simple réglementation à caractère pratique, les décrets. C'est d'eux que nous viennent les concepts de tyrannie et de despotisme, et ils désignent spécifiquement le pouvoir qui agit et juge en violation des lois et du droit, de manière discrétionnaire, sans respecter la justice. Dans ce sens, c'est dans cet espace de la tyrannie que s'est développée la démocratie, si on comprend celle-ci comme la capacité de participation non seulement à la gestion des affaires publiques, comme en Grèce, mais à la production législative de la loi elle-même, ce qui est un phénomène moderne. C'est de là que vient en partie cette crainte de la « tyrannie du peuple » qu'exprimèrent les conservateurs, qui furent suivis ensuite par les libéraux une fois le droit de propriété reconnu comme un droit naturel intangible.

Dans l'autre sens, au cours du développement de la société moderne où la bourgeoisie invoquait le droit naturel universaliste et la raison contre les autorités traditionnelles, c'est le pouvoir traditionnel des monarques qui fut souvent dénoncé comme irrationnel, arbitraire et despotique. Quant à appliquer maintenant ce concept pour parler du despotisme bureaucratique, j'ai plus de doute, du moins si l'on parle de la bureaucratie au sens sociologique wébérien, plutôt que dans le sens existentiel que lui donne Kafka, et qui se réfère déjà, à mon sens, à cette crise de la modernité dont j'ai parlé, et à l'impact qu'elle a eu précisément sur les sociétés qui étaient restées en retard dans sa réalisation politique. C'est là que le développement technique de l'administration bureaucratique en dehors des institutions de l'État de droit conduit à un système qui apparaît non seulement despotique, mais qui semble baigner dans l'absurdité. Par contre, je pense que le concept pourrait assez bien désigner l'arbitraire des décisions technocratiques, lorsqu'on les considère encore du point de vue d'une identification subjective, tant individuelle que collective, à un système de valeurs substantielles ou même purement formelles, comme le sont les valeurs modernes. C'est ainsi que peut se présenter la situation contemporaine lorsqu'on la regarde du point de vue de la modernité qui subsiste encore, notamment dans le système politique. Par rapport à l'idée politique démocratique, la généralisation des régulations pragmatiques décidées et appliquées par des experts qui ne dépendent d'aucune forme de représentation politique mais éventuellement seulement des intérêts économiques apparaît effectivement comme une nouvelle forme de despotisme. À moins que l'on ne confonde la démocratie avec les « forces du marché » et, de manière complémentaire, avec la protection toute négative des droits individuels, qui n'incluent plus aucune participation effective à la définition des grandes orientations de la vie commune, ni aux grandes décisions qui la concernent. Et cette érosion de la démocratie s'accentue lorsque ces droits individuels eux-mêmes ne sont plus définis positivement à partir de principes qui sont revêtus, philosophiquement, d'une portée universaliste, mais comme droit à la non-discrimination relativement à n'importe quelle sorte de différence, de particularisme.

Cette interprétation judiciaire qui a été donnée aux Chartes des droits suspend virtuellement la légitimité de toute législation ayant force de loi commune, et elle ouvre l'espace entier de la régulation sociale effective aux forces impersonnelles des organisations et des systèmes, qui se trouvent par là même naturalisés. C'est alors que le jeu autonomisé des forces qui les régissent peuvent prendre effectivement un caractère totalitaire, puisqu'il n'y a plus personne pour en répondre devant quelque instance sociale que ce soi. À ce moment-là, le despotisme technologique tend effectivement à se muer en un systémisme totalitaire, à caractère tout à fait impersonnel. C'est peut-être cette nouvelle forme de totalitarisme que Hannah Arendt désignait lorsqu'elle parlait de l'« abîme de la liberté », c'est-à-dire de cette condition où la liberté individuelle, détachée de toute solidarité et de toute responsabilité collective concrète, de tout ancrage historique, culturel et politique, se convertit en une simple capacité d'adaptation béhavioriste, réactive, aux stimuli de l'« environnement », et que cet environnement a perdu lui-même, à la différence de l'environnement naturel, toute forme de consistance ontologique et de stabilité phénoménale, comme c'est le cas s'agissant de l'immédiate opérationnalité elle-même purement réactive des systèmes. La vie n'est plus alors qu'un *gambling*.

GILLES GAGNÉ

Soyez tous mille fois remerciés pour votre participation à cette première édition des Séminaires Fernand-Dumont. Je ne doute pas que notre rencontre fera « modèle ».

Révision du manuscrit : France Galarneau
Copiste : Aude Tousignant
Composition et infographie : Isabelle Tousignant
Conception graphique : Caron et Gosselin, communication graphique

Diffusion pour le Canada : Gallimard ltée
3700A, boulevard Saint-Laurent, Montréal (Qc), H2X 2V4
Téléphone : (514) 499-0072 Télécopieur : (514) 499-0851
Distribution : SOCADIS

Éditions Nota bene
1230, boul. René-Lévesque Ouest
Québec (Qc), G1S 1W2
nbe@videotron.ca

ACHEVÉ D'IMPRIMER
CHEZ AGMV
MARQUIS
IMPRIMEUR INC.
CAP-SAINT-IGNACE (QUÉBEC)
EN MAI 2003
POUR LE COMPTE DES ÉDITIONS NOTA BENE

Dépôt légal, 2ᵉ trimestre 2003
Bibliothèque nationale du Québec